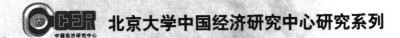

北京大学中国经济研究中心研究系列

服务外包的经济学分析：
产品内分工视角

■ 卢锋／著

图书在版编目(CIP)数据

服务外包的经济学分析:产品内分工视角/卢锋著.—北京:北京大学出版社,2007.12
(北京大学中国经济研究中心研究系列)
ISBN 978-7-301-13133-6

Ⅰ.服… Ⅱ.卢… Ⅲ.①服务业-对外承包-经济分析 ②服务业-对外承包-研究 Ⅳ.F719

中国版本图书馆 CIP 数据核字(2007)第 179479 号

书　　　名:服务外包的经济学分析:产品内分工视角
著作责任者:卢　锋　著
责 任 编 辑:王花蕾
标 准 书 号:ISBN 978-7-301-13133-6/F·1793
出 版 发 行:北京大学出版社
地　　　址:北京市海淀区成府路 205 号　100871
网　　　址:http://www.pup.cn　电子邮箱:em@pup.pku.edu.cn
电　　　话:邮购部 62752015　发行部 62750672　编辑部 62752926
　　　　　　出版部 62754962
印　刷　者:北京汇林印务有限公司
经　销　者:新华书店
　　　　　　650 毫米×980 毫米　16 开本　22 印张　338 千字
　　　　　　2007 年 12 月第 1 版　2007 年 12 月第 1 次印刷
印　　　数:0001—4000 册
定　　　价:42.00 元

未经许可,不得以任何方式复制或抄袭本书之部分或全部内容。
版权所有,侵权必究
举报电话:010-62752024　电子邮箱:fd@pup.pku.edu.cn

北京大学中国经济研究中心研究系列
总　　序

　　自1776年亚当·斯密出版《国富论》,经济学脱离哲学成为一门独立的社会学科以来,研习者日众,影响日远,已经蔚然成为社会学科中的显学。经济理论是用来解释人类社会经济现象的一个简单的逻辑体系,和任何其他社会学科的理论一样,经济理论来自于对人类社会经济现象的观察和总结,必须随着人类社会的演进而不断创新;经济学的理论也必须不断经受各种过去的和新发生的现实经济现象的检验,才能去芜存菁,知道何者可以暂时被接受、何者应该存疑或是被摒弃。从上述角度来说,中国自20世纪70年代末开始进行的改革开放对当前的主流经济学理论提出了许多挑战:不管是农村的家庭联产承包责任制,国有企业的放权让利、明晰产权、现代企业制度,还是资源配置和流通领域的双轨制,这些改革所取得的成就及其所伴随的问题,有不少是现有的经济学理论所不曾预料到,也难以解释的现象。但是任何经济现象背后总有产生这个现象的逻辑,对于不能用现有的经济理论解释的现象总可以构建新的理论来解释。因此,中国的改革开放给经济学理论的创新提供了一个大好的机会,是经济理论研究的金矿。

　　自改革开放以来,随着市场经济体系的逐渐建立和完善,当代经济学在我国的影响方兴未艾。不管是在国内还是在国外,经济学研究的目的都是更好地了解现实的社会经济现象,进而运用理论、制定政策、改造社会,以推动社会的进步。随着我国市场化改革的深入,各种矛盾和利益交织在一起,经济现象越来越复杂。面对一个问题,何者为因?何者为果?推行一项改革措施对激励机制、资源配置、收入分配等在局部和整体上会产生什么影响?如果没有合适的理论作为分析工具,对上述问题就很难认识清楚,制定的政策不仅难以对症下药,还可能产生更多新的问题。所以,根据中国改革开放进程中出现的新现象,在经济理论上进行创新,不但是为了对当代经济学理论的发展作贡献,也是为了推动中国改革和发展的顺利进行,对此,中国经济学家责无旁贷。

北京大学中国经济研究中心于1994年在北京大学校领导和社会各界的关心、支持下,由我和几位接受过完整经济学教育的青年学者回国创立。虽然在国外工作可以有优越的研究条件和丰厚的薪酬,然而,国内改革开放在经济理论研究上提供的机会吸引着我们,我国在向市场经济体系转型过程中对理论创新的需求也激励着我们。我们希望通过中国经济研究中心的新体制、新理念聚集一群有理想、有热情、学有专长的经济学家,为中国经济学的教育、经济理论和政策的研究以及国家的现代化建设奉献一点力量。

中国经济研究中心成立十余年来,研究人员从创立之初的六位增加到现在的近三十位,已经成为国内经济理论和政策研究的一个重要基地。这十余年间,中国经济研究中心的许多研究人员深入农村、企业等基层改革的第一线作了大量的调研,也参加了不少政府高层的政策研究和讨论,形成了许许多多有分量、有鲜明观点、在国内外都有一定影响的学术论文和政策报告。这些研究对我国的农村、国企、金融、财政、外贸、电信等领域的改革产生了一定的影响。中国经济研究中心还利用和国内外学术机构联系较密切的优势，邀请了许多著名的学者，包括多位诺贝尔经济学奖获得者前来讲学和参加会议，深入探讨了金融体系、农村劳动力流动、城乡收入分配、土地管理、社会保障制度等我国改革发展中的重要问题，积累了许多简报和论文。在北京大学出版社的支持下，中国经济研究中心于2004年开始出版《中国经济研究中心研究系列》丛书。一方面，以此向关心、支持中国经济研究中心的各界人士汇报中心的研究成果；另一方面，也以此求教于海内外学界的专家，希望这套丛书的出版能吸引更多的国内外学者来关心、研究中国的改革和发展问题。此系列第1辑共13本著作已于2004年出版，此次出版的第2辑将会收录中国经济研究中心研究人员最新的学术成果、中心的简报、讨论稿等，以飨读者。

就中国的历史长河而言，十余年只是一瞬；就中国改革开放所提供的研究机会以及需要在理论上解决的问题而言，中国经济研究中心所做的工作也只是沧海之一粟。展望未来，中国经济研究中心的所有人员将会秉持中心成立的初衷，和海内外学界的朋友携起手来为中国经济的理论和政策研究、为中国经济学科的发展而努力！相信在我们的共同努力下，一定会迎来中华民族在21世纪的伟大复兴，也一定会迎来经济学大师在中国辈出的时代！

林毅夫

2007年7月

自 序

前后三年服务外包研究,最后用这本小书收尾,实在是计划赶不上变化的结果。

缘起应当是2003年访问哈佛大学时进行的产品内分工研究。因为脑子里存下产品内分工的概念,所以特别关注外包、供应链、工序转移以及集聚区等经济现象及其最新变动。在2004年10月北京召开的"中美外包峰会"(China-US. Outsourcing Summit)上,我了解到这一领域最新的企业实践,就想从产品内分工的视角考察服务外包。不过当时正在研究的我国钢铁经济也有很多引人入胜之处,服务外包研究没有马上动手。

2004年12月商务部举办"首届服务外包项目管理培训班",我应邀发言,并侧重从产品内分工角度分析服务外包兴起现象。准备发言时所作的初步研究以及培训班学员和组织方的积极反馈,促使我下决心暂时放下钢铁经济课题,转向集中研究服务外包问题。为此,我系统收集、阅读了有关资料,访问业内人士,还两次赴印度考察。有此前产品内分工研究工作作基础,服务外包研究进行得比较顺利,三个多月后就写出了论文的基本框架和若干章节的初稿。

然而,这一工作也在最后阶段被搁置。当时从巴拉萨-萨缪尔森效应角度研究人民币实际汇率问题引起我更大兴趣,研究重点随之转移。一年多实际汇率研究告一段落后,又与国青先生以及"CCER中国经济观察"其他工作人员研究资本回报率问题,做商务部委托的"大国经贸战略"课题,直至2007年春季。2005/2006年春季学期我在北京大学开设"全球化与中国经济成长"课程,第十讲曾专门讨论服务外包问题,不过一直没有时间完成服务外包研究。

再次捡起这一课题已是2007年3月,距离第一阶段研究已有两年,与访问哈佛研究产品内分工则相距4年。重新阅读文献并访问业内人士，发现这一行业无论是企业行为还是政府政策都已发生很大变化，更增添了我对这一研究"旧话重提"的兴趣。随后两个多月研究报告完成了，内容概要作为商务部委托的课题"我国经济追赶新阶段与新经贸战略"的一个分报告于 2007 年 5 月呈报。

报告初稿完成后，我在 2007 年 4 月 29 日召开的 CCER"中国经济观察"第九次报告会上汇报了部分研究结果。CCER 于 2007 年 5 月 27 日举办专题研讨会，邀请了政府有关部门领导、研究部门专家和业内资深人士，就报告的内容和观点进行讨论。结合研讨会的评论和意见，我对研究报告内容作了较大修改，特别是对服务外包的有关概念、定义展开考察，定稿后在 CCER《中文讨论稿》系列印行（卢锋，2007a）。

讨论稿已接近 10 万字，然而对一些问题的讨论仍感意犹未尽，特别是因论文未能反映自己研究中对一些企业案例和现象的思考结果而感到遗憾，于是想干脆"一不做、二不休"，把已有研究结果扩展为一本书。这一设想得到北京大学出版社林君秀女士、王花蕾女士的鼓励和支持。2007 年暑假前后我展开了最后阶段工作，整理、撰写了 30 多个专题栏目，其中部分专栏反映了我在研究过程中对一些企业、地区有关发展现象的观察和思考，同时进一步拓展了部分章节内容，收集了相关资料作为附录，最后定形为全书现在模样。

回顾这段研究经历，走走停停，做了一件"计划外"事情。2004 年有幸与其仁先生一起看过铁本案例，此后一度研究钢铁经济问题，当时确有写一本书来讨论我国钢铁经济和政策的意向，遗憾的是这一计划现在看来难以完成了。在经济研究素材精彩纷呈的转型大时代，"问题导向"的研究立场常常会面临计划赶不上变化的困难，结果既有意想不到的惊喜，也有力不从心的尴尬。无奈之下，只能在经济学机会成本概念中寻求心理宽慰。

这项跨时多年的研究，有幸得到多人帮助。首先，我要感谢哈佛大学 Tony Saich 教授为我访问肯尼迪政府管理学院提供便利，使我有机会对产品内分工概念框架进行系统研究，为本书考察服务外包问题提供了分析方法和理论视角。感谢北京大学光华管理学院院长张维迎教授、康辉旅游公司总裁郭东杰先生、"The Hindu"驻华资深记者 Pallavi Aiyar 女士、新德里"中国问题研究所"Arvinder Singh 博士等人为我两次印度考察提供的帮助。感谢印度工业联合会（CII）、NASSCOM 班加罗尔分会、Karnataka 邦 IT 协会和制造业协会、Wipro、i-Gate、华为班加罗尔研究所等企业和机构接受我的参观考察，使我学到对本研究很有用的行业知识。

研究过程中我曾先后参观、考察过大连软件园、天津开发区、西安软件园、常州软件园、大连华信、大连 Genpack、西安炎兴、欧亚学院、软通动力、塔塔信息技术(中国)有限公司、常州宏梦卡通传播公司等几十家企业和机构，感谢这些机构有关人员百忙中对我的接待。感谢博思公司负责人曾松先生、软通动力总裁刘天文博士、大连软件园总裁高炜先生、常州经贸局局长李小平先生、《IT经理世界》资深记者冀勇庆先生、西安欧亚学院院长胡建波先生、西安经贸局局长王毅博士、塔塔信息技术(中国)有限公司销售总监戴瓦先生、永威投资何永利先生、塔塔集团中国区副总经理李符然先生、北京大学国际 MBA 刘佳莉女士等很多业内人士和朋友的帮助。特别要感谢接受我两次采访的北京中关村软件园高级顾问程举先生，他对我国软件服务外包行业发展背景的介绍使我大开眼界。

服务外包研究初稿完成后，CCER 于 2007 年 5 月 27 日举办"服务业国际转移的机遇和挑战——我国承接国际服务外包政策研讨会"，我在会议上汇报了该研究部分结果。这次会议有幸邀请到商务部高虎城副部长、国务院研究室江小涓副主任、发改委产业政策司刘治司长、外管局资本项目司刘光溪司长、发改委对外经济研究所张燕生所长、国务院研究中心外经部张小济部长、大连软件园负责人杨冬先生、西安软件园负责人王自更先生、东软负责人方发如先生、北京博思公司负责人曾松先生参加会议并发表评论。感谢中心领导林毅夫教授、李玲教授和中心工作人员支持举办这次会议，使我有机会就研究的初步结果向各方面权威和资深人士请教。研讨会上各位领导、专家和企业家从不同角度阐述的看法使我受到很多教益，对我是一次很难得的学习机会。特别是江小涓教授有关国际服务外包定义的分析、国青先生和江小涓教授就承接国际服务外包优惠政策提出的评论，使我深受启发并促使我对初稿有关内容进行重新思考和部分修改。

本书有关当代服务外包兴起根源的分析内容在《世界经济》2007年第 8 期上发表(卢锋，2007b)；承蒙《经济研究》编辑部约稿，有关我国承接国际服务外包问题考察的内容在该杂志发表(卢锋，2007c)。感谢

《世界经济》编辑部何帆博士和宋志刚先生,感谢《经济研究》编辑部詹小洪先生和郑红亮先生,他们的审稿和编辑工作使得本书部分内容在国内两份高质量学术杂志上发表。一些国内和海外媒体从不同侧面报道了本书研究结果,书中收录了部分报道,在此感谢媒体朋友对这一研究的关注和重视。

感谢"CCER中国经济观察"工作人员刘鎏帮助收集有关服务贸易概念的文献,感谢唐杰帮助制作部分图表和编辑部分附录内容。感谢北京大学出版社对我工作的一贯支持,特别感谢林君秀女士对我在个别程序问题上的理解和宽容,感谢王花蕾博士、张迎新女士等认真的编辑工作。最后要感谢我的母亲和家人细心照顾我的生活,使我能集中精力做研究工作,并能有点滴收获。

卢　锋

2007年9月3日记于北京大学朗润园

目录

第1章 引言 \ 1

第2章 外包概念释义:产品内分工视角 \ 4

   2-1 外包和服务外包概念的标准定义 \ 4

   2-2 从产品内分工视角解读"外包"定义 \ 6

   2-3 外包元结构图形表达 \ 12

   2-4 简短的结语 \ 13

第3章 服务与服务外包概念释义 \ 15

   3-1 国民经济核算体系有关服务与物品的定义 \ 15

   3-2 服务与货物属性的差异及其相对性 \ 20

   3-3 服务外包的定义、类型和一般发生原理 \ 26

   3-4 简短的结语 \ 29

第4章 服务贸易与国际服务外包概念释义 \ 31

   4-1 国际收支账户对服务贸易定义的方法 \ 31

   4-2 服务贸易的拓展定义及其比较评价 \ 34

   4-3 国际服务外包概念内涵的探讨 \ 37

      4-3-1 国际服务外包与国际收支定义的关系 \ 38

      4-3-2 通过商业存在实现国际服务外包 \ 39

      4-3-3 服务贸易的两种定义对判别国际服务外包的影响 \ 41

      4-3-4 国际服务外包的一种妥协性定义方法 \ 41

   4-4 简短的结语 \ 43

第5章 当代服务外包演变过程和行业表现 \ 44

   5-1 软件和IT服务外包 \ 45

5-2 商务流程外包的概念和缘起 \ 49
5-3 商务流程外包分类的观察 \ 52

第6章 服务外包国际化特点及相关争论 \ 62
6-1 服务外包出现离岸化或国际化趋势 \ 62
6-2 新型国际化服务外包企业脱颖而出 \ 66
6-3 国家发展战略层面的意义已经展现 \ 68
6-4 经济全球化新趋势和争论新热点 \ 73
6-5 简短的结语 \ 78

第7章 服务外包的经济利益源泉 \ 81
7-1 比较优势效应 \ 82
7-2 规模经济效应 \ 90
7-3 经验经济效应 \ 94
7-4 结构"瘦身"效应 \ 95
7-5 生产网络化效应 \ 96

第8章 服务外包的经济成本约束 \ 97
8-1 商务运输成本 \ 98
8-2 信息交流成本 \ 98
8-3 潜在风险成本 \ 99
8-4 其他交易成本 \ 102
8-5 服务外包决定因素的图形表达 \ 105

第9章 当代服务外包兴起的经济根源 \ 107
9-1 当代信息技术革命的作用 \ 107
9-2 当代航空运输的革命作用 \ 111
9-3 当代制度演变和政策调整的推动作用 \ 116
9-4 当代市场竞争环境演变的作用 \ 118
9-5 简短的结语 \ 124

第10章 我国承接国际服务外包的演变 \ 126
10-1 我国经济开放发展背景与国际服务外包关系概述 \ 126

10-2　我国承接国际服务外包认识简史 \ 140
　　10-3　简短的结语 \ 153
第 11 章　我国承接国际服务外包的成绩和问题 \ 154
　　11-1　我国承接国际服务外包的主要成绩 \ 154
　　11-2　我国承接国际服务外包相对落后的问题 \ 161
　　11-3　简短的结语 \ 168
第 12 章　我国承接国际服务外包相对落后的根源和政策
　　　　　调整探讨 \ 169
　　12-1　承接国际服务外包能力的基本决定因素 \ 169
　　12-2　发展路径、基础设施和人力资源因素 \ 171
　　12-3　相关政策调整滞后的表现及其作用分析 \ 177
　　　　12-3-1　相关电信管制政策调整滞后 \ 178
　　　　12-3-2　相关行业协会职能的改革滞后 \ 178
　　　　12-3-3　相关人才培养政策的调整滞后 \ 179
　　　　12-3-4　相关税收优惠政策调整滞后 \ 182
　　　　12-3-5　政策调整滞后影响概括性评论 \ 186
　　12-4　促进我国承接国际服务外包的政策建议 \ 189
　　12-5　简短的结语 \ 191

参考文献 \ 192
附录　我国软件与服务外包出口数量规模估计 \ 198
引用文献 \ 202

图 表 目 录

图 2-1　外包元结构示意图 \ 12
图 2-2　两级外包结构示意图 \ 13
图 3-1　商品有形与无形因素的组合性和过渡性 \ 22
图 3-2　物品与服务之间信息不对称程度的差异 \ 23
图 3-3　物品与服务定义的关系 \ 25
图 3-4　核心产品与投入性服务流程的关系 \ 27
图 3-5　服务外包展开过程示意图 \ 28
图 3-6　辅助服务业务通过承接外包发展为新主营业务 \ 29
图 4-1　WTO国际服务贸易供应模式综合图解 \ 36
图 4-2　当代国际服务贸易狭义和广义概念的界定关系 \ 38
图 4-3　两种服务贸易的定义对国际服务外包的界定比较 \ 42
图 7-1　软件开发生产的"瀑布模型" \ 86
图 7-2　规模经济与外包的利益源泉 \ 91
图 8-1　工序流程外包强度决定因素 \ 105
图 9-1　当代服务外包发展的经济学解释 \ 125
图 12-1　当代国际服务外包构成、意义和决定因素 \ 170
图 12-2　中印民航旅客周转量比较(1985—2006) \ 172
图 12-3　中国高速公路里程和高档酒店数量(1988—2006) \ 173
图 12-4　中国电话用户数和光缆长度(1989—2006) \ 174
图 12-5　中印互联网上网人数比较(2000—2004) \ 174
图 12-6　中印大学在校学生数比较(1970—2006) \ 175
图 12-7　中印两国政策差异对承接国际服务外包的影响 \ 188
表 12-1　中国与印度有关承接国际服务外包问题的认识和政策比较 \ 187
附录表1　我国海关软件出口数据(2000—2005) \ 198
附录表2　我国计算机与信息服务贸易(2001—2005) \ 199

专栏目录

专栏 2-1　产品内分工概念框架 \ 7
专栏 3-1　什么是国民经济核算账户？\ 16
专栏 4-1　国际收支账户的"居民"概念 \ 32
专栏 5-1　天津蓝泰科技数据中心承担 IT 外包服务 \ 46
专栏 5-2　商务流程外包产生简史 \ 50
专栏 5-3　越海重新整合物流外包供应链 \ 54
专栏 5-4　凯捷为国际牛奶提供财会外包服务案例 \ 57
专栏 6-1　塔塔集团与塔塔咨询服务：印度产业界骄子 \ 63
专栏 6-2　走马观花看印度：软件服务外包与发展战略转变 \ 70
专栏 6-3　外包：推平世界的动力——《世界是平的》简评 \ 74
专栏 6-4　为什么美国最终会接受服务外包？\ 78
专栏 7-1　比较优势理论简述 \ 83
专栏 7-2　比较优势与竞争优势 \ 86
专栏 7-3　规模经济、范围经济与美国经济崛起 \ 91
专栏 8-1　印度外包职员盗窃客户存款案及其影响 \ 100
专栏 8-2　印度外包企业利用美国 H1-B 签证引发的争端 \ 103
专栏 9-1　近代通讯技术革命与近代经济全球化 \ 108
专栏 9-2　浙大网新竞争美国道富外包大单胜出 \ 112
专栏 9-3　美国竞争战略理论简史及其与服务外包兴起的关系 \ 120
专栏 10-1　制造业产品内国际分工的起源和发展 \ 127
专栏 10-2　加工贸易与产品内分工：中国经济开放成长的经验 \ 131
专栏 10-3　人民币实际汇率升值趋势的分析 \ 135
专栏 10-4　大连软件传奇：被"逼"出来的创业模式 \ 141
专栏 10-5　Wipro 积木式管理：承接外包与创造自主知识产权 \ 148
专栏 11-1　东软的故事 \ 155

专栏 11-2　我国外包企业开拓美国市场新攻略 \ 159
专栏 11-3　印度外包企业抢滩中国 \ 164
专栏 11-4　中东欧承接的国际服务外包业务快速增长 \ 166
专栏 12-1　IIT 与 NIIT——印度 IT 人才培养的"两条腿" \ 179
专栏 12-2　印度鼓励软件和服务外包税收优惠政策述评 \ 182

引 用 文 献

"我国承接国际服务外包政策研讨会"议程和简报:
(1) 我国承接国际服务外包政策研讨会内容议程
(2) 我国承接国际服务外包政策研讨会简报之一
(3) 我国承接国际服务外包政策研讨会简报之二
(4) 我国承接国际服务外包政策研讨会简报之三
(5) 我国承接国际服务外包政策研讨会简报之四

媒体有关本书内容部分报道和文章:
(1) "中国应支持国际服务外包业"
记者:王婷 吕蓁,《中国证券报》2007年4月30日 A11版。
(2) "国际服务外包政策急需调整"
记者:张守营,《中国经济导报》2007年5月16日。
(3) "国际服务外包政策急需调整"
作者:卢锋,《湖北日报》2007年5月24日,该文于2007年5月25日被中评社转载。
(4) "中国服务外包业期盼政策调整尽快到位"
记者:孙荣飞,《第一财经日报》来源:2007年5月28日A3版。
(5) "政策'燃油'加速服务外包发展"
记者:汤莉,《国际商报》2007年5月30日第1版。
(6) "国际服务外包大潮汹涌,中国如何避免边缘化危险"
作者:卢锋,《第一财经日报》2007年8月23日A8版。

研究参考资料:
(1) 国务院2000年18号文件:《国务院关于印发鼓励软件产业和集成电路产业发展若干政策的通知》国发[2000]18号,2000年6月

25日。

（2）对外贸易经济合作部、信息产业部、国家税务总局、海关总署、国家外汇管理局、国家统计局《关于软件出口有关问题的通知》，[2000]外经贸技发第680号，2001年1月4日。

（3）国务院2002年47号文件：《振兴软件产业行动纲要（2002年至2005年）》国办发[2002]47号，2002年7月24日。

（4）信息产业部电子信息产品管理司："在国务院18号文件颁布三周年之际"，2003年5月21日。

（5）商务部《关于软件和服务外包统计规范》，商资统进（2006）55号，2006年8月23日。

（6）商务部、信息产业部《关于开展"中国服务外包基地城市"认定工作有关问题的通知》，商资函[2006]102号，2006年9月11日

（7）商务部《关于实施服务外包"千百十工程"的通知》商资发[2006]第556号，2006年10月16日。

（8）中华人民共和国国民经济和社会发展第十一个五年规划纲要（节选）。

（9）财政部、国家税务总局、商务部、科技部《关于在苏州工业园区进行鼓励技术先进型服务企业发展试点工作有关政策问题的通知》财税[2006]147号，2006年12月31日。

（10）国务院2007年7号文件：《关于加快发展服务业的若干意见》国发[2007]7号，2007年3月19日。

（11）上海市人民政府《关于促进上海服务外包发展若干意见》，2006年8月10日。

（12）天津市人民政府关于《天津市促进服务外包发展若干意见》，2007年2月26日。

（13）杭州市人民政府《关于促进杭州市服务外包产业发展的若干意见》，2007年6月22日。

# 第1章 引 言

新加坡航空公司最近把客机免税商品销售托付给一家航空与轮船免税品经营公司(DFASS)，柯达把它在中国各地8 000多台彩色扩印设备维修服务转移给IBM与铁道部共建的"蓝色快车"；国际汽车业巨子雪佛兰和国内汽车业新秀奇瑞都曾把车型设计委托给外部设计厂商，联想与IBM签署价值2亿多美元的合作协议从IBM购买了为期5年的IT技术服务；美国软件企业把价值几十亿美元的软件生产流程分包给印度工程师完成；深圳服务公司承担香港银行大量数据输入和电话呼叫业务；宝洁、英国石油公司甚至把财务会计、人事管理等职能不同程度地转移给埃森哲这类服务提供商……。这些十几年前还难以想象的经济现象，共享一个流行度快速上升的名词：服务外包。

服务外包也会以看起来平淡无奇的方式展开。一个机构把办公地点、保安、保洁服务移交给外部专门厂商提供，一所大学把原先内部的打印业务转移给外部文印图像公司承担，一家企业委托渠道厂商销售其产品等。在服务外包日渐普及的时代，企业和各类组织越来越多地面临这样的选择：对于生产和供应过程所需的服务投入，是继续由内部员工或部门提供，还是通过外包方式到外部购买。"做你做的最好的，把其余外包出去"：服务外包的本质在于运用劳动分工的经济学古老原理，更深刻、更彻底地改组当代生产方式。

服务外包现象虽早已存在，晚近兴起的服务外包潮流则具有鲜明的当代特点。从服务外包对象看，信息革命成果的商业性普及推广，使IT服务以及软件生产成为规模最大的外包对象(ITO)；与此同时，人事管理、财务会计、研发设计等很多被企业传统认为是关键性的"内置"职能，也成为商务流程服务外包（BPO）对象。从服务外包规模看，新兴IT服务和流程外包经过初步发展，已经形成数以千亿美元的市场，并仍以显著高于GDP增长的速度上升。从服务外包范围看，从地区内和一国内部网络发展到国际服务外包网络,离岸服务外包大规模发展。从服务外包主体看,出现了很多以提供服务外包作为核心竞争力的大型跨国企业,一些原来以传统制造业和服务业为立身之本的全球500强企业也纷纷转型,不同程度地以服务外包作为目标定位的基本因素之一。

微观层面大行其道的服务外包必然会在地区、国家以至全球经济发展的不同层面打下烙印。我国大连、上海、北京、深圳等一批城市近年来积极发展服务外包,试图让这一新兴行业发挥区域经济新增长点的功能。印度过去十多年在软件和服务外包领域表现惊人,显示出服务外包与经济发展战略调整相结合,能够对一个大国政治经济原有均衡态势的改变产生杠杆作用。离岸服务外包快速增长成为服务全球化新潮流的重要内容,构成"推平世界"进程的关键助动因素。① 从经济学理论的角度看,服务外包兴起于国际经济学"服务不可贸易"的假定,它对于经济发展模式和战略选择空间的认识,都提出了需要重视的新鲜经验和素材。

服务外包的兴起对我国经济发展战略选择提出需要反思和应对的挑战性问题。以制造业效率水平和国际竞争力快速提升作为重要标志,我国经济开放取得了举世瞩目的成就。然而,服务业发展相对滞后成为不利于经济持续追赶的制约因素之一。通过鼓励服务外包和深化分工大力发展服务业,通过改进生产型服务业推动我国制造业结构提升并向更高阶段发展,从而促进我国基本产业部门协调并进成长,已成为我国经济发展新阶段面临的重大现实问题。国务院2007年7号文件提出促进国内服务流程分工深化和发展、承接国际服务外包方针,强调发展服务外包对提升我国经济运行效率与对外开放水平的重要意义,阐述了服务外包的现实政策意义。

除咨询业在管理操作层面的有关讨论外,国内学术界较早出现的是有关金融业服务外包的研究文献(李元旭,2000;田小军,1999;孙云琦、章红,2003)。Qu and Brocklehurst(2003)从交易成本理论角度分析了服务外包的经济特征,考察了中印两国在服务外包领域发展的差异

---

① 《世界是平的》这部全球畅销书列举的推平世界十大力量中一半以上与服务外包具有直接和间接联系(弗里德曼,2006,第2章)。

和原因,是较早探讨我国服务外包问题的重要文献。近年这一领域研究文献增多,取得了不少有价值的成果(李子惠、李志强,2004;王喜庆,2005;谭立文、田笔飞,2006;刘重,2006;詹晓宁、邢后媛,2005;朱晓明等,2006a;朱晓明等,2006b;杨圣明,2006)。然而总起来看,服务外包这个当代生产方式变革的新课题在经济学和经济政策分析领域尚未引起足够重视。如何把当代服务与制造业外包国际化看作共性与个性相统一的经济现象进行系统考察,如何透彻理解服务外包、产品内分工与经济全球化的当代特征之间的互动关系,如何分析我国服务外包特别是承接国际服务外包的现状和问题,并通过必要的政策调整推动这一行业更好发展,仍有不少问题需要进一步探讨。

从劳动分工形态演变大致的历史看,过去几十年国际分工发展的显著特征,在于分工基本层面从行业间、产品间深入到产品内部不同工序、区段、环节和流程,由此带来的国际分工可能的革命性拓展构成当代经济全球化的重要微观基础(卢锋,2004a,2004b)。本书用产品内分工理论视角考察当代服务外包经验的表现和发生机制,探讨我国承接国际服务外包的现状、根源和政策调整问题,具体包含四方面内容。

一是考虑当代服务外包是当代经济生活新现象,对外包、服务外包、国际服务外包三个概念的内涵及其相互关系进行系统探讨,作为整个研究的认识准备。二是收集、整理有关资料文献,比较系统地观察当代服务外包现象;考虑这一对象基本的事实描述目前还比较零散,规范地汇集、梳理有关经验资料应有独立认识价值。三是系统考察当代服务外包的决定因素、发生根源,把当代制造业国际转移与服务外包放到同一理论框架下分析、思考,以便深入理解其发展规律并更好把握其未来走势。四是考察我国承接国际服务外包的现状,分析我国这一领域目前相对落后的原因,探讨发展、承接国际服务外包业务的具体措施。

全书的结构如下:第2—4章分别考察外包、服务外包、国际服务外包的概念及其与相关概念的关系;第5—6章从不同侧面观察服务外包特别是当代新一轮服务外包的经验表现和特点;第7—9章从分工深化角度分析当代服务外包产生的经济背景和根源,着重从技术革命和制度创新角度分析其具体原因;第10—11章考察我国承接国际服务外包的现状、问题、原因和需要采取的政策调整措施。

第2章 外包概念释义:产品内分工视角

服务外包在直接意义上属于企业管理的微观决策行为,然而这类微观行为的普遍化则代表宏观层面整体生产方式变革,从一个角度体现出经济全球化浪潮的当代特征。什么是外包?什么是服务外包?什么是国际服务外包?这些常用名词涉及一些表面简单、实际复杂的概念。透彻理解新兴经济现象,首先需要厘清对象关键概念的内涵。

我们分三个层面说明服务外包的内涵。本章在简略介绍有关外包流行定义的基础上,讨论标准定义尚存的疑问并从产品内分工视角提出补充解释,以便更好地认识这一企业管理概念与当代经济全球化微观经济基础之间的关系。第3章在仔细考察经济学有关服务概念及其与物品定义关系的基础上,探讨对服务外包的界定方式并阐述服务外包的两种类型划分方法。第4章在介绍和比较"国际收支账户"与"服务贸易总协议"两种服务贸易定义方法的基础上,分析探讨国际服务外包内涵的界定问题。[①]

2-1 外包和服务外包概念的标准定义

首先看被广泛接受的标准定义方法。美国外包问题专家 Michael Corbett 认为"外包指大企业或其他机构过去自我从事(或预期自我从事

---

① 本文初稿侧重从产品内分工角度考察外包和服务外包的含义,并从国际收支账户角度界定国际服务外包概念。

的)工作转移给外部供应商"①。经济学家 Besanko 等人把外包定义为"很多传统(内部)功能由外部承包商来完成。于是,组织不仅通过内部协调,而且要企业维持长久联系纽带的供应商和销售商等外部协调方式"②。

依据管理学权威工具书《商务大辞典》(Business: The Ultimate Resource),服务外包指"通常依据双方议定的标准、成本和条件的合约,把原先由内部人员提供的服务转移给外部组织承担"。该辞条还列举了服务外包的传统对象和新兴领域,指出"(服务)外包是总经理决策范围的问题,涉及过去由企业内部人员承担的服务提供转移给外部机构,通常通过一个双方接受的标准、成本和条件合同来实现。传统外包领域包括法律服务、运输、餐饮和保安服务。正在增长的领域包括 IT 服务,培训和公关也在被外包。外包或包出去通常是为了达到增加效率和降低成本的目标,或者是为了使组织灵活性增强或更专注于核心商务活动"(Business: The Ultimate Resource, Bloomsbury Publishing PLC. 2003, p.1303)。

巴塞尔委员会在 2004 年 8 月 2 日发布《金融业务中的外包》,把金融领域外包定义为"被监管者(金融机构)将部分在持续经营的基础上本应由自己从事的业务利用第三方(既可以是被监管者集团内部的附属子公司,也可以是集团外的公司)来完成"。但是该文件定义的外包不包括购买合同如购买家具、软件等标准化产品,更不包括金融机构承担的企业财务资金等业务(丁敏、曹伟,2005)。

---

① 原文是"Outsourcing is the turning over to outside suppliers of work that big companies and other institutions used to do (or could be expected to do) for themselves"(Michael Corbett,2004a)。在《外包革命》一书中,他对外包给出类似的定义:"外包指某厂商雇佣外部机构来从事这一组织不能做或选择不做的工作"(Michael Corbett, 2004b, p.1)。需要注意的是,"外包"在英文中通常用"outsourcing"表示,但也不乏用这一英文单词指称服务外包的场合。本文用"outsourcing"和"service outsourcing"分别作为"外包"与"服务外包"的英文表达。

② "Outsourcing: Many of the traditional functions are performed outside of the firm by contractors. The organization operates not just through internal coordination, but through active external coordination of a network of suppliers and distributors with whom the firm maintains longstanding ties"(Besanko, Dranove and Shanley, 1996 p.690)。

2-2　从产品内分工视角解读"外包"定义

上述标准定义包含两层理解:外包一般含义是生产活动"从内到外转移";如果这类转移对象是加工制造活动属于制造外包,如对象为服务活动就是服务外包。这类定义涉及两点问题需要进一步讨论。第一,如何定义"服务"?这一问题留到下一节讨论。第二,是否企业活动所有"从内到外转移"都属于外包?如果不一定,那么哪些"从内到外转移"属于外包?哪些不属于外包?笔者认为,深入分析这一问题对于更准确理解外包的具体内涵,甚至对观察与国际外包相联系的当代全球化生产方式的演变特征都有积极意义。

显然,并非发生在企业层面的所有"从内到外"的转移活动都属于外包。例如,IBM把PC业务出售给联想,对IBM来说PC业务确实发生"从内到外转移",日后IBM还可能购买联想用原来属于IBM的设备、技术生产的电脑。然而,这类转移无论从管理学常识还是战略决策分析角度看,显然都不属于外包范畴,而是整个业务的转手出售。又如,一家企业原来兼营旅游、零售、餐饮等业务,现在把餐饮业剥离出售,即便这一企业今后招待客人需要在该餐馆用餐,这一转移也不应属于外包。这类企业间生产和经营活动"一揽子转移"(the lump-sum transfer)可能具有竞争策略层面的重要管理含义,然而无论从管理决策或理论分析角度看,显然都不属于外包。

略加思考不难发现,外包的特征性内涵在于企业在保留特定产品生产供应的前提下,对生产过程涉及某些环节区段的活动或工作,通过合同方式转移给外部厂商来承担。与特定产出的所有生产活动"一揽子转移"不同,外包指特定企业在保持最终产出或产出组合不变的前提下把某些投入性活动转移出去。仍然用IBM的PC业务事例,如果IBM把PC产出过程包含键盘等部件生产或组装环节转移给联想,那就应当属于外包而不是整体转移。因而,外包概念本质上涉及某个"产品内部"诸环节和区段分工的特定形态,而不是指"产品之间"分工方式改变;一句话,外包是"投入环节活动"外部转移,不是"产出活动整体"外部转移。实际上面引述标准定义中提到作为外包对象的"工作"、"功能",也隐含了内部工序和流程的含义,产品内分工解读使外包对生产方式的革命性影响在分工形态历史演变层面的特征性内涵得到凸现。

分工对象和类型从行业间、产品间拓展和深入到产品内工序、区段、环节,是当代劳动分工形态演变的基本特征之一;工序、区段、环节分工在国际范围展开,构成当代经济全球化的重要微观基础。卢锋(2004)观察二战后若干制造业分工演变的特点,借鉴当代经济学和管理学有关研究成果,提出了产品内分工的概念框架。从这一视角出发,制造业与服务业当代国际转移虽然对象和方式各有不同,然而受到相同经济逻辑和理论的支配与解释,有助于从"万变与不变统一"角度理解当代经济全球化的本质。专栏2-1介绍了产品内分工的概念框架。

专栏 2-1

产品内分工概念框架

美国"底特律艺术院(the Detroit Institute of Arts)"的大厅四壁,陈列了墨西哥著名艺术家 Diego Rivera 于20世纪30年代初所作的壁画。这组壁画以工业化历史为主题,其中南北墙壁画展示了当时福特 River Rouge 汽车制造厂的详细情形。福特旗下这一巨型汽车厂,是当时世界上最大的工业厂区,在推进美国汽车普及进程中具有重要作用。

这幅壁画在经济史上的价值在于,它表现出那个时代的汽车生产方式在空间上高度收敛和集中的特征。经济史学家评论道:"那个时代,福特几乎完全控制了(汽车)生产和制造的原料以及其他手段的来源和运输。如矿石和煤炭原料从大湖附近矿山水运而来,然后通过热处理、仿形、铣削、冲压、焊接、抛光、喷漆和总装等数百种工艺过程,最终在这里被转换为汽车。"经济学家克鲁格曼点评说:这个工厂"在一端吃进焦炭和矿石,在另一端吐出轿车"。当时福特甚至拥有生产汽车轮胎的橡胶林(Sengupta and Singh with Moses, 2006, p.22)。

这种聚集于某一特定地点高度一体化的汽车生产方式,在20世纪后半期经历了革命性变化。大约在福特厂的壁画创作半个世纪后,研究人员提供了一份描述世界汽车行业后起之秀——以丰田(Toyota)为代表的日本汽车生产方式的专题报告。该报告用"多层次生产方式(multi-layered production system)"概括日本丰田汽车生产方式的特点,参与企业可以分为三个层次,对每一种款式的汽车生产过程"估计第一个层次参与企业有 171 个,第二个层次参与企业有 4 700 个,第三个层次有 31 600 个企业参与"。

以高度发达的企业间分工体系为特征的丰田生产方式,显然与早年福特生产方式高度空间集中和内部一体化的结构大不相同。虽然 20 世纪七八十年代之交,丰田生产体系的企业绝大部分还集中分布在国内几个工业集中区,80 年代日本汽车已经大量从国外采购部件,开始把空间分散的生产分工体系扩展到国外,到 1986 年日本已在 7 个东亚国家发展了 256 个部件供应商(Hill, 1989, p. 472)。就生产分工链条向海外延伸来说,美国汽车厂商实际动手更早。随着加拿大—美国汽车同盟(Canada-US auto pact)在 60 年代中期签署实施,包括福特在内的美国重要汽车厂商,逐步实施以生产体系国际化为内容之一的重组过程。到 80 年代早期,伴随"世界汽车"战略("world car" strategy)的实施,美国和日本汽车业都开始了大规模的国际化生产过程。

这个故事提示了 20 世纪汽车生产方式演变的主线:早期生产过程在空间分布上高度集中,20 世纪后半期变化的趋势,则是生产过程包含的不同工序和区段逐步被拆散,并分布到国内不同区域或不同国家进行。这一变动趋势并非仅限于福特这一特殊厂商或汽车这一特殊产品。对纺织、汽车、电子行业的初步案例研究表明,这三个行业虽然历史背景不同、技术经济属性各异,但它们过去几十年生产方式的重组过程,都鲜明体现出生产工序或区段国际分工的演变趋势。当代服务外包快速发展,说明产品内分工原理正在超越制造业范围,对服务业生产方式进行改造。广泛的经验事实显示,工序国际分工不是个别厂商采用的特殊生产方法,也不是个别行业的特例性或局部性现象,而是全球经济结构基本层面具有大局意义的当代国际分工形态特点。

所谓"产品内分工(intra-product specialization)"指产品生产过程包含的不同工序或区段,在空间上分散化地展开到不同国家和经济体进行。它是一种以工序和区段作为基本对象的国际生产分工形态,表现为特定产品的跨国性生产链条或体系;产品内分工发展意味着越来越多位于不同国家的厂商,共同参与特定产品不同生产环节或区段的产出供应活动。产品内分工把国际分工的对象和层次,从行业间和产品间分工深入到生产过程区段和工序层面,极大地拓展了国际分工的范围、潜力和深度,开辟了生产率提升和经济增长的新源泉。

笔者2003年访问哈佛大学期间,利用那里获取文献和收集资料容易的便利条件,系统考察了当代产品内分工的行业表现、利益来源、决定因素、发展原因等问题,对这一现象比较系统地提出了一个分析框架。产品内分工发展广泛,深刻地重组了国际生产方式,改写了全球生产结构版图,为当代经济全球化推进提供了最重要的微观基础。产品内分工作为一种新型国际分工形态,对理解当代经济全球化诸多特征性现象,对认识经济发展战略选择的边界条件变动,对观察我国经济开放成长的成功原理和具体困难,提供了一个具有微观经济学分析层面的新视角。

第一,产品内分工时代原先在某点某地某国进行的生产过程展开为全球生产网络或供应链,使生产过程实现的价值创造过程展开为全球价值链,使当年马克思"国民经济变成世界经济"的评论真正成为现实。产品内分工把国际分工基础从行业和产品层次推进到工序和区段层次,从而极大地拓展了国际分工交换的空间,扩大了通过互利合作途径谋求各国发展的潜力。产品内分工生产方式的推广,从根本上削弱了通过战争、征服、武力对抗等"零和游戏"策略谋求最大利益的经济合理性动机,争取和平发展的国际环境胜出的比率显著提升。我国决策层在"文革"后提出可能争取较长和平发展时期的判断,近年进一步提出和平发展的理念和方针,从产品内分工规定的经济全球化时代条件的角度观察具有理论和经验依据。

第二,产品内分工为发达国家在世界范围内进行结构调整、增进自身竞争力、谋求更高水平发展,提供了重要的现实便利条件。发达国家随着前沿技术创新、产业结构高度化以及人均收入水平的提高,需要把部分缺乏动态竞争力的经济活动转移到发展中国家。如果没有产业内分工条件,整个产品生产过程一揽子跨国转移,会因为潜在利益较小以及对就业冲击较大这两重因素的牵制而难以实现;通过产品内分工方式进行结构调整,可以把劳动密集和技术简单的工序环节转移到其他国家,同时把资金、技术等要素密集的经济活动区段保留在国内进行,这些环节对应的生产活动,仍然符合发达国家的要素禀赋比较优势结构,并且附加值比较高。在工序层面依据比较优势对经济活动在全球范围内加以重新布局和改组,有利于发达国家在利益矛盾和摩擦较小的前提下,进行产业结构调整和谋求经济持续增长,并推进各国间经济联系和全球化进程。美国1963年实施"生产分享项目(production sharing scheme)"的政策意图正在于此。

第三,产品内分工加快了在合作互惠基础上资金、知识、人才、技术等生产要素的国际转移速度,为欠发达国家选择开放发展道路提供了新的可能性空间和有利的外部条件。二战后流行的进口替代内向发展战略建立在出口悲观论的假设基础之上,产品内分工新生产方式的兴起根本否认了这一中心假设的理论逻辑和经验基础,为经济落后国家探索和选择外向型发展模式提供了新的有利外部条件。产品内分工为发展中国家通过参与某些制造业部门和产品生产的简单加工区段,在符合比较优势原理的基础上融入国际经济系统提供了一种新的切入点;同时也给它们在产品内分工的供应链和价值链上攀升,提供了持续成长的现实可能性。过去几十年,一批又一批的发展中国家和地区,通过改变进口替代战略和实行开放型政策获得了快速的经济增长,不同程度地缩小了与发达国家的经济差距。

第四,产品内分工对于理解我国经济开放成长的某些结构性和阶段性特点具有认识价值。我国计划经济失败后探索新的发展道路,借鉴其他国家利用产品内分工的发展经验,提出并实行了渐进式开放战略。对外开放初期设立经济特区这一具有"破冰"意义的重大政策,主要是通过引进外资和参与加工贸易,使我国劳动力和其他国内资源价值在一定程度上通过国际市场得到实现,集中体现了产品内分工的外部环境对开放发展道路选择的影响。产品内分工基础上的技术转移速度加快,为我国长期经济绩效打破其他国家和经济体的历史纪录提供了关键条件。从我国目前经济发展面临的形势观察,加工贸易与外商直接投资的互动作用,很大程度上能解释我国国际收支双顺差和外汇储备的激增,这同样显示产品内分工的微观机制在我国开放成长模式选择上留下的时代烙印。利用产品内分工概念框架观察分析服务外包现象,是本书研究方法的基本特点之一。

参考资料:卢锋,《产品内分工:一个分析框架》,北京大学中国经济研究中心

《中文讨论稿》系列 No. 2004005,2004 年 5 月 28 日(http://www.ccer.edu.cn/出版物/讨论稿/下载);卢锋,《产品内分工》,《经济学季刊》第 4 卷第 1 期,第 55—82 页,2004 年 10 月。

上述分析澄清了已有定义的疑问,然而它本身在定义中引入的"投入"和"产出"子概念也需要讨论。与外包概念类似,投入与产出概念的准确内涵比看上去要复杂。从经济分析角度看,企业经营的具体内容千差万别,但在共性上无一例外地需要把某些有形或无形资源,通过一定技术或工艺加以组合,获得能够满足市场消费需求的有形和无形产出,并通过产品的销售价格与消耗的资源成本之间的差额获得利润或承担亏损。经济学把资源和要素及其合目的性运用所派生的相关活动理解为"投入",把上述过程带来的具有特定功能的有形、无形成果称为"产出"。依据这一理解,企业活动及其承担功能在理论分析层面被抽象为某种投入—产出关系。对于特定企业和生产活动,投入和产出具有显而易见的区分和界限,并为提出外包概念提供了前提条件:外包是在产出不变时,把部分投入环节转移到外部完成的管理方法或分工形态。

在更为广阔的理解层面上,投入和产出并非总是存在此疆彼界的清晰划分。电脑对于联想和 IBM 是产品,但是对于利用电脑的企业来说又是投入。餐馆服务对于餐饮企业来说是产出,但是对于利用餐馆招待客户的企业来说又是投入。在经济生活相互联系的整体画面中,投入和产出总是存在直接或间接的转化性或流动性。① 如何解决这一矛盾?回答是"一切以时间和空间条件为转移"。如同很多经济学概念一样,"投入"和"产出"本质上都属于"由特定场景定义的概念(context-specific concept)":对于具体生产过程所界定的场景来说,投入和产出具有明确区分。一旦超越特定场景,投入和产出就可能互相转化,而不存在绝对分野。

由此看来,外包也属于"由特定场景定义的概念"。实际经济现象

---

① 例如,经济学的一个重要统计分析框架"投入—产出表"就建立在投入与产出相互转化的基础上。在投入—产出表中,所有常规性投入是某个生产过程的产出,而所有产出则又承担某个生产过程投入功能,这揭示了经济系统内部"牵一发而动全身"的复杂交叉联系。

哪些属于外包,需要依据对具体场景的产出和投入理解来判断,并不存在一个绝对和普遍的识别标准。但是在具体观察场合,企业产出和投入的区分和界限通常具有一目了然甚至不言自明的清晰含义。例如,对于雪佛兰而言,汽车显然是产出,而发动机、轮胎、研发活动显然属于投入,因而雪佛兰把轮胎或研发活动转移给外部厂商承担属于外包行为。宝洁(P&Q)、BP 各以日用化工品和石油产品等作为产出,其人事、财务管理活动属于投入,他们把这些劳务投入转移给埃森哲这样的独立企业承当也属于外包。因而,投入与产出区分在纯粹逻辑层面的相对性,并不会影响以此为基础定义的外包概念的实际认识功能。①

2-3 外包元结构图形表达

外包通过"由内到外"的转变,使原先全能企业的内置式(in house)生产过程拆分开来。如同两人才能跳探戈舞,至少需要两个厂商才能实现一个外包操作:发包方(the sourcing firm)与接包方(承包方或受包方)(the contract firm)。图 2-1 表示外包元结构,说明特定工序或流程的外包合同把发包方与接包方企业联结成一个最简单的外包关系。

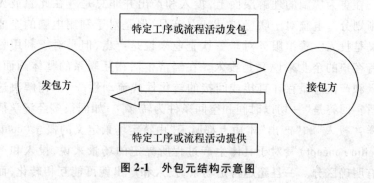

图 2-1 外包元结构示意图

---

① 上述定义是综合考察服务外包发生过程与展开结构的特点提出的。Gartner 最近提出修改定义,把 IT 服务外包定义为"多年期或基于年金的合约,公司借以在特定的功能/服务条款上、在持续性的原则上提供服务"。外包区别于所谓"离散式服务——特定项目的合约安排,具有预先确定的工作范围,要在一个制定的时期内完成此项工作"(洪刚,2007)。这类定义描述服务外包结构的特点,而不是从发生学角度加以定义。

一级受包方[①]获得一级发包方提供的制造或服务外包合同后,都可能把有关业务进一步分解,并向下一级厂商发包,形成二级甚至更多层次的外包关系。在服务外包场合,美国一些财务会计公司获得本国其他企业的财会业务服务外包合同后,可能进一步向本国或外国有关企业分包部分业务。图 2-2 表示一级外包发生后,接包方可以把合同外包活动的一部分进一步分包出去,形成二级发包过程,从而使发包实现的经济过程成为一个或长或短的链状结构。

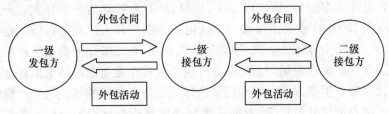

图 2-2　两级外包结构示意图

发包方可能不止发包一个工序或流程活动,受包方也不止接受一个工序或流程活动的外包合同。外包活动的多重化,意味着图 2-2 的每个参与厂商,都可能向不同方向通过更多箭头与更多企业形成多重联系。这一逻辑可能性在经济生活中真实展开,导致当代特定产品的生产供应过程及其实现的新价值创造过程,从原先空间和组织相对集中收敛的内置化系统,逐步拆分演变为空间和组织高度分散的链状或网状结构,构成当代生产方式演化和经济全球化历史进程的微观结构和行为基础。因而,外包与"供应链(网)"、"价值链(网)"等当代企业组织和市场结构演变的管理学特征性概念,与"产品内分工"等当代生产方式和经济全球化演变的经济学特征性概念,具有一脉相承的联系。

2-4　简短的结语

外包是企业或其他机构在维持特定产出的前提下,把过去自我从

---

① 英文文献又称为"external service provider：ESP"、"service vendor"等。

事的投入性活动或工作,通过合约方式转移给外部厂商完成。外包使一个生产供应系统所实现的投入产出关系在组织结构和空间分布上展开为供应链或供应网,使一种产出过程所实现的价值增值过程展开为价值链或价值网。从经济分工历史演变的视角看,外包这一企业微观行为是当代产品内分工拓展和深化的重要途径。

当代国际分工展现出一个引人注目的特征,就是很多产品生产过程包含的不同工序、区段和流程,被拆散分布到不同企业在不同空间、地区甚至国家进行,形成以工序、区段、环节为对象的分工体系。卢锋(2004a,2004b)考察了服装、汽车、电子等制造品工序和区段分工推动的当代经济全球化的表现、原理和实现机制,在此基础上提出了产品内分工概念。晚近时期兴起的服务外包可以看作是类似经济学原理改造当代服务业生产方式并推动经济全球化出现新阶段的特点。从产品内分工视角解读外包定义,有助于更好理解制造业与服务业生产方式变革所共享的经济逻辑,从经济分工形态演变层面凸显这一管理方法和生产方式变革的特征性内涵。

第3章 服务与服务外包概念释义

依据第 2 章的理解，外包指企业某种产品生产过程的内部特定工序或流程转移到外部完成，从而使企业内部工序流程协调转变为与外部企业之间的市场交易。制造外包和服务外包可以依据交易对象的经济属性差异加以区分。大体而言，如果外包转移和交易对象属于制造加工零部件、中间产品工序活动，或以中间品、半成品、最终产品的某种组装或总装为对象的活动，则属于制造外包；如果外包转移对象是特定服务活动或流程则属于服务外包。

上述常识性理解建立在区分物品与服务概念的基础上。与讨论外包概念相类似，物品与服务概念的联系与分野也不像表面看上去那样不言自明。准确理解服务外包定义，深入分析服务外包的发生机制及其经济属性，还需要考察服务及其与物品概念定义的关系。本节首先介绍国民经济核算体系对服务与物品的标准定义；然后，归纳服务与物品在定义层面的经济属性差异并分析其相对性；最后，借鉴营销管理学"服务之花"的表达方式，讨论服务外包的定义、类型和发生原理。

3-1 国民经济核算体系有关服务与物品的定义

从经济学角度看，"服务或劳务（service）"与"物品或货物（goods）"是经济活动成果或广义产出（outputs or products）的两类基本形态。服务是一种产出，产出又是生产活动结果，因而透彻理解服务概念涉及对生产、产出、服务及其与物品概念关系的考察。国民经济核算体系（System of National Account：SNA）以一国特定时期的经济活动作为对象，为包括服务业在内的各基本产业部门的经济活动总量提供了概念描述体系和统计度量框架，其中对服务与物品的定义关系作了系统阐述。下面首先介绍1993年版国民经济核算体系(下面简称1993年体系)对服务及相关概念的定义。①

专栏 3-1

什么是国民经济核算账户？

在20世纪即将结束时,美国商业部回顾其历史成就,当时美国商业部长威廉·戴利把国民收入账户的发明和运用称为"世纪性杰作"。他认为:"当我们要寻找商务部的先驱们创造的对美国影响最伟大的成就的时候,国民经济账户——今天称之为国内生产总值或GDP——的发明则当之无愧"。他的评价得到美联储主席艾伦·格林斯潘,经济学诺贝尔奖得主保罗·萨缪尔森,詹姆斯·托宾等政要和专家的一致赞同。

国民经济账户和GDP度量作为20世纪最重要发明之一本身是历史需要的产物。20世纪30年代西方经济大危机,使得了解经济运行整体信息的需求比任何历史时期都更为迫切,国民经济账户和GDP度量体系应运而生;随后二战期间政府控制经济的需要上升,推动了有关统计体系进一步发展;后来由于政府、专家、企业界和公众的合作和不断努力,国民收入账户统计不断改进和丰富。

国民收入账户中最重要的总体经济活动衡量指标是国内生产总值(gross domestic products: GDP)。GDP度量一定时期(通常是一个季度或一年)内一国经济生产的最终产品和服务的当期生产总值。一国经济能够生产出数以百万计的不同商品(如电视机、汽车、住房、快餐盒饭、西瓜等)和服务(理发、律师咨询、银行服务、医疗、电信服务等),经济统计部门对这些商品和服务加总得到国内生产总值单个指标和数字。为了把这些不同性质的项目加在一起,需要利用它们共同的货币单位来表示价值量。例如,2006年我国GDP为210 871亿元,人均GDP

---

① 1993年IMF编写的《国际收支手册(第五版)》以及2002年联合国和WTO等编写的《服务贸易统计手册》,都建立在1993年账户有关服务定义的基础上。

为 16 084 元。

为了避免重复计算，GDP 只计算最终产品价值，而不计算中间产品价值。最终产品(final products)指最后使用者购买的全部商品和劳务，中间产品(intermediate goods)指作为生产要素继续投入生产过程中的产品和劳务。许多商品既可作为最终产品又可作为中间产品。例如，煤用于家庭取暖做饭是最终产品，用作发电厂原料则是中间产品。实际上，准确区分最终产品和中间产品非常困难。因此，计算最终产品价值时一般用增值法(value added)，计算在生产不同阶段增加的产值，即仅仅计算销售产品和劳务收益与为生产该产品或劳务而购买中间产品费用之间的差额。GDP 只计算某一个时期(例如一年内)新生产产品的价值，不计算以前时期生产的产值。例如，某一年转手的以前建成的房屋交易中，房屋价值不应包括在当年 GDP 中，但是实现房屋交易所发生的劳务，如律师费用等则应构成该年劳务的 GDP。

GDP 是反映国民经济总量活动的最重要的单个指标，但是它在概念和实际数据获取上仍然存在一些问题。第一，很多经济活动无法计入 GDP。例如，一些没有经过市场交换程序的经济活动，如家务劳动、自我生产(do it yourself, DIY)活动等，不在 GDP 统计范围以内。许多非法经济活动如贩毒、走私、造假生产等，虽然进入了市场交换过程，但是由于其非法性质，必然规避官方统计，也无法计入国民生产总值。这类遗漏因素会使 GDP 低估真实的社会经济活动。第二，GDP 反映福利水平变动存在较大局限性。GDP 反映产量变动，但产量变动不等于福利变动。GDP 不能反映人们精神满足与不满足，不能反映闲暇给人们带来的福利，不能反映分配状态及其对社会福利的影响，不能反映环境质量变动对福利的影响。考虑到这些局限性，学术界和有关机构研究设计了"绿色 GDP"指标，统计这一指标时要考虑经济活动对环境的影响。

《国民经济核算体系》(又称《国民账户体系》)，是系统阐述国民经济核算理论和方法的工具书，共有 1953 年、1968 年和 1993 年三个版本。前两个版本由联合国编写，1993 年版本由联合国、世界银行、国际货币基金组织、经合组织、欧共体委员会等国际组织共同编写。有关服务外包概念的讨论，需要利用《国民经济核算账户》阐述的基本经济变量概念和统计关系。

参考资料:卢锋《经济学原理(中国版)》第23章,北京大学出版社2002年版。联合国等:《国民经济核算体系(1993)》,中国国家统计局国民经济核算司译,中国统计出版社1995年版。

1993年体系中与服务有关的定义主要包括以下几方面内容。

第一方面是有关经济生产及其相关概念的定义。既然把服务定义为经济生产成果的一种基本类型,首先要说明什么是经济生产。依据1993年体系,"经济生产可以定义为在机构单位控制和负责下,利用劳动、资本、货物和服务的投入,生产货物和服务的活动。必须有一个机构单位对这个过程承担责任,拥有作为产出生产出来的任何货物,或者有权为所提供的服务接受付款或其他补偿。没有人参与管理的纯自然过程不是经济意义上的生产。例如,国际水域中,鱼类的无控制生产不是生产,而人工养鱼活动则是生产"(联合国等,1993,第125页)。

1993年体系还定义了"经济意义上的非生产性活动",这类活动"包括基本的人类活动,如吃、喝、睡、锻炼等,每一个人的这些基本活动不可能由他人代替进行。付钱雇他人进行锻炼不能使自己保持健康。另一方面,诸如洗衣、做饭、照顾儿童、病人和老人的活动都是可以由其他单位提供的活动,因此属于一般生产的范围,许多住户付酬给家务人员为他们进行这些活动"(联合国等,1993,第125页)。

第二方面是对"物品"与"服务"定义的特征提出一般性的比较、概括。"货物是对其有某种需求,且能够确定其所有权的有形实体。这种所有权可以通过市场上的交易从一个机构代为转移给另一个机构单位。由于货物不仅可以用来满足居民或社会的需求,而且可用于生产其他的货物和服务,因此它们是社会所需要的。有些货物可能被买卖多次,另一些货物可能从不进行交换。货物的生产可以与其随后的销售或再销售分离,是货物显著的经济特征。服务则不具有这种特征"(联合国等,1993,第123页)。

"服务不是能够确定所有权的独立存在实体,它不能脱离生产单独地进行交易。服务是按具体要求生产的异质产出,它一般是生产者按照消费者的需要进行活动而实现的消费单位状况的变化。当生产完成时,它们必定已经提供给消费者"。"服务的生产只限于一个机构单位为其他机构单位的利益而进行的活动。否则服务业就不能发展,也不会有服务市场。一个单位可能为自身消费而生产服务,但是这种活动必须是本来可以由其他单位进行的活动"(联合国等,1993,第123—124页)。

第三方面是从不同角度描述服务的类型和特征。例如从功能角度描述服务的主要类型。"服务消费者让服务生产者提供的变化可以采取不同的形式。特别是(a)改变消费品的状况:生产者通过运输、清洁、修理或其他改变货物的方式,直接作用于消费者所拥有的货物上。(b)改变人的身体状况:生产者对人提供运输、食宿、医疗或手术、美容等服务。(c)改变人的精神状况:生产者提供教育、信息、咨询、娱乐或类似的服务。(d)改变机构单位本身一般的经济状况:生产者提供保险、金融中介服务、保护、担保等"(联合国等,1993,第124页)。

又如,从功能、时效长短角度描述服务类型。服务带来的"变化可以是临时性的,也可能是永久性的。例如,医疗或教育服务可以导致消费者状况的长期性变化,消费者可以从这种变化中受益多年。一般来说姑且认为这种变化是一种改善,因为这种生产是按消费者需要而生产的。这种改善通常体现在消费者个人身上或他们所拥有的货物上,它不是属于生产者的独立实体。这种改善不能被生产者储存或脱离生产单独进行交易"(联合国等,1993,第124页)。

再如,从受众多少的角度描述服务类型。有的服务一次只能为单个消费主体提供,如美容美发、心理咨询、保洁服务等在特定时空只能为单个服务对象提供。然而"单一的生产过程(也)可以同时向一批人或一组单位提供服务。例如,属于不同机构单位的一批人或一组货物可以由同一架飞机、同一艘轮船、同一列火车或其他交通工具一起运输。人们可以一起出席同一堂课、讲座或观看同一场表演,接受教育或享受娱乐。某些服务被共同地提供给整个社会或社会的广大部分,例如,法律和秩序的维护与国防"(联合国等,1993,第124页)。

第四方面是提出服务定义的特例或另类对象。"有一组产业部门一般划入服务业,它们生产的产出具有货物的许多特征,涉及最广泛意义上的供应、储存、交流和传播信息、咨询、娱乐等产业部门,它们生产一般化的专业信息、新闻、咨询报告、计算机程序、电影、音乐等。这些产业部门的产出可以被确定所有权关系,它们经常被储存于有形物体——纸张、磁带、软盘等之中。它们像普通物品一样可以进行交易"（联合国等,1993,第124页）。①

3-2 服务与货物属性的差异及其相对性

上述标准定义在抽象层面把服务与货物定义为经济产出的两种基本形态,具体方法包括属性识别与特例排除两个层面,关键是通过以下五点属性对比来揭示服务与物品定义的区别。

一是在客体存在方式上有形与无形性的差异。如饭菜、汽车、电视等物品具备有形性,消费者能够感知和识别其大小、轻重、色彩等。很多服务则是无形的,如按摩师手掌的力度、歌唱家的美妙歌声、银行提供的信贷或按揭等金融服务等,不存在人们肉眼能够辨识的形状。管理学家把物品描述为"一件商品、一种器械、一样东西",把服务描述为"一个行动、一次表演、一项努力"（Berry,1980）,清晰表达了这种差异。

二是经济关系上主体可拥有性的差异。对物品可以确立所有关系,如房屋、电脑等可以归特定主体所有。对服务则不能确立所有关系,即无法脱离服务供给而独立地拥有特定服务。例如,我们在餐馆一次性购买了食物以及相关服务,然而我们无法对餐馆服务本身建立独立持久的所有关系。2002年出版的《服务贸易统计手册》把这一属性表述为服务不能"以确定所有关系的独立实体形态存在,它们不能脱离生产单独地进行交易"（UN, WTO, 2002, p.7）。

三是生产和消费过程可分离性的差异。物品生产过程与消费过程在时间和空间范围上可以分离。如农民在农作物生长季节耕作土地生产粮食,粮食消费则可能在农作物非生产季节的不同空间场合如城市餐馆或居民家中发生;昆山在特定时间生产的笔记本电脑,可能会在不同时空场合被欧洲和美国消费者使用。很多服务的生产和消费过程难以分离。如餐馆、理发、出租车等很多服务的生产与供应过程,必然同时伴随特定主体对服务的接受和消费过程,二者具有时空不可分离性。

---

① 1993年体系中文版这一段内容似有可存疑处,作者已结合英文版《国际服务贸易统计手册》第7—8页相关内容进行了调整。

四是对象可库存性的差异。这是产出与消费可分离性差异属性的直接引申或另一种表述。粮食、电脑、汽车等物品生产完成后,产品可以进入库存状态,保持一定数量库存对协调产出季节的波动与消费平稳要求之间的矛盾并增进社会福利具有重要意义。服务则一般不具备可库存性,无论是服务提供方还是消费方,都无法把已经发生的服务本身储存起来。出租车司机不能把自己提供的通行服务储存起来供交通高峰期使用,美食家也无法在一次饱餐后库存美食而一个月无需进餐。

五是产出质量标准性程度的差异。大部分物品质量性能的标准化程度较高,如上海大众特定型号轿车、海尔特定型号冰箱,虽然不排除大批量产品中偶有瑕疵和次品,然而在统计学的高度显著性意义上可以把它们看作无差别标准化产品。对可能进行的期货交易物品,其合同标的物应具有完全标准化物品的属性。然而,很多服务产品则通常存在显著差异即标准化程度较低。按摩师对特定顾客是否用心尽力、戏剧表演者在特定场次是否处于最佳状态,都直接影响服务质量和性能。①

上述属性差异显然存在密切联系而非相互独立。例如生产与消费的不可分离性、不可库存性、不可独立拥有性,几乎可以成为理解同一经济属性的不同侧面表述,另外服务产出的无形属性与特质属性实际也存在联系。在绝大部分场合,结合运用上述五方面属性比较,应能区分服务与物品的差异,从而实现对服务对象定义识别的概念功能。然而,也需要认识到物品与服务区分具有相对性,对此可以从三个层面理解。

一是有形物品与无形服务相互联系,在实际生产过程中相互配合发挥功能。真实世界中产出对象并非总是存在此疆彼界的划分,而是经常存在有形与无形、实体与虚体相互渗透、融合的情况,二者的组合即服务与货物的组合比例呈现出类似于基本色组合变动的光谱形态。如管理学者 Lynn(1997)指出的,服务与货物可以沿着一个从有形主导到无形主导的序列进行排序。图 3-1 显示服务与货物的区别在于有形

---

① 《服务贸易统计手册》把这一属性表述为"服务是定做的异质产出(they are heterogeneous outputs produced to order),一般是生产者按照消费者需要而进行的活动,通常包含因应消费者需求发生的活动提供过程导致的消费主体状态发生的某种变动"(英文版,第7页)。

程度的差异,而从高度无形到高度有形之间存在一个连续谱。

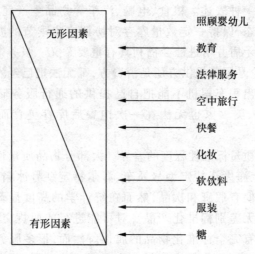

图 3-1 商品有形与无形因素的组合性和过渡性

说明:原图见 A. 佩里,《服务营销》,第 9 页,转引自王粤(2002,第 24 页)。

二是从信息不对称角度看,物品与服务属性差异具有相对性。在真实的商业世界中,买卖双方的交易面临形形色色的信息不对称制约。"买家不如卖家精"意味着通常消费方在对交易对象属性了解上比生产方处于相对弱势的地位。依据买方面临的信息困难程度高低可以把交易对象与过程分为不同类型。第一种是只要能找到供应商就能比较容易地确定交易对象质量性能的搜寻性产品(searching goods),如塑料脸盆、铅笔、公交服务等。第二种是只有在部分或全部消费后才能比较准确地判断消费对象质量的经验性产品(experience goods),如餐馆菜肴、电影大片、度假村服务等。第三种是即便消费完成后仍难以准确、全面判断消费对象质量的信誉性产品(credence goods),如律师服务、战略咨询、疑难外科手术等。

一般认为,因为非标准型等属性特点服务产品的信息不对称程度较高,货物产品的信息不对称程度较低。这一观点确有一定的现实依据,如生活中搜寻性产品大都属于货物,而信誉性产品则几乎都是服务品。然而,这方面属性识别也同样存在相对性。如图 3-2 显示,在信息识别方面物品与服务同样也存在某种连续性和过渡性。

三是存在超越一般分类方法的特例或另类对象。从五个方面对比

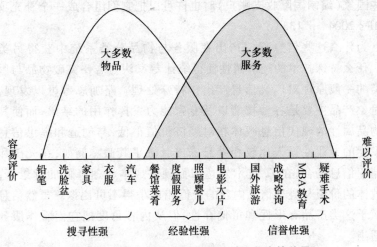

图 3-2 物品与服务之间信息不对称程度的差异

说明:引用洛夫洛克(2001,第 17 页)图形,笔者调整了部分产品名称。

可以区分绝大部分物品与服务,然而在一些特殊场合特别是涉及当代信息行业产出对象的场合,统计分类专家认为需要作变通处理。这些产出对象虽然存在物理形态即满足有形性条件,其消费和生产可以分离并且具备可库存性,依据属性识别方法应归为物品,然而统计专家认为按其基本经济属性仍应归为服务范畴。如上述国民经济核算体系在阐述服务与物品的一般分类原理后,对广义"供应、储存、交流和传播信息、咨询意见和娱乐等"部门的产出,采用变通方法(ad hoc),把它们看作是服务品。

2004 年 IMF 统计司对第五版国际收支账户提出修改,其中涉及一项对软件服务外包具有重要意义的有关软件经济分类的界定方法。"可以独立辨认的通用型"软件("off-the-shelf" software),即便它们有可能嵌入在硬件中,也应被看作是物品。按照特定需要生产的定制式软件(customized software that is software that is produced to order)则应归为计算机服务。另外,计算机软件使用许可费应在特许费以及专用权使用费名下作为服务看待(License fees for use of software are included in services under franchise fees and payments for the use of proprietary rights)。对于如何区分通用型软件和软件使用许可费问题,解答是考虑通过物品、信息技术服务和特许费方式体现的软件具有很大的替代性,某些国家（编制国际收支账户）时也许可以把它们组合成一个补充项目（IMF，2004，p.133）。

为什么这些信息部门产出在服务与物品分类系统中获得另类待遇？什么特殊技术的经济属性使得统计专家认为需要突破物品与服务分类的一般原理对广义信息产出作特殊处理？略加思考可以发现，这些对象产品主要是各种技能以及专家能力发挥作用的结果，而使其具备物品属性的现代信息载体相对经济价值很低，与创造和提供信息内容发生的专业性投入比较相差悬殊或者微乎其微。例如，在光碟和磁盘储存信息场合，在IT技术发达因而硬件成本快速降低的背景下，储存载体的价值与凝聚信息内容的价值相比小得不可比拟。虽然信息载体赋予这类产品有形性和可储存性，但从内容角度把它们看作服务更为适当。

对于采用纸张作为信息载体的印刷品，由于载体材料和加工过程成本在单位信息产品的总成本中占据显著比例，通常不被看作服务而是看作物品。例如，大英百科全书的内容虽然是由时间成本极为昂贵的权威专家所创造和提供，然而印制纸版百科全书耗用的纸质载体材料和制造过程也会发生较高的经济成本，因而分类上仍被看作印刷物品，而光盘百科全书或网上百科全书则被定义为服务产品。进一步观察，高速公路两旁的指路牌虽也以提供信息作为基本功能，但制作信息载体的物质成本比"创造"路标牌的信息成本可能要大得多，所以这类信息产品不会被看作服务。上述讨论提示，信息内容与信息载体在产品总成本中的比例成为是否应把某些信息产品破例定义为服务的重要依据。

图3-3用两个有部分交集的圆形表达物品和服务定义的关系。左边圆圈表示具有物理形态、可以确定所有关系、生产和消费在时空上可以分离因而可以库存的物品；右边表示具有无形性、无法确定所有关系、生产和消费在时空上不能分离、无法库存的服务；交叉的形似"鱼眼"的部分表示虽然具有有形性、可拥有性、通用和标准性、可分离性、可库存性等属性，但是在经济分析意义上仍然变通定义为服务的对象。

透彻理解服务概念的定义及其与物品之间的关系，对于我们观察研究服务外包具有重要意义。第一，服务的无形性、差异性与服务流程发包方对服务质量控制要求存在的矛盾，使得接包方在竞争过程中对

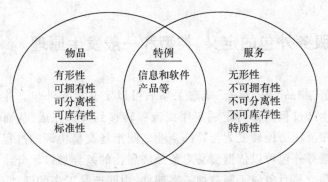

图 3-3 物品与服务定义的关系

信誉、经验、磨合等因素特别看重,因而服务企业包括接包企业的信誉和品牌具有显著的市场价值和竞争含义。服务差异性与质量控制性之间的矛盾,需要通过程序标准性、操作人员素质的标准性来控制。与这方面约束相联系,服务外包行业的各种资质认证,包括安全程序资质认证具有重要意义。另外,这一行业提出的特殊人才需要,导致专门培训机构组织的快速发展并且成为一个行业。

第二,服务基本经济属性与后面讨论服务贸易概念的内涵具有重要意义,如生产和消费的同时性要求或者跨境交易,或者通过消费者或生产者移动使双方处于同一地点发生交易,而通过服务提供方移动实现交易又分两种形式:自然人移动和生产机构移动,即商业存在。另外由于服务产品不能储存,为了应对供需矛盾,所以需要储存人才作为对储存产出的替代。在这一行业快速发展的阶段,人才需求导致竞争的激烈和较高的员工流动率。

第三,把信息产品作为特例的变通理解,对我们研究服务外包具有直接而重要的影响。当代信息技术革命性的突破对服务外包和国际服务外包从两方面带来重要影响。第一是信息技术革命和知识经济勃兴,使得信息储存、传递、交流成本大幅降低,从而使得把广义信息产品看作服务的合理程度进一步增加。第二是大大拓宽了这类变通性服务交易的范围,从产品深入到工序,从空间相邻范围扩大到跨地区和跨国家,导致所谓服务外包和国际服务外包浪潮的兴起。

3-3 服务外包的定义、类型和一般发生原理

理解"物品"和"服务"概念关系后可以定义服务外包。外包是企业特定生产过程内部特定的工序或流程转移到外部完成,从而使企业内部工序流程协调转变为与外部企业之间市场交易协调的过程。制造外包和服务外包可以依据交易对象经济属性的差异加以区分。如果外包转移和交易对象属于制造加工零部件、中间产品工序的活动,或以中间品、半成品、最终产品某种组装或总装为对象的活动,则属于制造外包;如果外包转移对象是特定服务品生产过程的特定投入环节,或者是制造品或其他非服务品生产过程的服务流程,通过正式或非正式"服务水平合约(SLA)"[①]转移给外部厂商去完成,则属于服务外包。服务外包把原先通过企业内部协调组织的服务性投入活动,转变为通过市场合约方式联系的活动。

可以依据行业对象差异把服务外包分为两类。

一类是服务产品生产的服务工序流程外包。服务产品由直接接触顾客的前台服务以及支持性的后台诸多服务工序流程组成。例如,管理学者把登记、安装电话这样通常认为并不特别复杂的服务项目,分解为"直接面对顾客"、"业务办公室"、"线路分配"、"中央办公室"以及"安装"等五个方面几十种流程[②],其中服务工序流程转移给其他企业提供便构成服务外包。依据这一定义,银行、保险公司把部分人事与财务的管理性服务转移给外部企业,航空公司把飞行旅途中免税品的销售业务转移给外部企业,都属于服务性企业内部服务流程外包。

另一类是物品(货物商品)生产过程,如小麦、牛奶等农产品或者汽

---

① Service level agreement (SLA): An agreement drawn up between a customer or client and the provider of a service or product. A service level agreement can cover a straight forward provision of a service, for example, office cleaning, or the provision of a complete function such as the outsourcing of the administration of a payroll or maintenance of plant and equipment for a large company. The agreement lays down the detailed specification for the level and quality of the service to be provided. The agreement is essentially a legally binding contracts ("Business: the Ultimate Resources", p.1334).

② 洛夫洛克(2001,第556页)图14A-3"登记与安装电话服务'剧本'图"的讨论内容。

车、衣服、电脑等制造品生产过程中,某些支持性的服务流程采取外包方式提供。例如,传统制造品等生产部门的保安、保洁、餐饮有可能通过外包方式提供。在当代信息技术条件下,计算机维护和维修等专门性技术型现代服务职能通过外包方式实现。另外很多原本属于企业重要甚至关键的职能,也可以通过外包提供,这些职能包括人事、财会、物流甚至研发等。这类外包在制造业领域发生频率较高,因而通常称作制造业生产性服务流程外包。

可以利用服务营销学"服务之花"的表述方法说明上述关系。服务之花用八个花瓣围绕一个花蕊,形象地表达了特定服务企业通过若干服务流程和"组群"实现支持和提供特定服务的核心产品关系。制造业企业生产过程内部也包含大量支持性服务流程,因而也可以用服务之花表述制造业核心产品与服务流程的关系。图 3-4 表示制造业与服务业产品的生产过程被若干类服务流程支持的关系。

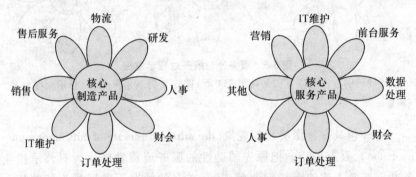

图 3-4 核心产品与投入性服务流程的关系

说明:利用洛夫洛克(2001,第 340 页)图 8-2 基本框架修改制作。

如果所有服务都由制造业企业自身的职能部门提供,则属于上面讨论的内置式生产方式或全能企业情况;如果有关企业把部分服务流程转移给外部企业提供,则意味着发生了服务外包。构成研究基本背景的当代企业管理方法和生产方式变革的重要内容,就是越来越多的制造业和服务业企业在更加专注于核心产品和业务的同时,把部分流程性和支持性的生产服务流程分离出去,由外部厂商通过外包方式来提供,从而通过比较优势、规模经济、经验经济等途径和机制来提高效率和获取利益。①

这一管理方法和生产方式的变革,可以通过图3-5中一组服务之花得到示意性表达。最左边小图服务之花中每个花瓣都呈现深灰色,显示这些服务流程都由原有企业内部的相关部门或机构提供,代表完全内置性企业组织结构和生产方式的类型。中间小图部分花瓣变为白色,显示部分服务流程转移到外部企业,代表一定程度发生服务外包。右边小图中所有表示服务流程的花瓣都变成白色,可以理解为从发包方角度看,外包程度最大化的极端状态。

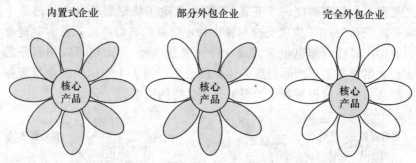

图3-5　服务外包展开过程示意图

说明:引自洛夫洛克(2001,第354页)图8-4的基本框架,对标示文字略作调整。

与外包具有镜像关系的现象(the mirrored picture of outsourcing phenomenon),是有的企业把原先辅助性的服务流程发展成为对外承接业务并创造收入流的市场型业务,甚至在有的情况下发展成为新的核心业务或核心业务群。IBM这个传统制造业"大象"学会在服务业"跳舞"的转型经历,是这类演变过程的经典案例。计算机和IT服务原本是这个蓝色巨人制造业核心产品的辅助服务,然而在激烈的竞争环境中经过痛苦的演化转型过程,转变为以服务提供为主要和核心业务的全球性企业,PC业务出售给联想突出显示我国最具有市场活力的企业与全球经济结构最新脉动具有内在联系。

图3-6表达了这一转型过程。传统核心业务是电脑制造,当时IT服务构成电脑制造业核心业务的一项辅助性服务流程。随着竞争环境

---

① 下文将专门分析、阐述外包通过这类机制作用获取利益的经济学原理。

的改变和服务外包潮流的兴起,IBM 通过痛苦转型过程发现,原先辅助性服务业务流程实际上潜在具有动态意义上的核心竞争力,从而逐步把原来的副业转变为主业,目前 IBM 的服务收入已经成为其最重要的收入来源。①

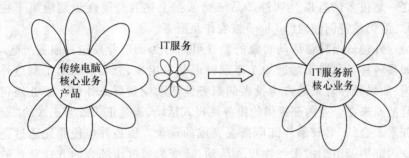

图 3-6　辅助服务业务通过承接外包发展为新主营业务

无独有偶,美国另一制造业巨头 GE 也发生了类似图 3-6 所提示的转型。GE 在全球范围建立 GE Capital,主要为 GE 全球生产基地以及产品销售业务提供服务支持。在服务外包的时代发展环境下,GE Capital 逐渐成为赢利能力增长最快的部门。后来 GE 决定改组 GE Capital,引入外部股权投资方成立 GENPACT,全力发展 GE 以及其他企业的 BPO 业务。GENPACT 网站宣称:"简柏特作为商务流程外包企业能够帮助全球企业腾飞得更高。分布在印度 Delhi、Gurgaon、Jaipur、Hyderabad、Banglore、Kolkata 等地 9 个服务运营中心的 15 000 名流程工程师(process engineers)支持我们与客户的伙伴关系,另外还有 5 000 名位于中国、匈牙利、罗马尼亚、墨西哥、美国的专业人员提供离岸或近岸技术的复杂服务"②。

3-4　简短的结语

经济学在物品和服务对比的基础上阐述服务概念内涵,有关定义

---

① 参见 IBM 董事长郭士纳自传对这一过程的描述(郭士纳,2006)。
② 见 www.genpact.com,转引自 Sengupta et al., 2006, cover page。

大体包含三个层面的内容。首先把服务与物品定义为人类经济活动的两种基本产出形态。其次从有形与无形、是否可独立拥有、生产消费是否时空一致、是否可库存、通用性与特质性等五个方面对物品与服务加以定义区分。最后说明服务与物品的上述属性差异具有相对性,表现之一是很多信息以及软件产品虽然依据上述五点属性识别应属于物品,但仍被特例性地(ad hoc)被看作是服务。

外包依据转移活动对象的差异可以分为制造业外包和服务外包。如果转移对象属于制造加工零部件或某种组装、总装活动则是制造外包,如果转移对象是作为投入的服务性活动则是服务外包。服务外包是把原来在企业内部提供的服务性投入活动,通过正式或非正式的"服务水平合约"转移给外部厂商去完成的现象。服务外包使原先通过企业内部协调组织的服务性投入活动,转变为通过市场合约方式联系的活动。

服务外包依据其对象所在产业部门的差别分为两种基本形态。一是在以服务品作为核心产出的生产系统中,部分非核心生产性服务工序和流程由内部承担转移为外部提供。二是在制造业或服务部门以外的其他产业部门中,特定产品生产过程包含的工序性和支持性服务流程由内部承担转移到外部提供。与企业外包服务流程具有镜像关系的演变,是一些企业专门为市场提供专业化服务流程,甚至包括有的企业在原先特定的辅助性服务活动的基础上承接类似外包业务,并逐步发展出新的核心服务提供业务,从而推动当代企业组织的结构与生产方式变革。服务外包的基本对象是生产性服务流程,服务外包变革的本质在于把企业内部协调的关系转变为市场机制协调的企业之间的(B2B)关系。

第4章 服务贸易与国际服务外包概念释义

最后讨论如何理解国内和国际服务外包定义的区分问题。依据服务外包发包方和接包方企业的空间和国别分布关系差异,可以把外包划分为国内和国际外包两种类型。如果服务外包发包方与接包方同属特定国家的企业,则外包联系的产品内分工在特定国家内部展开便属于国内外包或国内服务交易。如果发包与接包方属于不同国家的企业则属于国际或跨国服务外包,逻辑上应是一种特殊的国际服务贸易形态。①

虽然上述常识性理解看起来顺理成章,但也存在需要探讨的问题。对国际服务外包定义的技术性困难在于,学术界和相关国际组织对服务贸易有不同的定义方法。一种是联合国和IMF等国际组织提供的国际收支账户体系(Balance of Payment Account,BP)对服务贸易的经典定义及相应统计体系,另一种是在比较晚近时期有关双边和多边贸易协议对服务贸易提出的范围比较宽的定义。就我们研究的对象问题而言,不同服务贸易定义直接影响国际服务外包的内涵及其统计方法设计。本节首先分别考察服务贸易两类定义方法的原理和依据,然后对两种方法进行比较和评价,最后讨论如何区分和定义国内与国际服务外包问题。

4-1 国际收支账户对服务贸易定义的方法

IMF编写的国际收支账户体系(Balance of Payments Accounts,BP)

---

① 按照有关经济用语习惯,"服务贸易"表示国际服务交换,与国内服务交易相对应。本研究采用这一习惯表述方式。

是对一个经济体的居民在特定时期与外部世界非居民经济交易①的系统概括和统计陈述,提供了与国民经济核算体系(System of National Account, SNA)基本概念一致的国际服务贸易定义。BP对国际贸易和国际交易的定义,建立在所谓"居民"与"非居民"划分的基础上("the resident/non-resident basis", IMF, 1993, p.6)。在一国经济领土上常住单位或经济利益中心被定义为居民,它不仅包括本国企业和公民,而且包括外国投资设立并长期运营的外资企业。居民之间的交易属于国内交易,居民与非居民的交易属于国际贸易。

专栏4-1

国际收支账户的"居民"概念

国际收支账户对国际贸易的定义建立在"居民"概念基础上。粗略地说,一国居民指"一国经济领土内"的"所有经济利益中心"。BP定义"一国经济领土(economic territory of a country)"为人员、货物、资本可以自由流动,政府实际拥有治理、管辖能力的区域范围,因而与从主权和"政治角度理解的领土范围"可能会有差异。"经济利益中心(center of economic interest)"指满足下述条件的机构单位(institutional unit):在一国经济领土内拥有某种场地、居住地、生产空间或其他空间可以由此永远或者长期从事或有意从事规模显著的经济活动或交易。这类拥有经济利益中心的机构单位包括两大类主体,一是家庭和组成家庭的主体,二是法定和社会主体,如公司和准公司(包括外国直接投资方的分支机构)、非利润机构以及政府机构。在满足一定条件的基础上②,各类机构单位都是具备居民身份的机构单位(resident institutional units)。非居民机构单位则可以被理解为一国经济体居民所有的交易对象,它

---

① 交易指任何能够创造、转换、交换、转让或消除经济价值的经济流量,涉及物品、服务以及/或者金融资产所有权的变动,服务提供或者劳动与资本提供(IMF, 1993, p.6)。

② 如特定国籍的家庭和个人有居所才能成为国际收支账户意义上的居民,如果移居或到国外工作一年以上时间则失去上述居民身份。如一个企业要成为居民则需要具备至少一项生产条件,非营利机构(NPI)则要取得合法地位并得到正式认可为法定和社会主体。

们通常为其他国家经济体的居民单位。

参考资料：International Monetary Fund, Balance of Payments Manual, 1993。

从国际收支账户角度对国际服务贸易的解读具有以下几方面常识性特点。一是定义的基本方法在于对经济活动主体即居民与非居民进行划分,居民与非居民之间的服务交易为国际服务贸易,居民之间的服务交易为国内服务交易。依据"居民"与"非居民"识别原则,对外国投资企业与东道国(the host country)居民而言,虽然外资企业所有者的国别身份与东道国服务接受者的国别身份不同,但是由于同属 BP 意义上特定国家"居民",所以这类交易不被看作服务贸易而应当是国内交易。①

二是国际服务贸易进一步划分为进出口。一国居民向非居民提供服务并直接或间接获得外汇收入构成服务出口,一国居民向非居民购买服务构成服务进口。服务进口与出口或服务进出口额对国际服务贸易提供度量依据。1993 年第五版国际收支账户把服务贸易分为运输,旅游,通讯,建筑,保险,保险以外金融服务,计算机与信息服务,版权与许可费,其他商业服务,个人、文化和娱乐服务,政府服务等十一大类服务内容(IMF,1993,第 40—41 页)②。

三是与国民经济核算体系相衔接。国际收支账户定义了经济总量与国际收支账户流量之间的关系,定义式"GDP = C + G + I + X − M"表示一国特定时期的经济总量等于居民消费、投资、政府支出之和再加上出口并减去进口,使国际贸易活动构成国民经济整体活动的有机组成部分,对国民经济及其国际经济联系提供了一个逻辑清晰、严谨的概念和度量体系。虽然存在局限,但这一统计体系在观察和度量国别和全

---

① 顺便说明,外资企业投资派生的资金和物资跨境流动在资本账户和贸易账户上得到反映,外资企业中外方股权收益依据汇回本国或在东道国再投资的不同,分别在经常账户收益项目和资本项目中得到反映。

② 其中两项具体内容对讨论国际服务外包有重要参考意义。第 7 项"计算机与信息服务"包括"居民与非居民涉及硬件咨询、软件实施、信息服务(如数据处理、数据库、新闻机构),以及维护和修理计算机和相关设备"。第 8 项版税和许可费(royalties and license fees)包括"居民与非居民之间下述交易获得的收入(出口)和支付(进口):对无形的不可复制的非金融类资产如商标、版权、专利、工艺流程、技术、设计、制造权和专属权的准许使用,以及通过许可协议对原版复制品如文本、电影的使用"(IMF. 1993, pp.40—41)。

球经济方面具有难以取代的功能,也提供了观察和度量国际服务外包这类新兴国际经济现象的起点框架。

虽然国际收支账户方法没有介绍国际服务贸易的具体供应途径,然而结合后面介绍的 WTO 服务贸易总协议(GATS)和国际服务贸易统计方法提供的四类途径,传统 BP 理解的服务贸易大体可以通过三种形式实现。一是跨境服务交易。如英国保险公司或银行为我国企业提供保险或银行服务,或英国航空公司为我国公民提供旅欧航空客运服务,等于英国向我国出口服务(或我国从英国进口服务)。二是跨境消费。如美国公民到我国旅游,在我国国内发生的住宿、饮食等消费,等于我国向美国出口服务(或美国从我国进口服务)①。三是自然人移动。如意大利帕瓦罗蒂等歌唱家来华举办夏季故宫演唱会,我国听众欣赏音乐会并购买门票,等于意大利向我国出口服务(或我国从意大利进口服务)。

与货物通过边境海关实现国际交易的差异在于,服务可以通过跨境交付实现国际贸易,同时,还可以通过服务提供者或者消费者跨境来实现服务贸易。这一属性特点与很多服务生产、消费时空一致性的要求存在联系。跨境消费通过服务消费者跨境移动在满足服务生产和消费一致性的前提下完成居民与非居民之间的服务交易,自然人移动则通过服务提供者跨境移动实现居民与非居民之间的服务交易。

4-2 服务贸易的拓展定义及其比较评价

伴随经济全球化的推进和服务贸易领域出现的新现象,学术界和国际经济组织在比较晚近时期对服务贸易提出一种对象范围进一步拓宽的定义。广义的界定方式是把国际收支账户定义的居民与非居民之间三类服务交易继续认定为国际贸易的同时,还把外国投资者在东道国建立的企业或分支机构向东道国居民、机构提供的服务纳入服务贸易范围。为此提出"外国附属机构服务交易活动"(foreign affiliate trade

---

① 旅游者被定义为在特定个人在自身不具有居民身份的经济国家或经济体中逗留不超过一年时间,旅游消费被表述为"需求导向的活动(demand-oriented activity)"(IMF, 1993, p. 64)。

in services，FATS)概念，并把 FATS 看作是外资企业通过"商业存在（commercial presence)"途径进行服务贸易的基本供应模式之一。这一定义方式在 1995 年生效的 WTO"服务贸易总协议（General Agreements on Trade on Services，GATS)"中得到广泛认可，因而经常被称作 WTO 服务贸易定义。2002 年 UN、WTO 等国际组织编写的《国际服务贸易手册》也详细阐述了服务贸易的广义界定方式（UN，WTO，2002)。

WTO 服务贸易定义把 FATS 分为两类。外国在东道国设立附属机构提供服务对东道国来说是"内向 FATS"，东道国企业在外国设立附属机构提供服务称为"外向 FATS"。图 4-1 显示了各种服务供应模式。

图 4-1 中模式 1、模式 2 与 BP 的理解没有本质区别，模式 4、模式 5 可以看作是 BP"自然人移动"方式的展开表达。其实质区别在于模式 3 FATS，表示外国投资者在东道国建立的企业向国内消费者提供的服务都被看作服务贸易。依据这一理解，美国投资银行如高盛、美林等在中国建立分支机构为中国国内企业国外上市提供的投行服务被看作是国际服务贸易，家乐福或麦当劳在中国连锁店实现的销售额也应当看作是国际服务贸易。由于这类服务贸易发生在"居民与居民"之间，因而上述界定代表对 BP 定义方法的超越。

这一定义拓展有认识和实践意义。首先，新定义在认识上强调了一些服务贸易如果不能跨国投资则无法实现国际交易的约束。由于很多服务需要服务提供方和消费方密切接触甚至同时实现，因而在消费方跨境移动成本太高，不具有经济合理性的背景下，通过跨国投资和要素移动在对象国建立服务提供能力是实现国际服务交换的前提。[①] WTO 对"商业存在"经济属性的理解，强调了服务贸易这一特征属性，具有相应的学理依据和识别功能。其次，对于推动服务贸易和相关投资自由化具有操作层面的实践意义。由于缺少专门国际机构推动国际投资自由化，所以把所有外资服务企业的活动看作国际贸易，便于在多边贸易规则框架下推动相关投资自由化进程。

然而，新定义也存在可商榷之处。一是过分强调了资本、品牌等要素所有者身份对企业经济活动属性界定的影响，对其他投入要素的影

---

① 如果说货物生产直接投资可能会取代货物贸易，因而有必要把贸易和投资分开处理，而服务投资则是使本来无法贸易的服务活动的国际交易成为可能，对投资决定服务贸易的一种肯定方式是把投资主体所有的交易活动都看作国际服务贸易。

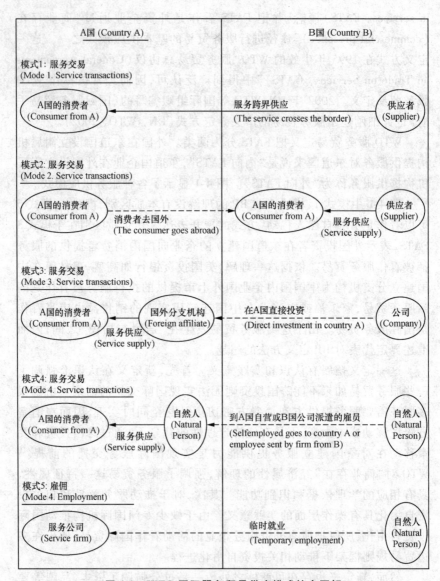

图 4-1　WTO 国际服务贸易供应模式综合图解

资料来源：UN，WTO et al.（2002，p.23）.

响则不能相应反映。如果外资企业中外方仅拥有较少股权（如最低为 10%—20%），仅有个别或少量外方管理人员参与管理，同时雇佣成千上万东道国员工进行生产,把这类企业与东道国所有的交易都看作国际服务贸易,实际上没有充分考虑员工以及其他进入生产过程的不可贸易因素对定义国内与国际贸易的影响。

二是在某些场合运用可能出现的逻辑矛盾。例如美国在中国设立服务企业,如果向美国本土企业和居民提供服务,是看作服务贸易还是国内交换?如果从国别属性一致性的角度看,应当算作国内交易。然而这一服务已经实现跨境交易,与WTO定义的服务贸易第一种模式比也应看作国际贸易。这类事例虽比较特殊,然而也说明新定义在逻辑缜密性方面仍不无瑕疵。

三是在比较技术层面上,国际交易按照常识应当可以区分进口与出口,然而按照WTO方式定义的FATS包括某些无法区分进口和出口的内容。另外新定义的服务贸易统计概念无法与国民经济核算体系相互衔接,因而只能在自身有限范围内发挥概念识别和定量统计的功能:好比轨距长度不同的火车,只能在有限空间范围行驶而无法在覆盖面更广阔的铁路网运行。

图4-2表示BP与WTO对国际服务贸易定义的关系。其中有三个国家:A国是本国,B国是本国的主要贸易和投资伙伴国,C国是第三国或世界其他国家和地区。图形表达四类供应模式,依据WTO的定义,都应属于国际服务贸易范畴。虚线方框涵盖的交易内容属于BP定义并为WTO所共同接受的国际服务贸易内容。与广义界定方式的区别在于,对于A国而言,外商投资建立的附属机构与本国居民的服务交易(即与本国居民发生的"内向FATS")应看作国内贸易交易而不作为国际服务贸易。另外,本国企业在B国投资建立的附属机构与B国或C国居民交易,虽然会通过投资收益对A国人民和经济产生影响,然而在统计上不作为A国直接参与的国际服务贸易。

4-3 国际服务外包概念内涵的探讨

可以把国际服务外包看作是通过外包这一特定交易方式实现的特殊国际服务贸易,或者从产品内分工视角观察是以服务工序流程为交易对象发生的特殊国际服务贸易。结合BP与WTO两种服务贸易概念

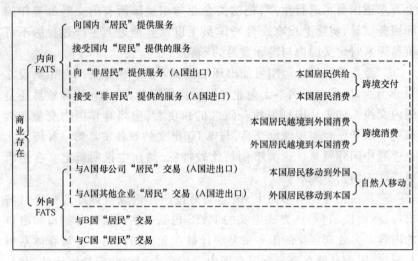

图 4-2 当代国际服务贸易狭义和广义概念的界定关系

说明:图形涉及三国服务交易关系。A 国为本国,B 国为贸易和投资的直接伙伴国——A 国"居民""跨境交付"和"自然人移动"的对象国,"内向 FATS"投资母国和"外向 FATS"投资的东道国(hosting country)。C 国为第三国或泛指其他国家和地区。

讨论和界定国际服务外包内涵,不仅是定义国际服务外包概念的必要分析环节,而且对探讨两种服务贸易概念如何更好兼容也具有借鉴意义。下面从三个层面讨论服务贸易定义与国际服务外包的关系,然后提出界定国际服务外包的初步建议。

4-3-1 国际服务外包与国际收支定义的关系

从 BP 对服务贸易定义的角度观察国际服务外包,二者存在比较清晰的三点对应关系。第一,国际服务外包意味着大量工序流程服务通过跨境交易实现,如设立在印度、菲律宾、中国等国的呼叫中心、数据处理中心为美国和日本企业提供大量外包服务,都具有跨境交易属性。这些服务外包业务满足"居民/非居民"服务交易标准,显然具有国际服务贸易或国际服务外包属性,并构成当代国际服务贸易发展的重要增长极。后文分析当代国际服务外包发展根源时将说明,以跨境交付方式实现的国际服务外包空前发展,得益于当代信息等技术革命使得大量原先无法通过跨境交付的服务活动得以实现,从而极大拓展了当代服务贸易的领域和范围。

第二,自然人移动实现服务贸易在国际服务外包场合也有大量表现。实际上国际服务外包滥觞于早年印度等国软件工程师被短期聘用到美国等发达国家进行软件开发,这种被业内称作"body shopping"的国际交易,实际是以参与特定工序流程的分工活动为特殊经济内容的自然人移动。后来软件外包活动发展到利用寄送光盘传递业务来取代人员移动,再后来发展到利用互联网进行业务传递,从而以跨境服务代替了自然人移动实现服务外包。然而即便在以跨境交付为主要形式的服务外包中,仍需要接包方人员经常到发包方企业进行现场协调或提供现场服务,这可以看作是一种特殊类型的自然人移动。

第三,国际旅游是以最终消费者为服务接受对象并通过消费者移动实现的服务贸易,与侧重提供工序性或投入性服务流程的国际服务外包似乎没有直接关系。不过服务外包过程中发包方人员经常需要到接包方国家和企业进行业务协调,这可以理解为是发包企业作为特殊消费主体接受承包企业提供的服务,因而也可以解读为一种特殊的通过"消费者移动"实现服务贸易的类型。① 对这两种思路如何取舍可以进一步讨论推敲,这里笔者暂且采取第一种理解,即认为国际服务外包不包含消费者移动实现服务贸易的类型。

4-3-2 通过商业存在实现国际服务外包

上面的讨论尚未涉及外商直接投资在东道国建立企业并通过商业存在方式进行国际贸易,即尚未正面讨论 FATS 与国际服务外包关系问题。观察国际服务外包的具体表现很容易看出,当代国际服务外包的具体实现方式与广义服务贸易定义的 FATS 存在密切联系。我们先观察国际服务外包实现方式与 FATS 之间存在的概念交叉关系的事实,后面再讨论是应把所有 FATS 还是把部分 FATS 界定为国际服务外包问题。

一般认为,在国际服务外包特别是国际 BPO 外包领域,发包企业

---

① 上述自然人移动是有关人员作为服务提供方旅行到对方国家,这类似发包方企业被看作"特殊消费主体"旅行到对方参与"消费"承接外包业务方提供的外包服务。

可以通过四种方式选择服务接包方企业。

一是把业务外包给第三方服务提供商（service vendors），这时企业之间的外包关系完全具有传统"居民与非居民"的国际贸易性质。我国大连华信、东软为日本企业提供外包服务，北京软通为美国企业提供软件服务，西安炎兴为美国超市打折中心和银行提供顾客资料录入整理等 BPO 服务，都具有这一类型的基本属性。

二是发包方企业在东道国投资建立企业承接服务流程活动。在印度班加罗尔和其他发展中国家的服务外包集聚园区，可以看到 MS、IBM、SAP、BP、Accenture 等跨国公司的标志，其中大都是外商直接投资建立的企业。这类承包企业的特点是早期为本企业驻外分支机构提供外包服务，业内有时称之为离岸服务中心（captives）。例如，大连软件园中简柏特主要为 GE 在日本和其他东亚国家的有关业务提供 IT 和软件支持服务。

三是发包企业与承包企业或其他企业共同建立合资公司，承接外包服务业务。它与第二种类型相比，在市场定位和交易方式等方面大体一致，区别在于股权结构具有组合性。

四是发包企业依据自身发包业务的要求，通过 BOT 方式建立服务接包企业。一般是发包企业通过外包咨询公司在接包东道国（如印度、中国等）选择一家服务外包企业，按照发包企业的特定要求建立外包服务提供中心，在运营一段时间后转让给发包企业（Sengupta，Singh and Moses，2006，pp.53—63）。

上述四种模式中，除了第一种是由第三方服务提供商承担外包业务，典型地具有上述服务贸易中跨境交付的模式外，其他三种模式都不同程度地具有通过商业存在实现国际贸易的特征。就第二种模式而言，外商直接投资在东道国建立服务提供中心所进行的经营活动，完全具有商业存在和 FATS 属性，其特点在于 FATS 活动在服务外包或产品内分工基础上发生，因而二者具有具体与一般的关系。与东道国或其他国家企业合资建立的服务提供中心或者通过 BOT 方式建立的外包服务承接企业，依据投资股权结构以及 BOT 时间安排的长短等因素，也不同程度地具有商业存在以及 FATS 属性。毫无疑问，代表当代服务贸易时代特点的商业存在与服务外包的商业实践表现之间存在广泛而密切的关联。第三、四种模式具有中间形态特点。

4-3-3 服务贸易的两种定义对判别国际服务外包的影响

在肯定服务外包与商业存在/FATS具有密切联系的基础上,考虑服务外包领域FATS是否全部具有国际服务外包属性的问题。服务贸易宽窄两种定义对这一问题给出了不同的理解思路和处理方法。如果采取BP分类方法,离岸服务中心或者通过BOT以及合资方式建立的企业,一般应被看作是东道国"居民",它们与具有相同"居民"身份的企业发生外包关系的派生服务应被看作国内服务交易或国内服务外包,与具有"非居民"身份的企业发生外包关系的派生服务才被看作国际服务贸易或国际服务外包。如果采取WTO对服务外包的定义,服务外包离岸企业都应被看作是商业存在,他们所有的服务交易活动即FATS都应被看作服务贸易或国际服务外包。

图4-3直观地表示出服务贸易的两类定义在识别服务外包国际与国内属性上的联系和差异,它与图4-2基本框架相同然而具体内容依据服务外包的特点进行了调整、修改:服务提供改为承接服务外包,服务消费改为发包特定服务流程。由于采取上述消费者移动与国际服务外包没有直接对应关系的理解,所以图4-3没有包含表示消费者移动实现服务贸易的内容。依据国际收支账户理解的国际服务外包由图中虚线方框表示,包括跨境交付、自然人移动以及商业存在主体涉及的居民/非居民外包交易内容等。如果按照广义服务贸易的定义,则所有商业存在方式实现的外包交易都可以被理解为国际服务外包(由图中较大的实线方框表示)。

4-3-4 国际服务外包的一种妥协性定义方法

国际服务外包作为当代经济全球化的最新现象,其经济内涵与国际收支账户以及WTO服务贸易概念的定义具有相互交叉关系。如何在统筹理解和分析三类概念的基础上,科学地界定国际服务外包的本质内涵和对象范围,是研究国际服务外包面临的挑战性理论问题之一。依据上面对广义服务贸易定义的积极意义和内在局限的理解,笔者倾向于认为,考虑到定义的逻辑严谨性以及与货物贸易和国民经济核算体系的衔接,应当主要采用国际收支账户的方法定义国际服务外包,同时把WTO界定方法作为辅助定义。

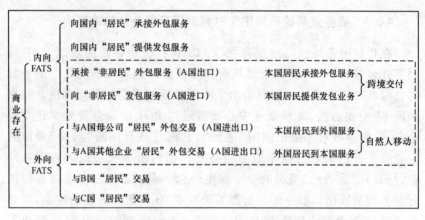

图 4-3 两种服务贸易的定义对国际服务外包的界定比较

说明：图形涉及三国的服务交易关系。A 国为本国，B 国为贸易和投资的直接伙伴国——A 国"居民""跨境交付"和"自然人移动"的对象国，"内向 FATS"的投资母国和"外向 FATS"的投资东道国。C 国为第三国或泛指其他国家和地区。

对国际服务外包内涵的理解，直接影响服务外包统计体系和统计方法的设计。不久前，我国商务部设计了软件和服务外包企业的统计规范和统计调查征求意见表，体现了这一新经济领域统计工作的重要进展。有关统计报表的设计和说明显示了两方面特点。一是服务外包业务调查范围比较广泛，不仅包括一般意义上的外包活动和一般的软件生产活动，还包括"信息内容服务（电信增值服务、互联网服务、信息咨询服务）等，其中互联网服务还包括网络游戏运营服务、网上商业零售服务等"（商务部外资司，2006）。二是有关的统计文件虽然没有直接区分国内与国际服务外包活动，但是有关营业收入的统计中，不仅包括所有收入统计，而且还特别地统计了外汇收入及其占外包总收入的比重。由于外包活动的外汇收入一般产生于与非居民业务往来的收入，所以通过外汇收入的绝对和相对规模可以获得与国际收支账户的定义方法比较接近的国际服务外包活动统计数据，而所有业务则大体反映与商务部定义的对象口径一致的从接包方统计的所有外包业务的数量规模。

4-4 简短的结语

服务外包依据发包与承包企业的空间国别分布关系可以分为国内服务外包与国际服务外包。依据国际收支账户对服务贸易的定义原则,如果发包方与接包方同属特定国家的企业,与服务外包相联系的产品内分工在特定国家内部展开则属于国内外包,又称为"在岸外包"(onshore outsourcing)。如果服务发包方与接包方是不同国家的企业,则这类外包从发包方角度看是所谓"离岸外包"(offshore outsourcing),对接包方来说则可以称作"到岸外包"(inshore outsourcing),总起来可以称作国际服务外包。

国际服务外包是特殊类型的国际服务贸易,因而对服务贸易的不同定义直接影响国际服务外包的定义。国际收支账户依据"居民"与"非居民"原则定义服务贸易,依据这一定义一国企业与具有非居民身份的外国企业发生外包交易属于国际服务外包;外商直接投资建立企业成为东道国居民,与外国非居民企业发生外包交易属于国际服务外包。这一经典统计方法概念清晰,服务贸易可以从进出口两方面统计度量,并且贸易统计与以宏观经济整体为对象的国民经济核算体系相互衔接。

WTO 服务贸易总协议提出的服务贸易扩展定义,把"外国附属机构服务交易活动"都看作外资企业通过"商业存在"实现的服务贸易。依据这一理解,某些具有同一国家居民身份的企业之间的 FATS 活动也具有国际服务外包性质。扩展定义对强调某些国际服务贸易对跨国投资的依赖性具有认识价值,对在多边贸易自由化框架下推动服务投资自由化具有实践意义。然而,新定义也存在过分强调企业投资主体国别身份的影响,不便全面进行进出口统计,不便与国民经济核算体系衔接等方面的问题。

上述矛盾的一种可能解决方法,是同时采用两种定义识别和度量国际服务外包。把国际收支账户定义作为基本定义,把 WTO 定义作为辅助定义。我国有关部门正在研究、设计的软件与服务外包企业的统计规范和方法,对服务外包业务范围、定义口径比较宽,其中相关统计指标的设计与上述国际服务外包主辅定义方式有可能兼容。

第5章 当代服务外包演变过程和行业表现

服务外包作为企业管理的实践源远流长。有研究人员从外包通常的经济含义出发，认为1776年经济学之父亚当·斯密的《国富论》中表述的竞争优势思想已包含服务外包内容，18—19世纪欧洲"捕鲸船队和浮动的制造厂船只（whaling fleets and floating factory ships）"也体现了外包的精神（Sengupta, et al. 2006, pp. 19, 22）。虽然这类解读不无牵强，但依据管理学界的一般理解，传统服务外包的对象包括企业内部餐饮提供、保安和保洁卫生等一般性支持服务，包括生产过程所需部分产品和投入品的运输服务，还包括从外部获得法律服务支持[①]，企业显然很早就从外部获得这些服务。

服务外包现象虽早已存在，但当代服务外包有其特征属性。一般认为当代服务外包或者与计算机、软件和当代IT技术的普及直接联系，或者其大规模发展以过去几十年信息技术的性价比难以置信的提高为必要条件。1989年著名管理学家德鲁克教授发表了一篇著名文章，提出"任何企业中仅做后台支持而不创造营业额的工作都应当外包出去，任何不提供高级发展机会的活动与业务也应当采取外包形式"。如果采用业内人士的一般理解，把该文的发表看作是当代服务外包兴起的一个标志，那么当代服务外包兴起还不到20年历史。[②]

当代服务外包方兴未艾，其成熟形态尚未完全展现出来。我们用两章篇幅从六个方面讨论这一行业的经验形态和特征表现。本章首先

---

① *Business: The Ultimate Resource*, Bloomsbury Publishing PLC. 2003, p. 1303.
② 对当代服务外包的缘起过程有不同的理解和表述。例如，另一种观点认为离岸外包可以追溯到日本企业20世纪70年代开始外包印度工程师技能，80年代末Texas Instruments、GE和Xerox开始在海外建立的分包中心（captive centers），90年代初像Infosys, Wipro TCS这样的第三方服务提供商（third party vendors）出现后，离岸外包开始大规模兴起。（Vashistha and Vashistha, 2005, p. 19）。

观察 IT 服务外包和商务流程外包两个领域的基本表现,第 6 章侧重观察、讨论当代服务外包的国际化特征及其引发的争论。

5-1 软件和 IT 服务外包

　　IT 服务外包是计算机产生和普及的产物。1944 年艾肯与他的团队在 IBM 的资助下生产出"马克 1 号"(Mark I)电动计算机①,1946 年世界上第一台电子计算机在美国研制成功,标志人类开始进入计算机时代。1964 年 4 月 7 日,耗资 50 亿美元的 IBM360 系统电脑问世,标志计算机进入大规模商业运用时期。② 1974 年和 1977 年"牛郎星微型计算机"和"Apple II"(苹果 II 型)先后问世,1981 年 IBM 公司推出个人电脑 PC 机,标志电脑进入全社会范围的普及阶段。20 世纪 80 年代中后期 Windows 软件以及数据表格软件、文字处理软件的出现和完善,使计算机逐步成为广大民众的必需品。90 年代初互联网产生,90 年代中期网景和 Internet explorer 等互联网搜索器出现,为人们提供了以极低的成本在全球范围搜索信息的工具,并且通过提升计算机信息的搜索、储存、处理功能而极大地推动了计算机进入寻常百姓家。

　　计算机和 IT 技术本身的专业性很强,在企业界普遍使用计算机和 IT 信息技术的环境下,很多相关服务成为适于外包提供的对象。正如研究人员指出的,过去几十年间,"信息技术性价比难以置信的提高,已经导致了信息技术在各个商业领域中广泛的、创新性的应用。然而,同样快速的技术变化也很快使版本较旧的软件和硬件变得过时。因此组织总是持续处于一种拥有充足的不断老化的设备和人员技术而缺乏关键性技术和硬件设施的状态。外包提供了这样一种途径:即组织可以减少与战略导向不相适宜的人力资源及设备资源,同时可以用最新的资源满足组织的最新需求"(Klepper and Jones,1998,pp. 25—26)。

---

　　① 据说马克 1 号计算机 1944 年 2 月诞生在哈佛大学并正式运行。它的外壳用钢和玻璃制成,长约 15 米,高约 2.4 米,重 31.5 吨,是个像恐龙般巨大的庞然大物。艾肯和他的同事们为它装备了 15 万个元件和长达 800 公里的电线。这台机器能以令当时的人们吃惊的速度工作——每分钟进行 200 次以上的运算。它可以作 23 位数的加法,一次仅需要 0.3 秒;而进行同样位数的乘法,则需要 6 秒多的时间。

　　② 5 年之内,IBM360 共售出 32 300 台,创造了电子计算机销售史上的奇迹。

IT服务外包(Information technology service outsourcing, ITO)指发包商在规定的服务水平基础上,将一部分信息系统作业以合同方式委托给外包商,由其管理并提供用户需要的信息技术服务。自从计算机进入商业应用领域以来,各种形式的信息技术外包一直存在,但是直到最近15—20年才盛行起来。由于计算机技术特别是网络技术的飞速发展,IT技术越来越深入到公司的核心业务,影响到公司的战略制定和组织发展。公司对IT支持系统的可靠性、可用性和快速适应性提出越来越高的要求,由于依靠自身提供这些服务需要大量的投资和人员配置,并且会面临技术进步带来的风险和不确定性,所以它们越来越倾向于通过外包获取这类服务。

IT服务外包的形式大体有系统运营、网络设计/开发和管理、应用系统设计/开发和维护、数据中心托管、安全服务、IT培训、系统集成、信息技术顾问、业务管理过程、用户支持等。一般把内容多样的ITO分为三大类。一是系统操作服务(operation services),即将系统的某些操作服务进行外包,比如企业可以将其员工数据库的录入、查询以及报表生产等操作外包给第三方,据业内观察这部分业务占ITO的比重较大。如2007年3月25日HP与BT联盟宣布为英美资源集团(Anglo American)提供数据中心运营、最终用户工作环境管理、全球语音服务等业务,外包合同为期7年,金额高达4.5亿美元(GOR, 2007/4, p.3),其中部分内容可以看作是系统操作服务外包。专栏5-1介绍的天津蓝泰公司数据中心业务也是这类外包的具体事例。

专栏 5-1

天津蓝泰科技数据中心承担 IT 外包服务

1990年8月28日,IBM中国与天津市中环电子计算机公司成立了天津先进信息产品有限公司,该公司主要从事POS机及银行存折打印机的生产。鉴于天津先进信息产品有限公司良好的经营业绩和发展势头以及IBM公司全球战略的总体规划,IBM中国、天津市中环电子计算机公司决定以天津先进信息产品有限公司为母体与开发区政府投资的易泰达科技有限公司三方共同增资扩股,实现增资扩股后的公司更名为蓝泰科技。

蓝泰科技是 IBM 在华组建的第一家以提供 IT 资讯、集成及外包服务为主的中外合作公司。蓝泰科技以互联网数据中心(IDC)的服务为基础平台,提供主机托管及增值服务、IT 外包及管理服务,同时努力为政府及企事业单位的信息化建设提供咨询、开发、集成及项目实施等高科技服务。以数据和主机托管为例,蓝泰科技提供外包服务的客户不仅有一般企业,还有北京奥运会组委会和天津政府部门等机构。蓝泰科技数据中心和 IT 系统操作服务建立在以下高标准硬件和操作规程基础上。

机房规模和电力系统:中心建筑面积数千平方米,建有中央监控室、主机托管和整机租赁等专用机房区、VIP 客户室以及客户服务中心。可容纳用户服务器数百个,托管服务器数千台。蓝泰 IDC 供配电系统具备多至三层的冗余设计,包括四路双向环形高压供电,自备独立变电站;双路 UPS 电源,满负荷可以提供数十分钟的在线电力保障;超大功率的柴油发电机,在不加油的情况下可确保连续满负荷发电近十个小时,并且与可快速抵达的燃料公司备有合作协议。蓝泰 IDC 可确保 7×24(每周 7 天,每天 24 小时)连续不间断的电力供应。

安全和消防系统:蓝泰 IDC 配备有世界一流的安全防护系统以对整个 IDC 机房、网络设备和服务器等进行严密的保护,可以有效防止黑客入侵和各种恶意渗透,充分保障 IDC 内客户资产与资料的安全。蓝泰 IDC 独特设计的专业消防系统,采用先进的烟感、温感报警器和环保型气体灭火设备,保证在第一时间发现并在不停电的情况下消除火灾隐患。

物理安全:蓝泰 IDC 采用移动摄像头、远红外热源探测器对所有房间进行全程、全方位的监控和录像。多重门禁系统采用计算机控制的电子感应锁、密码系统和指纹识别系统,自动识别进出人员的身份,并且记录其进出时间。专业保安 7×24 不间断地巡视机房及进行门卫监控。所有机柜均有独立门锁,需经系统管理员身份认证后才能打开。

空调系统:蓝泰 IDC 采用先进的精密空调系统,保障机房全年无中断的恒温、恒湿环境。空调采用下送风方式,使得每个机柜都可以有更为稳定和均匀的空气流,特别适宜服务器的散热环境。多组空调系统相互冗余备份,并且双路供电,使得任何机器的故障都不会影响环境的正常运行。

网络资源:蓝泰 IDC 使用中国电信和中国网通两条骨干网所提供的宽带,4G 光纤对等互联,线路冗余配置,确保高网络连通率。蓝泰 IDC 网络是在泰达城域宽带网的基础上,根据 IBM 成熟的 IDC 建设标准(USF V5)建造的内部网,全部采用目前领先的、成熟的网络技术和业界领先的网络骨干设备。

监控中心:监控中心是蓝泰 IDC 的核心部位,它将 IDC 的不同系统、不同应用集中和集成在一起,统一进行管理,并实现声音、图像的报警,实现集中的、实时的、图形化的、智能化的系统监控管理。蓝泰 IDC 的监控中心可以全面、及时地掌握 IDC 各方面的信息,并可依据这些信息为客户提供一份详尽的资源、环境状况报告以及网络性能分析报告。蓝泰 IDC 的监控中心能够指导系统管理员迅速地响应问题并快捷地解决问题,大大加强了 IDC 系统的安全性、可用性,全面提升了 IDC 的管理效率。

参考资料:蓝泰公司网页介绍的内容;《天津蓝泰 IDC 机房》2006-10-19,IT. com. cn(IT 世界网);笔者 2005 年实地访谈的笔记。

二是系统应用管理服务(application management),指企业将应用系统的设计、升级和维护等活动进行外包,例如企业可以将自己投资建立的大型 ERP 系统的日常维护外包给第三方。如 2006 年 11 月印度塔塔咨询服务公司与澳大利亚 Qantas 航空公司签订了为期 7 年高达 9 000 万美元的合同,为 Qantas 提供信息通讯应用、改造和维护服务(GOR,2007/2,p. 3)。全球最大的 IT 服务提供商 EDS 于 2007 年初宣布与欧洲航天局(ESA)签订一项为期 5 年价值为 9 700 万美元的协议,依据该协议 EDS 将为欧洲航天局提供 IT 技术服务,并为相关基础技术设施提供全面管理支持[①],其中相当大部分也属于 IT 信息服务。由于对 7×24

---

① 作为主承包商,EDS 将负责管理一批端点到端点的 IT 服务模式,帮助后者提高服务质量,降低成本并培育协同效应。具体来说,以 EDS 为首的小组将共同为欧洲航天局 4 000 多台内部用户台式电脑、通讯、移动计算环境以及服务器、应用软件、局域网(LAN)与广域网(WAN)等方面提供强大完善的管理服务。EDS 领导的合作联盟部分成员 Sun、Oracle、思科、施乐、戴尔以及微软等也参与此项服务解决方案的设计(GOR,2007/4,4 页)。

(每周7天,每天24小时)应用系统的支持需求以及电子商务基础架构的管理需求,这部分业务近年增长较快。

三是技术支持管理服务(help desk management),如企业可以将系统支持交给专业公司如微软,员工在工作过程中需要技术支持可以拨打微软专用技术支持热线寻求解决。

需要说明的是,软件设计生产过程以及软件开发能力在整个服务外包中扮演特殊角色,对此可以从两方面理解。一方面软件开发生产过程不同区段活动,在当代IT技术的支持下比较容易异地进行,使软件研发和生产过程本身成为最重要的单项服务外包对象,特别是发展中国家与发达国家离岸服务外包的重要内容。当代服务外包的早期形态,在相当程度上以美国与印度企业在软件外包生产过程中建立的外包关系作为重点内容和主要标志。另一方面,后来进一步发展起来的IT服务外包和商务流程外包,不同程度地需要借助当代信息技术平台,因而不同程度地需要利用软件对IT技术设施的整合功能。其他服务外包类型与软件能力密切关联,使得软件在各类服务外包中具有特殊地位。由于上述原因,无论从企业经营活动、相关行业协会功能,还是从政府政策支持内容等方面观察,软件生产能力与服务外包都有不解之缘。

5-2 商务流程外包的概念和缘起

与IT服务外包相呼应,商务流程外包构成当代服务外包发展的半壁江山。Gartner把BPO定义为"基于事先定义并且可以度量的绩效指标,把一个或多个IT密集的商务流程指派给外部提供者完成,服务提供商相应拥有、调配和管理这些流程。这些流程包括物流、采购、HR、财务会计、CRM或者其他行政及面对顾客的商务功能"(Gartner,2002)。Kalakumari(2005)把BPO定义为企业"把一个或更多IT密集型商务流程分离出去让外部提供商承担",包括"数据录入、规则性流程、决策、直接客户接触、专家知识服务"等五类(Kalakumari, 2005, pp.

69—72）。另外还有其他类似定义。①

大体上说，商务流程外包意味着检验商务流程的每个组成部分及其功能单元，然后与外部专业化的服务提供商协作，把所有应当外包的流程都外包出去的同时，重新构建商务流程的结构。这些商务流程外包需要现代IT技术支持，同时印度从事这类国际外包业务的企业也可以由此获得印度政府对软件与IT外包行业提供的税收优惠②，所以很多BPO业务被最早介入国际BOP领域的印度企业界称为"IT技术支持服务的商务流程外包（information technology enabled service—business process outsourcing, ITES-BPO）"。据估计，BPO从2000年的1 194亿美元将上升到2005年的2 340亿美元（Gartner, 2002）。

当代商务流程外包可以追溯到几十年前美国一些企业把发工资、催缴应收款业务外包给某些专业服务提供商，如ADP半个多世纪前就开始把承接其他企业发工资的流程作为核心业务，EDS涉足处理其他企业员工的健康保险文件和记录业务也已有几十年历史。虽然这类商务流程外包现象早已出现，但它们在20世纪90年代IT技术革命的基础上才得到快速发展，并通过跨国外包形成当代经济全球化的新潮流。

专栏 5-2

商务流程外包产生简史

目前仍然活跃在商务流程外包行业的ADP和EDS是分别从上个世纪40年代和60年代开始商务流程外包的企业。1949年建立的美国ADP（Automatic Data Processing），一开始就把承接其他企业的发工资流程作为核心业务，它是第一个为美国公司提供外部薪酬处理（outside payroll processing services）的企业。美国商界和政坛传奇人物Ross Per-

---

① 美国外包专家Corbett对BPO定义的角度与通常定义有所不同，他认为BPO与传统外包的差异在于，BOP通常会打破常规企业内部的部门界限，把跨部门服务流程外包出去（Corbett, 2004, pp. 21—24）。

② Sengupta et al., 2006, p. 21.

ot 于 20 世纪 60 年代建立 EDS(Electronic Data Systems),一开始利用 IBM 多余的计算能力为企业提供 IT 服务,不久就把业务拓展到处理其他企业员工的健康保险文件和记录领域。它们都属于交易流程服务外包的先锋企业。

20 世纪 70—80 年代随着通讯成本逐步下降以及市场需求竞争的日益激烈,美国和英国出现了数以百计的电话呼叫服务中心。如 Cincinnati Bell 所属的 Matrix Marketing 及以其为基础合并另一企业建立的 Convergys Corporation,在美国、加拿大、欧洲拥有几十个呼叫中心,它们通过提供外包顾客呼叫业务及相关技术支持,帮助发包的客户企业更好地集中发展核心竞争力。Convergys Corporation 在 1998 年与 Bell 分离后上市,提供包括收费服务等成系列的面向顾客的外包服务,目前雇用约 7 万名员工。在上述背景下,美国和欧洲石油、电信、医药和 FMCG① 企业,纷纷外包顾客服务、电话销售、薪酬发放以及其他服务流程。

20 世纪 80—90 年代,美国和欧洲企业开始向爱尔兰、以色列和加拿大等国转移部分商务流程业务,试图以此套取这些国家劳务成本较低的利益。在这一转移进程的高峰时期,爱尔兰提供跨国服务的呼叫中心雇用的员工超过 30 万。管理学领域在 20 世纪 80 年代开创了竞争战略理论,M. Porter 的名著《战略优势》明确地把突出重点作为谋求战略优势的基本因素之一。90 年代初,管理学者 C. K. Prahalad 在《哈佛商业评论》中提出核心竞争力理论,倡导企业应当明确并专注于自身的核心竞争力,然后通过外包等方法从其他活动中摆脱出来。

竞争战略和核心竞争力理论抓住了企业家的想象力,加上受到此前在爱尔兰等中等发达国家外包实践的启发,American Express、Swissair、British Airways、General Electric(GE)等大公司更加重视劳动力成本更低的印度等国作为外包服务提供中心的潜力,开始在印度大规模建立分支性服务运营单位(captive units)。1999 年印度颁布《新电信法》(The New Telecom Policy),破除了对相关电信业务的国有垄断,大大提升了印度作为承接国际服务外包基地的地位。90 年代中后期以来,欧洲企业开始在东欧国家建立外包基地,我国大连、广州、深圳等地

---

① 一种含义是"快速消耗商品"(Fast Moving Commodity Goods),又一种含义是快速销售物品,如超市或便利店销售的日常消费物(Fast Moving Consumer Goods)。

企业也向日本、韩国等提供外包服务。商务流程外包成为服务业结构重组的最强有力杠杆。

5-3　商务流程外包分类的观察

商务流程外包（BPO）在晚近时期才得到较快发展，对这一国际分工新现象还缺少系统全面的观察描述。在整理相关资料的基础上，可以把商务流程服务外包分成七种主要类型。需要说明，由于部分资料和数据来自有关咨询公司介绍的案例和数量估计、报纸杂志有关报道以及业内会议上有关企业的讲演内容，所以，部分信息的准确性需要结合适当置信区间加以解读和评估。

一是"人力资源管理服务外包（human resources outsourcing, HRO）"。企业将过去通常由内部专门机构进行的人力资源管理职能转由外部服务提供承担。人力资源管理历来是企业的重要成本中心，因此在企业精简和成本控制的组织变革中，它总是第一个被纳入变革的领域，甚至往往导致人力资源部门职能的被简化甚至被取消。对于很多面临经营窘境的企业来说，人力资源管理职能犹如鸡肋，有时它力道不凡，能救企业于水火；有时它代价高昂，妨碍企业效率提高。

服务外包为解决这一问题提供了新的思路和方案。据业内人士估计，美国到2004年已有80%以上的企业进行了这方面的尝试。依据美国管理协会2004年有关调查的结果，94%的企业表示他们将一项或多项人力资源管理服务职能外包了，即将企业内部人力资源部的许多职能如人员招聘、人才租赁、人员重置、薪酬福利管理、员工培训开发、继任计划等外包给专门从事相关服务的外部机构。

二是"客户服务外包（Customers Relationship Management, CRM）"。企业把那些非核心并难以低成本自行处理的客户业务，交给外包服务商加以管理。因为在很多情况下，企业自身的雇员不能及时处理客户电话，难以应付短期内大量涌入的客户信息。

CRM有不同类型。运营型又称前台客户服务活动，与客户直接发生接触和交流。分析型CRM又称后台客户相关服务活动，包括数据储存、数据分析、决策支持等,其基本职能是把大容量的销售、服务、市场和业务数据进行整合,将数据转化为信息,再将信息转化为知识,从而为客户提供有价值的服务。它回答"谁是最有价值的客户"、"什么促销手段能够赢得最好的客户"、"如何获得交叉营销和追加销售机会"、"谁是处于流失边缘的客户"、"如何提高客户满意程度"等问题。

三是"研发活动外包(R&D outsourcing)"。将原本由企业内部投入大量资源进行的研究与开发工作,委托给外部在特定领域更加专业的企业、科研机构或学校等完成。选择合适的外包研究合作伙伴,有利于获得和利用高素质研究人员的技术、经验和设备,这些条件是个别企业难以全面拥有的。承接合同的企业机构在雇佣高素质研究人员方面有明显优势,因为他们能够获得更多项目和培训历练的机会。

随着汽车新车型品种的增加和车型生产周期的缩短,汽车制造商改变了过去把全部研发活动集中在公司内部研发中心的"一竿子到底"的运营模式,转而通过外包获得外部研发服务。克莱斯勒通过外包研发甚至组装而推出新车 Crossfire,丰田 12 个月完成新型花冠车(Corolla)的设计研发也得益于部分研发外包。① 在研发外包的新形势下,公司内部研发中心需要转变职能,保证部分系统和模块包出去之后诸多模块能保持协调一致实现企业研发目标。

医药研发外包是把新药庞大的研发工程分解为一系列较小项目,让众多专业研发机构承包。研发一种新药,一般周期是 7—10 年,资金投入数亿美元,即便对医药巨头来说风险也很大。同时基因组和蛋白组合的发展使新药研发的机会不断涌现,数量之多使跨国医药集团也难以单独完成。部分药物研发外包,等于调动更多力量联合攻关,既便宜也快捷,有利于降低风险成本。

四是"物流服务外包(logistics outsourcing)",又称为第三方物流(the third party logistics, 3PL)及合同制物流(contract logistics),指物流服务提供商借助现代信息技术,在约定的时间、空间位置按约定价格向需要物流服务的厂商提供约定的个性化、专业化、系列化的服务。从接受物流服务的企业来说,物流服务外包意味着它们借助于外部力量完成本来由企业内部机构承担的物流功能。3PL 从 20 世纪 80 年代中后

---

① 博思公司编:《全球外包资讯》试刊号第 16—17、20 页。

期开始在美国流行,目前其内涵已不仅包括仓储、运输和电子数据交换(electronic data interchange,EDI),还包含履行订货、自动补货、选择运输工具、包装与贴标签、产品组配、进出口代理等。据统计,1996—2001年北美地区的3PL使用率在68%—73%之间,2002年达到78%,亚太地区这一比例为58%。专栏5-3介绍的越海物流近年的崛起是我国企业承接服务外包的重要成功案例。

专栏 5-3

越海重新整合物流外包供应链

2006年12月4日,越海全球物流公司(YH Global Logistics)总经理张泉接到了来自跨国巨头英特尔的一封"感谢信",信中写道:"2005年底我公司邀请越海全球物流加入英特尔创新俱乐部并成为核心成员。合作近一年来,越海全球物流为英特尔创新俱乐部供应链的整合作出了很大的努力,使英特尔创新俱乐部成员的集中采购、分销以及配送一体化成为可能,越海物流的一体化供应链创新模式已在俱乐部成员中得到广泛的借鉴和推广"。2007年7月17—19日在深圳召开的首届中国(国际)物流博览会上,越海与世界500强飞利浦公司签署"天价"的物流服务合同,涉及金额高达30亿元人民币,成为物博会的重头新闻。

飞利浦与一家名不见经传的国内企业签订30亿元天价大单,英特尔这样IT巨头公司愿意降尊纡贵给这家企业写感谢信,这背后无疑有不同寻常的商业故事。故事主线在于在物流服务流程大量外包的大背景下,越海这家物流承包企业创造出独特的经营模式,正在快速占据整合物流外包供应链竞争的制高点,并通过显著的经济效益得到飞利浦、英特尔这类IT国际巨头公司的首肯。

越海全球物流总经理张泉表示,越海物流公司给飞利浦提供的物流合作方案,采用一体化供应链管理模式,把采购、进出口代理和报关、仓储、配送、分销等集中为一体,甚至分销渠道和售后服务等不属于传统物流领域的环节,通通由越海物流一家"吃"下了。"简单地说,从生产到产品到消费者手中,以前诸多的中间环节都被越海物流一家代替了"。飞利浦高级总监万国平表示,飞利浦之所以选中越海物流,主要是看重该公司的一体化供应链管理模式和比较强的综合执行能力。整合后,飞利浦的物流管理从"复杂迈向简约",物流效率显著提高,供应链成本也明显下降。

越海物流是一个年轻的企业。1997年越海国际船务公司注册成立,并在深圳设立办事处。2002年建立深圳市越海全球物流有限公司,成立IT团队,自行开发和应用具有自主知识产权的越海物流信息管理系统,并通过ISO9001-2000质量管理体系认证。2003年开始提供一般贸易进出口代理,并为客户提供一体化物流供应链服务。越海业务快速发展,2004年以来历年均被深圳海关评为"纳税大户",2005年获得"最佳客户价值贡献奖"以及飞利浦授予的"创新商业模式奖",2007年被评为"中国物流最具成长力企业100强"、"中国物流民营企业100强"。

越海物流在业界的知名度陡然提高,起因是它以物流服务商的身份,帮助飞利浦整合分销渠道。2005年飞利浦更换了国内总代理,让各大IT经销商跌破眼镜的是,最后中选者竟然是名叫越海的物流公司。整合后的几个月,越海物流就帮助飞利浦成功创出销售新纪录,超出2004年同期深圳原总代理的销量近35%。飞利浦方面对此大为惊叹,专门授予该公司"创新商业模式奖"。以物流服务商的身份帮助厂商整合分销渠道,这在国内还是首例,越海为同行业探索出一条全新的创新发展道路。

"越海并不是从一家单纯的物流商转型为单纯的分销商,而是在做好物流服务的同时把手沿着供应链伸得更长一些。"张泉解释道,公司突破了传统意义上的物流模式,实现了货物流、信息流、资金流、销售渠道的整合统一以及有关数据共享。整合后,物流管理不再局限于自身范围,而是与整个生产、流通过程紧密相关,飞利浦的供应链环节因此大幅缩减,物流效率显著提高,供应链成本也明显下降。

张泉还解释说,飞利浦原有的成品从工厂到最终客户端至少要经过四家公司,环节多,交接多,在运作过程中势必存在许多人为因素和风险,各环节衔接的时间性和精确性也很成问题。同时运输和暂存的仓储费用也很难降下来。更为严重的是整个供应链的信息透明度不好,飞利浦内部跟踪货物实时状况费时费力,获得的信息准确性也大打折扣。现在,越海已完全覆盖了飞利浦整个供应链环节,从工厂至最终客户端中间的全部过程均由越海来完成。对于飞利浦来说,减少了供应链环节,由原来的多家物流商或分销商变为一家物流商或分销商,提高了物流和信息流的效率,信息透明度大大加强。

越海的秘诀在于"综合执行能力强"。事实上,整条供应链上有数个物流的利润来源点,如运输、仓储、进出口代理(报关)、配送、销售等等。但在传统的物流模式中,每个利润空间里都有若干家物流企业在争抢一份羹,竞争十分激烈,甚至可能造成恶性竞争。越海通过整合供应链,产生了新的利润增长点。由于供应链整体服务中利润产生的环节之间可以相互平衡,因此,仅做一块业务的物流公司自然难以和越海竞争。

并不是每个物流公司都能把供应链"从头干到尾"。由于综合执行能力强,在诸如运输、代理、配送等每个环节,越海都具有竞争力。这是越海物流的"手"之所以能越伸越长,而其他物流公司却难以做到的原因。张泉告诉记者,2006年越海在国际货运代理、配送网络、供应商库存管理等几大领域都取得了重大创新突破,其中最值得一提的是,越海物流首次将飞利浦海外分销中心搬到了中国,这在物流界是很大的突破。

参考资料:《越海成功突破传统物流模式》,GOR,2007/3,第33—34页。季杰、陈欢:《深企签下物博会最大服务合同》,《深圳商报》2007年7月18日。

五是"财务会计服务外包(finance and accounting outsourcing)"。由专门财务会计公司为客户企业提供财务会计服务。以前几大会计公司主要是为大企业提供审计财会服务,或者为债券、股票上市等特定融资项目提供会计服务,各类企业仍由功能相对齐全的内部财会部门提供日常服务。外包意味着这类常规财务会计职能也部分地由外部专业性厂商所提供。

埃森哲(Accenture)与英国石油(BP)合作发展财务会计外包合作,是财务会计外包发展的经典案例之一。BP作为大型石油天然气跨国企业,拥有欧洲和阿拉斯加的上游产业(石油和天然气的开采生产)和美国下游产业（提炼、运输、销售）。1991年它们开始合作，Accenture与BP建立一个共享服务中心为BP以Aberdeen为总部的欧洲上游产业提供财务会计后台办公服务（a shared service center for F&A back-office service），代替BP原来横跨欧洲的6个F&A中心。由于初期合作成功，BP决定外包它在美国产业的大部分财务会计后台办公中心。1996年与Accenture签订了10年合同。后来该合同进一步调整，以适应1998—1999年BP一系列重大并购（M&A）后的业务活动和环境变化。[①]最初外包是为了节省成本，后来成为并购战略的重要支持措施，"保证尽快使新公司的业务和支持活动一体化以保证实现最大利益"。BP从合作中得到最大好处，能够因应市场变动对业务扩张和收缩进行快速调整反应。总体上看成本降低的同时，服务水平仍能保持不变甚至有所上升。BP认为它与Accenture的合作对它世纪末并购的成功具有关键作用（Stone，2002）。

专栏 5-4

凯捷为国际牛奶提供财会外包服务案例

建立于1967年法国格勒诺布尔（Grenoble）的凯捷（Capgemini）目前是全球最大的管理咨询、IT和服务外包公司之一，在30多个国家雇员总数超过75 000人，2005年营业收入为69.5亿欧元。1886年建立的国际牛奶控股有限公司（Dairy Farm International Holdings）已有100多年历史，是亚太地区最大的快速移动消费品（FMCG）零售商之一，雇用56 800名员工，年营业收入45亿美元。凯捷与国际牛奶1999年建立合资企业，把国际牛奶在香港地区分支机构的财会业务转移给合资公司承担，这提供了当代财会领域商务流程外包的重要案例。

在外包财会业务之前，国际牛奶在香港地区分支机构的雇员超过200人，此前曾经尝试不同方式改进流程但是收效不大。1999年国际

[①] 包括1999年1月与Amoco合并，2001年4月收购Arco和同年晚些收购Castrol等。

牛奶与凯捷合资建立公司 One Resource Group(ORG),作为国际牛奶财会业务外包的过渡措施。2003年凯捷获得合资企业全部股权,并且把国际牛奶财会业务外包合同再延长7年。在外包的最初两年中,凯捷对国际牛奶的财会流程架构进行重新改造,所有后台操作业务被合并到单个服务提供系统中,全日制员工(full-time employees, FTE's)从200人减少为100人,通过整合不同流程和系统达到成本节省。外包后凯捷香港和广州服务提供中心为国际牛奶经营单位提供财会服务,国际牛奶在这一地区仅保留一个内部财务人员。

把财会业务外包给凯捷给国际牛奶带来多重利益。不同运营单位(business units)的财务功能被整合到统一财务体系之内,几年内支持了25%的销售网点和新业务的增长。通过减少近50%原有财会雇员,节省了超过40%的财会部门费用,并且通过提升大宗采购供应物资讨价还价的能力节省了200万英镑,于是该部门总体成本下降60%。凯捷帮助国际牛奶建立财会和采购方面"世界水平"的能力,避免了把资源过多运用在非核心业务领域。并且凯捷还可以通过进一步提升生产率和引入新系统节省约10%的费用。最初4年的外包合同再延长7年意味着国际牛奶基本满意凯捷香港和广州运营中心提供的财会外包服务。

凯捷外包国际牛奶的成功案例显示出中国具有发展商务流程外包的潜在能力。国际牛奶在亚太地区十多个国家展开业务,绝大部分国家如澳大利亚、新加坡、马来西亚、新西兰和美国都是英语国家。凯捷在广州等地服务中心雇用的人员,大都是本地具有英语和其他外语能力的人才。凯捷对中国经济的发展环境充满信心,但是认为中国在发展商务流程外包方面要克服两方面瓶颈因素。一是教育系统能够提升外语教学水平,为企业提供更多英语熟练的职员。二是需要加强欧美会计知识和能力培训,否则无法胜任财会管理职能。凯捷通过内部培训,帮助员工提高与英国标准(CIMA)和美国标准(ALCPA)接轨的财会业务能力。前几年,凯捷广州服务中心雇用的职员大都是从美国、澳大利亚、加拿大和香港毕业的 CPA/MBA 人员,中国本国教育培训系统需要对此作出有效反应。

参考资料:Sophie Li, The BPO market in China: the emerging giant of BPO, A report by ALS Consulting Limited, May 2004,见凯捷和国际牛奶网站。

这一领域的服务外包在北美和欧洲发展较快,并往往通过转包形成次生服务外包关系。会计业务外包后,受包服务提供公司可能进一步利用海外资源进行再次转包。例如,可以让印度注册会计师承担美国企业纳税申报单的填写服务,从而有效利用印度会计师月收入500美元的成本优势。他们"把农场主的文件扫描,包括种子、化肥的发票,大豆销售收入、投资记录等,然后填报82页的申报单。最后由美国注册会计师审查和签署这一申报单",估计2004年印度人为20万美国人申报过纳税申报单。实施业务分包的不仅是美国规模最大的4家会计公司,"许多拥有30—200名注册会计师的公司也采取了向印度分包业务的策略,甚至连单独执业者也在外包业务"。

六是"售后服务外包(the post-sale service outsourcing)"。通常指制造业厂商把产品售后服务转移给外部服务供应商提供,在IT服务外包领域还包括IT设备售后服务内容。售后服务外包在电子产品有比较突出的表现,电子制造服务商(EMS)承担的部分职能是售后服务。业内人士认为,全球EMS行业已形成寡头垄断格局,旭电、伟创力、四海、天泓、捷普等前五家EMS占全球EMS市场的60%。据Bear Stearns调查,为节省时间、空间和投资,49%的OEM(原始设备提供商)将外包其售后服务职能、维修和质量保证工作。54%的被调查者认为,他们将在未来12个月提高使用EMS进行售后服务的比重。

旭电(Solectron)预计2004年其全球服务部的收入达到10亿美元,是上一年的3倍。这主要得益于它最近收购了两家维修公司,一家是位于北京的Northern C&C科技公司,其主营业务是维修台式PC、笔记本电脑、服务器和工作站。另一家是Magnetic Data(MDT)科技公司,该公司的业务是修理损坏的磁盘驱动器、打印机、DVD驱动器、印数电路板,客户包括惠普、日立、诺基亚、飞利浦、三星、EMC、NEC等。MDT在比利时、美国、新加坡设有工厂并雇用2 300多名员工。售后服务外包的动向之一,是越来越多的EMS提供商进入医疗领域。随着医院正在变得越来越设备密集化和资本密集化,设备维护的服务外包市场将扩大。如旭电早就为GE的心脏监视器设备、超频扫描设备、X光机等提供EMS服务。

七是"文件服务外包(document management service outsourcing)",以文件管理为主要内容的办公系统服务外包。文件不仅是办公活动的基本内容之一,也是很多公司活动的中心内容之一。实际上文件不仅有打印成本,而且包含6倍以上的非打印成本。文件外包服务包括从文件生成、制作、发送以及管理的各个环节,文件外包服务提供商的质量依靠多年实践积累的知识、技术、专业人员以及工作流程得以保证。

富士施乐商业服务 XBS(Xerox Business Service)是全球文件咨询与外包服务的领导者,该企业传统的打印机等设备销售和服务,逐步拓展为文件管理服务外包,其服务外包收入已经占到全部收入的10%以上。承担的外包服务主要包括促进文件电子化,改善工作流程;随时随地按需打印文件;管理全部打印,包括外印部分的费用;提供首尾相连的文件管理能力等。据估计,全球文件打印费用为1 170亿美元,然而相关流程费用为7 020亿美元,这说明1美元的文件打印,需要6美元多的流程费用,包括生成、制作、审查、发放、储存以及与此相关的管理等。[①]

商务流程外包的兴起,意味着企业对生产经营活动和流程与核心竞争力关系的重新界定。可以把企业从事的所有生产供应活动分为三类:核心性活动(core business)、关键但并非核心的活动(non-core yet critical)、非关键非核心的活动(non-core, non-critical)。当代服务外包的特点之一,在于外包对象不仅限于完全辅助性商务活动,也包括某些关键性流程,从而使得服务外包的范围大为拓宽。过去企业通常要配备完整的人事、财务、客户服务等部门,所以对这类"关键但并非核心活动"采用内置式组织结构似乎具有天经地义的合理性,然而在服务外包日渐普及的环境中,这些日常操作内容可以在不同程度上被转移到企业外部完成,从而使生产供应过程链条化或网络化的特点更加突出。

关键性业务流程对企业正常、高效运行具有重要意义,并且在外部服务供应发生突然扰动时难以迅速获得替代服务供应,因而这类流程外包稳定关系的建立,通常需要发包和接包方在较长磨合中建立相互信任。从已有案例看,流程外包关系的建立和发展过程具有渐进式特点。它通常开始于个别零散活动的外包,逐步转变为整个流程外包;某个流程外包所实现的成效,会推动企业探索在其他流程以类似原理重组企业构架。还需要说明的是,采用流程外包后,发包方企业并非对这

---

① 富士施乐(中国)有限公司副总裁李济华先生在2004年商务部"首期服务外包项目管理培训班"讲演的资料《文件管理的外包:现在与未来》,2004年12月1日。

类关键职能完全放手不管,而是需要建立一个人员精干的小型团队,协调与管理流程外包形成的企业间联系,包括对外包服务提供方的工作进行动态评估和监管。不同类型商务流程外包市场的成熟度不同,但总体上看都处在快速增长过程中。

　　需要讨论的是,业内常用的"核心与非核心业务、创造与不创造价值业务"两分法确有意义,然而二者并不存在固定不变的界限,而是随着特定行业对象以及具体时空条件发生变动。例如,在一些场合有理由把研发看作是核心业务,然而当代服务外包的发展经验显示,研发过程不断被分解,越来越多的研发活动被外包出去。如目前戴尔、摩托罗拉、飞利浦等公司都从亚洲公司手中购买"数码设备的设计方案,然后再按照自己的具体需要作出适当调整,最后把这些设计用在自己品牌的产品上。这样的经营模式已不再局限于手机。亚洲的代工厂商和独立的设计工作几乎已经成为所有技术设备领域的生力军,从笔记本电脑、高清晰电视、MP3 音乐播放机到数码照相机无所不包(GOR,2007/1,p.21)"。这类演变构成服务供应商从 OEM 转变为 ODM 的现实背景。① 这一讨论不是要低估研发的重要性,而是提示特定企业生产流程的利润发生环节以及外包范围需要在动态演变的竞争环境中不断重新定义。这一观察的引申含义包括,决定外包与内置工序和流程的边界因素,从根本上看不是技术水平高低,而是与经济合理性原则相联系的综合比较成本和效率。

---

　　① 最激进的观点甚至认为,正在发生的是一场席卷研发领域的革命,将来 80% 研发活动可以外包,部分电子产品巨擘将把自己的研发队伍从几千人精简到几百人,把注意力集中到专利体系建立、关键标准制定和管理全球研发队伍上来(GOR,2007/1,p.23)。

第6章 服务外包国际化特点及相关争论

与20世纪60年代发达国家的制造企业把部分业务外包到国外的经历相类似,过去十余年服务外包出现离岸化(offshore service outsourcing)或国际化趋势,构成当代服务外包兴起的基本特征之一,并由此决定服务外包的发展同时也是服务业全球化拓展和深化的进程。本章首先简略描述当代国际服务外包国际化的一般特点,然后分别从新型国际化企业、服务外包等发展战略选择关系、服务外包成为全球化争论新热点等不同角度讨论这一问题。

6-1 服务外包出现离岸化或国际化趋势

国际化是当代服务外包区别于传统外包的实质性特征之一。例如,我国大连一批服务外包企业每年为日本、韩国企业提供数以亿元的软件和其他外包服务;上海某研究机构为美国制药公司提供部分生物制药方面的研发服务;浙江大学网新公司为美国道富公司提供软件研发服务。联合国贸发会议的一份专题研究报告认为:"离岸服务外包虽然仍处于襁褓期[1],然而转折点将很快到来。离岸外包代表生产活动的最前沿演变,塑造服务品生产过程国际劳动分工新格局"(UNCTAD, 2004,p.34)。业内人士相信"离岸外包是一个朝阳产业"[2]。

过去十几年间,印度企业在承接发达国家软件和其他服务外包方面取得了举世瞩目的成绩。印度20世纪80年代开始出口软件生产服

---

[1] 业内人士估计近年离岸外包仅占全球IT服务和商务流程服务外包的5%左右(Vashistha and Vashistha, 2005, p.44)。

[2] "Off-shoring is a sunrise industry" (Vashistha and Vashistha, 2005, p.67)。

务,但是规模较小,出口额 1990 年才达到 1 亿美元(Dedrick and Kraemer, 1993)。20 世纪 90 年代初印度实行以经济全球化和自由化为导向的根本性开放政策,推动了软件外包持续快速增长,1996/1997 年出口额跨过 10 亿美元门槛。世纪之交借助"千年虫"问题、美国经济持续增长和欧元诞生三个机遇,软件服务外包以更快速度跃上一个台阶,软件服务外包出口 2002/2003 年达到 95.45 亿美元,2005/2006 年达到 230 多亿美元,预计 2007 年将达到 300 多亿美元。① 在印度软件产业发展过程中,逐渐形成了一批软件科技园区和基地。其中位于班加罗尔的软件园区更被称为印度的软件之都,全球十大硅谷之一以及全球第五大信息中心。科尔尼 2004 年专题研究报告的评估结果表明,印度在软件及相关离岸服务外包领域居于遥遥领先的全球性优势地位。菲律宾、巴西、匈牙利、波兰、爱尔兰等发展中国家和中等发达国家在软件和服务外包领域也有不俗表现。专栏 6-1 介绍的塔塔咨询服务公司(TCS)是印度软件服务外包领域的标杆企业之一。

专栏 6-1

塔塔集团与塔塔咨询服务:印度产业界骄子

到过印度的游客很难不对塔塔(TATA)标识留下印象。Jamesetji Nursserwanji Tata 于 1868 年创建贸易公司并于 1874 年涉足纺织行业,开始了这家神奇企业的一百多年发展历程。一个多世纪以来,随着时代的演变,TATA 不断拓展经营范围,成为印度最大、最著名的企业,营业规模占到印度全国国内生产总值 4—5 个百分点。从轿车、移动通讯、航空客运等所谓制高点部门,到钢铁、化工、发电这些生产资料行业,再到手表、电话、化妆品、肥皂、清洗剂、食物油、酒店、IT 服务等高度竞争甚至通常需要特殊技能和历史背景支持的所谓利基市场(niche market),都成为塔塔投资经营的对象。要想了解这家巨型企业的业务

---

① 2005 年 1 月 4 日下载于 NASSCOM 的表格数据"IT Market in India: Software and Services Exports"以及 NASSCOM(2007)。

范围,你最好不要问它做什么,而应当问它不做什么。

Tata 作为一家私营企业在印度独立后的国有制、计划经济和管制时代得以生存,甚至 1952 年还得到印度第一任首相尼赫鲁先生"钦点"生产印度化妆品的殊荣,显示这家私人企业在时代大潮转向的关头具有极强的应变智慧和能力。Tata 的业务范围似乎没有边界限制,其让人叹为观止的经营范围,至少用特定时空个案方式挑战了所谓"过度多元化"的教科书定义。这家堪称奇迹的企业在印度近现代经济史上创造了诸多记录。它创建了印度第一个钢铁厂和第一家豪华酒店,创造了第一款印度自行研发、制造的轿车 Tata Indica,它在 2000 年并购英国 Tetley Group 是印度企业对国外重要品牌的第一宗并购案,2002 年 Tata 将印度国有最大国际通讯公司 VSNL 收入囊中。[①] 塔塔对印度当代软件服务外包行业最重要的贡献是它建立了印度第一家软件服务公司——塔塔咨询服务公司(Tata Consultancy Services, TCS),2004 年 TCS 上市成为印度私营企业融资规模最大的 IPO。

TCS 成立于 1968 年,公司 1974 年承接的第一个软件出口项目是为美国一家客户医疗系统的 COBOL 程序设计语言进行转换。[②] 这一项目

---

① VSNL 的历史折射出印度近现代电信产业发展的历史。VSNL 的前身是在第一条连接印度与英国的海底电缆的基础上于 1872 年建立的东电报公司(The Eastern Telegraph Co., ETC),ETC 与 1927 年建立的 the Indian Radio Telegraph Co.(IRT)在 1932 年合并为 the Indian Radio and Cable Communications Co.(IRCC)。1947 年印度独立后,印度政府接管 IRCC 并在此基础上建立海外通讯服务署(the Overseas Communications Service, OCS)。随着 20 世纪 70 年代卫星通讯时代的到来,印度 1982 年在海外通讯领域建立了海底宽带电缆和对流层散射通信系统(Troposcatter system)。1986 年 4 月 1 日,政府建立全资拥有的新公司 VSNL(the Videsh Sanchar Nigam Limited, VSNL)取代 OCS。2002 年 2 月,印度政府依据"非投资化计划"(disinvestments plan)出让给战略伙伴 25% 的股权,随后 VSNL 被 Tata 收购和接管。

② 业务内容是"to convert the Hospital Information System from Burroughs Medium Systems COBOL to Burroughs Small Systems COBOL"。COBOL(common business oriented language)是一种适合于商业及数据处理的程序设计语言,1959 年 5 月,五角大楼委托格雷斯·霍波(G. Hopper)博士领导一个委员会并由 Rear Admiral Grace Hopper 公司主持开发,1961 年由美国数据系统语言协会公布,称为 Cobol-60,后来不断有更新版本(如 Cobol-2002)。经过 40 多年的不断修改、丰富完善和标准化,COBOL 已发展为多种版本的庞大语言系统,在财会工作、统计报表、计划编制、情报检索、人事管理等数据管理及商业数据处理领域,都有着广泛的应用。世界上 70% 的数据都是用 COBOL 语言处理的,并且 90% 的 ATM 事务处理用的都是 COBOL 语言。每天在线处理的 COBOL 事务有 300 亿次。500 强中有 492 家(包括全部 100 强)使用了 COBOL 语言,目前在 COBOL 方面的投资已经超过 3 万亿美元。专家认为,只要大型机存在,COBOL 就不会消失,即使是对电脑界产生巨大影响的"千年虫"(Y2K)也没有改变 COBOL 的命运。

由12名TCS工程师在印度孟买完成,当项目成果交付给美国客户时,意味着印度软件出口行业出现。20世纪70年代中期TCS业务范围延伸到英国、瑞士和荷兰,1979年TCS在纽约成立的办事处是印度软件企业第一家海外机构。1980年TCS和其他6家Tata集团所属企业占印度软件出口的63%,1984年TCS在孟买出口加工区(Export Processing Zone)设立机构。

20世纪90年代早期软件服务外包行业快速发展。在90年代前中期,TCS被再造成一个软件产品公司。90年代后期,为了加速增长,TCS决定实行三方面策略:研发具有高增长潜力的新软件产品,开发国内和其他快速增长市场,重视通过并购实现快速增长。1998年公司决定着力发展应对"千年虫"和欧元转换(Euro conversion)的业务。2004年TCS的上市成为私营企业融资规模最大的案例。2007年初员工总数为10.5万人,2006/2007年业务收入总额为43亿美元。

TCS从2002年开始进入中国,最初在上海设立总部,并在北京、杭州等地设立办事处,试图通过利用中国的服务能力为其国际客户提供服务,开拓公司在日本、韩国等东亚地区的业务领域,特别是以进入潜力巨大的中国市场作为长期目标。2005年6月30日塔塔咨询服务公司、微软公司、北京中关村软件园发展有限责任公司、大用软件有限责任公司和天津华苑软件园建设发展有限公司联合宣布,五家公司达成意向共同建立一家软件合资公司。该公司将充分发挥投资各方在技术、软件开发管理、人才培训和园区运营等方面的优势,成为在软件外包领域具有示范性的、专业化的公司,面向全球主要市场提供软件和信息技术外包服务。合资公司落户于北京中关村软件园并于2006年初开始运营。笔者2007年访问TCS(中国)中关村总部时,该公司正在为不久前获得的中国人民银行1亿多美元的外汇市场交易软件平台紧张工作。

参考资料:R. M. Lala (2004), *The Creation of Wealth: The Tatas from the 19th to the 21st Century* (foreword by J. R. D. Tata and epilogue by Ratan N. Tata); A Portfolio Book Business by the Penguin Group, India; *Tata* (the company's brochures); Wikipedia关于Tata Consultancy Services的介绍;笔者2007年6月29日访问TCS(中国)有限公司北京中关村总部高管人员的访谈记录。

如果说主要利用中低端劳动力成本的差异，那么离岸软件和服务外包将较多地表现为发达国家企业发包和发展中国家企业接包的所谓"南北分工贸易"形态，也有很多侧重获得规模经济利益，并且对管理诀窍、文化契合条件比较敏感的 IT 以及商务流程外包，更多在"北北分工贸易"格局下成长，表现为发达国家企业之间相互发包和接包。后一类型服务外包的大量案例表明，美国、英国、加拿大等发达国家的企业，不仅是最重要的服务发包方，同时也是主要的服务外包提供方。例如，在人力资源管理、财务会计、IT 服务等重要服务外包领域，西方国家的企业往往是最重要的服务提供商。在相当大的程度上，富裕国家之间相互提供了服务外包的供给和需求，服务外包派生的工作岗位流动具有双向性或多向性。

　　服务外包海外化受到多种因素的推动和促进。跨国公司早有海外流程管理部门（如 GE Capital、American Express、British Airways、HSBC 等），在跨国范围内处理公司内部会计管理、支付流程等，实际是在企业内部依据比较优势原理利用不同国家的服务资源。随着 WTO 服务贸易自由化和知识产权保护协议的签订，随着经济全球化趋势的推进，这些跨国公司的上述部门开始利用一些条件较好国家的资源，开始向外提供原来跨国公司内部的服务以及可以利用这类原理提供的外包服务。另外，发达国家人口结构的演变导致中低档技术性服务的人力资源相对紧缺，特别是 20 世纪 90 年代末处理"千年虫"问题需要大量软件技术人员，刺激其从印度等国获得外包，也对离岸服务外包兴起发挥了促进作用（Gartner，2002a）。

6-2　新型国际化服务外包企业脱颖而出

　　过去十多年出现了一批业务定位具有鲜明特点的新型企业，它们既不同于传统的以品牌商品制造为核心并围绕这些产品生产而兼营服务的制造业厂商，也不同于在不同服务业提供终端服务产品如银行、保险、运输等传统服务的企业，而是不同程度地以提供服务外包作为核心业务，这成为服务外包兴起的标志之一。它们有的已经建立起全球闻名的服务品牌竞争力，有的甚至已在某些细分的全球性市场中出现了相当集中的寡头结构。①

IBM 的转型提供了这类企业出现和成长的典型案例。这个曾经是计算机和 IT 硬件行业的全球龙头企业,随着行业竞争环境的演变在 20 世纪 80 年代后期面临严峻挑战,90 年代初亏损高达 80 亿美元,股票市值下降了 3/4,PC 机在国际市场被挤出前三名,主打产品——大型计算主机也面临市场低迷困境。1993 年 3 月郭士纳先生出任新总裁后锐意改革,把经营重点从制造向服务、从硬件产品向附加值更高的软件和系统产品转移。经过十多年的"业务转型",IBM 已从一个制造业公司转变为服务型公司,服务外包在业务结构中占据重要地位。② 据业内估计,IBM 的 IT 服务外包"2002 年占全球 IT 外包市场的 22%,外包业务收入高达 153 亿美元"。加上电子数据系统公司(EDS)、计算机科学公司(Computer Sciences,CSC)和富士通公司,四家企业占据全球 IT 外包市场近一半的份额。③

印度软件外包巨头企业如 TATA、Infosys、Wipro 等,则提供了发展中国家软件和服务外包企业快速成长的突出案例。这些企业大规模涉足软件服务外包不过十多年历史,但是在这一领域已经确立了全球知名的品牌,年出口额达到十几亿美元。这些印度明星企业在软件外包领域的相对地位,大体与电子产品制造业旭电(Solectron)、伟创力(Flextronics)、天鸿(Celestica)等大型 OEM 巨头厂商类似。凭借范围经济效应和知名品牌优势,这些印度企业正在雄心勃勃地向与软件密切相关的流程服务外包领域扩张。

在服务流程外包领域也已涌现出一大批全球知名的专业服务提供商,其共同特点是承揽其他企业特别是大企业的某些服务流程。Gartner

---

① 这类新型服务提供商与传统的专业性服务企业如律师、会计、广告等行业厂商虽有某些类似,但是仍然有相互区别的特征。例如,软件外包服务提供商,可能在并非采用合伙制或特许连锁经营体制的情况下,达到雇佣数以千计员工的规模。有的 IT 服务商还尝试采用类似于出售物品的方式提供服务。如设立在天津的与 IBM 合资的企业蓝泰科技已经推出"随需供应(supply on demand)"的经营模式,针对中小企业设计标准化服务套餐,以便客户可以像购买水、电、燃气一样按标准单位数量购买投入性服务。

② 2004 年底最终浮出水面的 IBM 向联想出售 PC 业务显示,这个曾经的计算机等硬件制造领域的龙头企业,已基本完成从"大象"转为在"利润率更高的高端服务器和 IT 服务"领域跳舞的过程,服务外包是这个"舞者"的拿手好戏。

③ "中国 IT 外包市场分析摘要"(Summary—China IT Outsourcing Market),博思资讯 ITO 研究报告(Great-Idea Info of ITO Report)。

(2002a)对流程服务外包商进行了分类,其中包括"纯商务流程外包服务提供商(pure-play BPO vendors)",特点是"从 BPO 中得到所有收入",这类企业往往具有某个流程的综合知识和视野,能够提供分段或整体服务,通过并购和合伙制来扩大产能。① 另外有"流程专业提供商(process specialists)",特点是被业内公认为在某些特殊流程上具有专门能力。②

6-3 国家发展战略层面的意义已经展现

发轫于20世纪60年代的产品内分工和制造业外包浪潮,对美国等发达经济体的结构升级和竞争力提升提供了微观实现机制,同时也对东亚四小龙和其他国家发展战略转变以及后来中国内地经济体制转型发挥了重要推动作用。服务外包的兴起对不同国家发展战略层面的影响也已显现。

对于发达国家来说,美国经济利用服务外包进一步巩固了战略领先地位。美国在20世纪60年代率先通过制造外包,把缺乏比较优势的生产工序或区段转移到海外,通过几十年产业整合提高了经济竞争力,为90年代以来信息技术为主轴的新经济兴起提供了条件,并以WINTELISM模式为代表的当代竞争理念和实践推动了美国经济前沿创新,有效保持了对战略竞争对手欧洲和日本的总体相对优胜地位。观察目前的服务外包潮流,美国企业再次扮演了领先者角色。不仅在向外发包方面引领潮流,在全球性服务流程外包服务提供方面的领先企业也是美国居多。由于一国经济竞争力归根到底建立在企业竞争力的基础上,所以,有理由把服务外包看作21世纪发达国家经济战略优势竞争的关键因素之一。麦肯锡信心十足地认为:"(离岸服务)外包只

---

① 如 Accenture 与 British Telocom 联合组建于2000年的 E-PeopleServe,总部在美国加州 Irvine 的 Exult,主要为美国和英国大企业提供人力资源管理的外包服务;Xchanging 以伦敦为总部,提供 HR 服务并同时兼营财务会计和采购等外包服务。

② 如 ADP 在工资支付、Spherion 在行政服务、Ryder 在物流服务方面都是著名外包厂商。这类服务外包行业的市场集中度差别很大,例如工资支付的外包服务领域被几家服务提供商控制,但是在招聘人员的服务外包领域则有数以百计的规模较小企业。

不过是一个创新事例,将使美国在多个行业保持竞争领先能力"①。

服务外包对发展中国家经济战略转型的推动意义,已经在印度这个大国得到突出表现。印度在软件服务外包以及近年服务流程外包领域取得的成就,意义不仅在每年几百亿美元出口对增加外向型就业和国际收支平衡的积极作用,不仅在于迅速成长起一批具有10亿美元出口能力的享誉全球的私营企业,甚至不在于印度的出色表现使国际社会对这个古老大国的发展前景刮目相看。服务外包对印度的重要意义,可能类似于我国早年经济特区对转变公众和决策层对全球化与开放的旧理念和共识的革命性影响。印度在20世纪90年代取得突破性进展的市场化体制改革,加上服务外包推动的开放政策,在一个全新场景下展现出与中国经验类似的改革开放互动进程。服务外包提供了印度发挥比较优势进入当代国际分工的现实切入点,对这一亚洲大国改变传统政治经济格局和战略平衡发挥了关键性作用,推动了印度经济进入快速成长轨道。② 具有印度特色的大国开放发展经验,与中国发展经验一起,构成了当代发展经济学研究需要观察和分析的最重要案例和素材。

---

① "Offshore is just none more example of the innovation that keeps U. S. companies at the leading edge of competitiveness across multiple sectors", cited from Vashistha and Vashistha (2005, p.62).

② 印度服务业正处于历史上最大规模的发展和创新思想的融汇时期,许多人了解印度软件编程员劳动力成本很低,为他们预订机票的定票员在德里,但这些仅仅是表面现象。不知不觉中,印度数以百万计具有世界先进水平的工程专业、商业管理专业和医学专业毕业生,正以惊人的速度融入美国新经济的方方面面,融入方式超出了大家的想象。如果印度能够发展起来,它将是第一个以人才资源为催化剂、而不是依靠自然资源或廉价劳动力来实现崛起的发展中国家(GOR, 2004, p.92)。因而,印度通过服务外包取得的进步,在经济发展经验上具有不可忽视的意义。印度成本低、智商高、讲英语的人才精英对美国产生长期影响,并且这种影响大于中国。制造业是中国优势,但是产出仅占美国总产出的14%,就业总量占11%。印度优势在于服务业,大约占美国总产出的60%,就业人数的2/3。目前,印度的知识分子正努力向新经济的食物链上游攀缘,他们掌握的分析技能、市场营销能力和创造力将派上用场(GOR, 2004, p.93)。

专栏 6-2

走马观花看印度：软件服务外包与发展战略转变

印度过去 10 多年的经济表现，正在改变世人对印度的传统印象。经济自由化和开放导向的改革措施与印度特有的资源结构和当代国际经济分工的新环境相结合，率先在软件外包和 IT 服务领域结出硕果。自 20 世纪 80 年代塔塔公司发现了向美国"出口"软件编程人才的劳务商机，率先开发出人力计件外包(body-shopping)的商务模式起，印度的软件外包业不断扩大，并迅速出现一批全球闻名并仍在快速成长的企业。IBM 瞄准的新世纪主要竞争对手中，唯一非美国本土的企业就是印度 IT 服务巨头 WIPRO。

以承接外包业务为依托的印度软件出口，在 1990 年前后达到 1 亿美元，90 年代中期突破 10 亿美元，近年又突破百亿美元大关，2003/2004 年达到 120 多亿美元。笔者 2005 年初访问印度时，班加罗尔所在地 K 邦 IT 企业协会的召集人 Pawan Kumar 告诉我，预测印度软件出口到 2007/08 年将达到 500 亿美元，其中大约有 250 亿美元软件外包，150 亿美元 BPO 服务，100 亿美元代工软件产品。相比之下，我国软件的出口规模，即便采用包括嵌入式软件和系统集成服务在内的宽口径统计，2003 年也只有 20 亿美元。在软件和服务外包这个具有巨大增长潜力的领域，较之我们印度已经遥遥领先。

而被 IBM 锁定为全球主要竞争对手之一的 WIPRO，自 20 世纪 90 年代初开始涉足软件外包领域，十余年间便快速成长为 IT 服务业具有全球竞争力的企业。位于班加罗尔电子城的 WIPRO 研发中心占地 95 英亩，雇员近 2 万人。置身于此，能切身感受到印度外包业发展案例的传奇性。这片建筑的富丽堂皇不逊于印度的五星级酒店，其造型、结构和色彩非常明快热烈，而年轻化、知识化的职员构成以及浓厚的学习氛围，又令人联想到商学院的环境。

一向有"花园城市"、"英国人的度假地"之称的班加罗尔现在获得了"印度硅谷"的美名，知名企业随处可见，如微软、英特尔、SAP、惠普、戴尔、通用电气、西门子、WIPRO、INFOSYS、TSC 等。早期开发的电子城基本饱和后，TATA 和新加坡一家企业又联手在城东 Watefield 地区开发了新的高科技园区。iGATE 是三年前进入新园区的一家 IT 服务企业。在美如花园的新办公楼群里，公司 CFO 兰莫昌均（Ramchandran N.）先生愉快地告诉我，"三年前购买的土地价钱已经翻倍"。

印度的软件外包传奇无疑是诸多因素合成作用的结果：印度虽然人口超过 10 亿，人均收入只有 500 多美元，但拥有大量成本低廉的英语人才和技术人才；印度的企业家和科技人员与软件服务的最大发包国美国具有广泛联系；班城又拥有印度最好的气候条件等。此外，政府还发挥了两方面作用，一是为软件业外包服务提供了优惠的免税政策，二是在企业界强烈呼吁下采取了最大宽容度的不干预政策。我拜访的几位企业家和印度产业协会（CII）的高管人员一致认为，政府"让我们自己干"是软件外包成功的关键因素。对于偏好产业政策的人士来说，印度外包传奇提供了一个悖论：成功的产业政策反倒是干预最小化的产业政策。

印度素有"许可证王国（The license Raj）"之称，政府为何对软件业如此开明？答案可能有二：一是软件外包作为新兴产业，不同于钢铁、汽车、银行等部门，没有庞大的国有企业和盘根错节的既得利益牵制，便于印度决策层尝试新政。二是 20 世纪 90 年代初，印度面临国际收支危机，外汇储备将在两周内耗竭，拉奥政府试图通过深层结构性改革摆脱困境，因而对可能带来外汇资源的软件外包实行税收优惠和非干预政策。

印度与中国当代的发展经验有一比。中国农村自发改革的成功，突破了计划经济旧理念和体制桎梏，为随后的全方位改革提供了推动力。印度软件外包无可争议的成功及其在改革开放新发展模式层面的鲜明含义，对拉奥政府改革议程的形成和推进，在思想共识和政治支持方面发挥了显著作用。

即使像我这样进行短期的旅行考察，也能感受到这个国家经济起飞早期阶段的强劲活力，观察到改革开放新政策对这个大国经济的激活作用。印度开放和市场化取向的改革，也是从盘活存量与放开增量两方面下手。笔者在班加罗尔和孟买住宿的两个酒店，都是由原来政府企业在两年前经过私有化转让给私营企业的。但给我留下更深印象的,是印度在增量改革领域出手不凡的表现:一是在传统制高点行业果断挑战旧体制,二是在放松管制和准入方面大刀阔斧地推进改革。

1942年建立的印度汽车公司(Hindustan Motors)是印度汽车业历史最悠久的国有垄断企业,1957年出产的"大使牌"轿车几十年一贯地没有大变,每年产量也就几万辆,还要排一两年队才能买到。对"皇帝女儿不愁嫁"环境下生产的汽车,消费者的评语是"除了喇叭不响,哪儿都响"。20世纪90年代,印度政府开始实行放松管制和鼓励准入的政策,使这家老牌国有企业面临真正的挑战。印度朋友感叹,过去几年间,路面上似乎一下子冒出几十种新轿车,多数是外资企业生产的汽车,如现代的 Accent,本田的 City,福特的 Ikon,也有印度企业与外国合资生产的汽车,如 Maruti 和 Suzuki 的 Alto 和 Wagon,还有本国汽车厂商如 TATA 的 Indica 等。这些款式新颖、价格富有竞争力的新型轿车,成为新兴中产阶层购买第一辆家用轿车的热门新选。为此,印度汽车公司也调整战略,近年与三菱合资推出新款 Lancer 轿车。卡邦制造业协会的召集人 S. Viswanathan 先生告诉我,去年印度汽车出口已达20亿美元。他援引了一份麦肯锡的研究报告说,10年后印度汽车业出口预计将上升到500亿美元。

与此同时,银行、保险、电信、航空、资本市场、基础设施融资体制等领域也在经历广泛深刻的体制转型。在航空和移动通信等集中度较高的领域,与中国试图通过分拆原有垄断厂商形成竞争格局的改革思路不同,印度大幅度降低了准入门槛,通过允许和鼓励新私营企业进入,很快形成了比较有效的寡头竞争格局。在旧体制下,Indian Airlines 和 Air India 分别垄断了航空业的国内和国际市场,改革之后,又很快出现了 Jet Airways、Air Sahara 和 Air Deccan 等私营航空公司,据说不久还将有两个私营航空公司拿到营业执照。我在印度访问期间,恰逢 Jet Airways 和 Air Sahara 竞标获得包括英国希思罗机场等国际黄金航线在内的飞行运营许可,成为当地财经媒体的热门话题。印度移动通信除了一家全资国有企业(BSNL)外,还有 TATA Indicom、Airtel、Spice、Hutch 和 Reliance 等5家专营移动或兼营固话和移动业务的私营运营商。在银行、金融和资本市场等中国面临"改革沼泽地"挑战的领域,印度在体制改革创新方面也有后来居上的表现,并为其他行业的发展提供了较好的融资支持。

目前印度人均收入大约是中国的50%—60%。一般认为，中国经济发展的整体水平应领先印度10—20年左右，尤其在制造业和基础设施硬件条件方面，中国的相对优势更为明显。到印度旅行，即便在孟买和班加罗尔等繁荣城市，也随处可见尘土飞扬的狭窄道路和路旁栖息的城市棚户贫民，经常能看到与高档酒店一路之隔的垃圾堆和脏水沟，与中国城市中心区特别是沿海城市的整洁市容和现代基础设施形成鲜明对照。然而，这些现象在真实显示中国较早改革开放的相对成就的同时，也可能造成对两国经济发展的现状和前景的某种片面解读。我们需要看到，过去10多年间印度已经开始经济起飞。印度软件外包传奇及其包含的一般发展经验，值得我们结合国内情况有选择地学习。印度20世纪90年代以来在制高点行业的锐意改革措施及初步绩效，同样值得我们观察、研究和借鉴。

参考资料：依据卢锋《印度：外包传奇及其他》一文（载《IT经理世界》2005年4月12日）的内容整理。

6-4 经济全球化新趋势和争论新热点

服务外包及其伴随的服务全球化，作为"推平世界"的重要经济力量，对改变全球经济版图与格局正在产生深远影响。首先，服务外包兴起正在改写经济学关于服务是不可贸易产品的传统定义，推动服务生产方式的"可贸易性革命（tradability revolution）"进程（UNCTAD, 2004, p.24）。其次，服务外包往往通过或伴随物品的国际流动来实现，因而服务外包的扩展本身会带动物品贸易增长。再次，服务外包往往通过跨国公司的海外投资，直接利用国外具有比较优势的人力资源，如发达国家到发展中国家设立的呼叫中心、研发中心等，甚至印度外包巨头也到发达国家设立类似中心，推动了外商直接投资的增长和结构演变。最后，服务外包促进了信息和人员流动以及思想和观念交流，这些过程伴随的制度和政策演变，构成"推平世界"和促进经济全球化进程的重要积极变量。

专栏 6-3

外包:推平世界的动力——《世界是平的》简评

《世界是平的——21世纪简史》(The World Is Flat: A Brief History of the Twenty-First Century)(以下简称《世界是平的》)的影响范围和力度,即便在西方畅销书领域也相当罕见。在媒体对公共政策的讨论中,平坦世界已成为流行词。与企业高管人员交谈,会发现他们时常熟练引用这本书的立论。这本书罕见地同时受到美国和中国官员及政界人士的关注和重视,据说我国某省政府官员采购几百本该书中译本发给下属官员作为必读书。《世界是平的》一书的流行状态,成为它描述的世界变平过程的一个真实缩影。

像所有新闻记者写的畅销书一样,这本书在成功阐述全球化最新特征的同时,也难免会夸大作者试图宣扬的主题观点。如果我们超出该书所强调的 IT 行业范围,更广泛地观察真实世界的经济状态,便很容易发现我们生活的世界虽然有比较平坦的部分,也仍有凹凸不平甚至更加崎岖的部分。我在写作本书主要案例的 2007 年 7 月,正好应邀参加了国家某部委召开的关于我国棉花进口"滑准税政策讨论会",会上关于滑准税不同意见的争论以及目前 WTO 多哈谈判在农业自由化问题上面临的困境,都说明在农业这类传统领域要想创造一个更为平坦的制度环境是如何困难重重。几乎每天都会在不同国家发生的恐怖主义事件及其背后折射的全球化进程中文明融合过程中发生的矛盾和冲突,也都告诉我们"平坦世界"在时态上符合真实状态的表述,显然应当是进行时而不是完成时。"世界变平"是一个过程:"世界尚未平坦,人类仍需努力!"

当然我们不应苛求弗里德曼先生用一种强调严谨的学究方式解读我们时代的特点。这本畅销书真正的认识价值,在于告诉我们哥伦布发现新大陆开始的世界逐步平坦的近现代全球化趋势,在诸多技术和制度因素的推动下在过去几十年有了长足发展。在世界走向大同这一漫长历史过程的当代篇章中,外包作为由赢利动机和市场竞争机制制约和塑造的企业行为,构成推动这一进程的必要环节。

虽然具体阐述方式存在可商榷之处,但弗里德曼还是成功揭示了外包对加强全球化经济联系的杠杆作用。作者列举了推平世界的十大力量,其中第五大力量主要指软件服务外包,书中的描述告诉我们,这一外包关系的主轴在美国和印度企业之间展开。第六大力量是离岸经营,作者描述了中国企业通过参与外包和加工贸易参与制造业全球生产的供应链。依据本书的分析思路,弗里德曼先生观察的所谓"离岸经营",本质上是制造业工序的转移和生产系统的跨国展开,与服务外包在产品内分工层面具有异曲同工之处。

《世界是平的》强调微软操作系统诞生、互联网与浏览器普及、软件行业兴起等因素对推平世界的贡献,从现代技术进步推进经济全球化的视角观察,提供了中肯而鲜明的描述和论证。这些技术变革通过降低交易成本,构成了推动外包和产品内分工深化的关键因素。该书把UPS改造物流看作内包,这一理解方式值得商榷。联邦快递、UPS作为现代物流企业的崛起,正是传统企业内部物流这一特殊服务流程向外转移的镜像(mirror image),因而是通过物流服务外包实现产品内分工生产方式变革的一个具体表现。

参考资料:〔美〕弗里德曼,《世界是平的——21世纪简史》,何帆、肖莹莹等译,湖南科学技术出版社2006年版;卢锋,《比较优势结构与开放型棉产业发展——我国棉花面临十字路口选择》,北京大学中国经济研究中心《中文讨论稿系列》No. C2006015,2006年9月18日。

然而分工和交换深化都是双刃剑,它在提升资源配置效率的同时,会给社会带来调整压力和阵痛。服务外包及其在经济和社会层面的反响,是有关经济全球化争论的最新题材。给整个经济带来利益的变化,可能会给特定个体带来调节成本,因而未必是好事。服务外包作为经济全球化进程的一个方面,必然只能在思想交锋和利益整合碰撞过程中求得发展。如果说制造业外包主要涉及普通蓝领工作职位的转移,服务外包则使得传统难以跨国流动的白领工作职位也出现全球性重组。虽然目前这类工作转移的绝对数量还比较有限,然而在美国等发达国家已经引起广泛关注,成为经济全球化争论的新议题。

一些企业界人士、经济学家、咨询分析机构、政府高官和顾问倾向于从积极角度看待服务外包,认为离岸外包是一种不可逆转的积极趋势。美国前总统经济顾问委员会主席曼昆教授认为:来源于服务业等新贸易形式的收益,与传统货物贸易的收益没什么两样;网上贸易或电话贸易的收益与有形商品贸易的收益也没什么区别。他与他的同事在2004年2月指出,"专业性服务外包是贸易新类型的突出事例"(Mankiw, Forbes and Rosen, 2004)。曼昆在接受媒体采访时还指出:"我认为外包是一个增长现象,但是我们应当认识到其在长期可能是对我们经济有利的积极因素。我们很习惯国外生产并通过轮船和飞机运送到美国的货物。我们还不太习惯的是国外生产并通过互联网和电话提供给我们的服务。但是从经济分析角度看通过轮船飞机还是通过光纤电缆传输的方式差异是否真的很重要?答案是否定的,因为它们的经济学原理基本是相同的。"(Andrews, 2004)。

HP 的 CEO Carly Fiorina 先生甚至尖锐地指出:"美国人天生应有的工作职位不复存在(there is no job that is America's God-given right anymore)。现在的情况越来越是其他国家的人们正在发展出新的技能,竞争传统上由美国人担任的工作。我们不应假设他们不会努力赢取这一竞争。但是我们应当努力维持美国一直拥有的地位:全世界最善于应变的(resourceful)、最具有创新性、最具有生产率的国家"(Vashistha and Vashistha, 2005, p. 39)。

美国哥伦比亚大学国际经济学家 Bhagwati 教授等人 2004 年在美国《经济透视杂志》(Journal of Economic Perspectives)上发表题为《外包认识误区》的论文,用常规贸易分析方法分析服务外包现象,认为"服务外包本质上是贸易现象……服务外包通过贸易带来利益,外包对工作和工资的影响在定性分析意义上与常规商品贸易没有本质不同"。论文认为,虽然与贸易一般理论分析类似,不能排除存在垄断条件可能导致的特定贸易参与方因为贸易条件恶化而受损,在具体政策层面特定行业员工转移工作岗位可能存在困难,但是总体上服务外包的发展并不可怕,在长期高附加值的工作岗位会被创造出来(Bhagwati, Panagariya and Srinivasan, 2004)。

英国工商业联盟前任主席琼斯认为,外包事关企业"生死大计"。向海外转移工作机会的利大于弊,这有助于提高工人的技能,促进经济增长、促进产出、增加利润。……只要英国经济健康和良好地发展,对于IT专业人士来说应该有更多的工作机会。在企业成长的过程中,采用外包很少会导致人员过剩。那些在逐渐萎缩或停滞不前的企业里工作的人才面临失去工作的风险(GOR,2007/1,p.29)。

著名咨询公司麦肯锡2003年8月发表的一份研究报告提出,美国在外包上每花费1美元能带来1.12—1.14美元的收益。报告结论是"美国不仅有能力承受这一变动,而且有能力比离岸外包减少工作更快速地创造新工作,有关外包的争论具有误导性。离岸外包为美国公司和消费者创造财富进而对美国整体有利,因而企业愿意呼应这一潮流。……离岸外包不仅实现了此前已经存在的美元财富,而且还为美国经济创造出此前并不存在的净的新财富"(Vashistha and Vashistha,2005,p.63)。另一家咨询公司科尔尼在外包研究专题报告中也指出,离岸外包和生产网络化在向外转移工作的同时也为美国这样的国家创造了新工作。"根据美国统计部门调查,1990—2000年期间,外国公司在美国分支机构的员工总数增加了35%,达到640万人。如今工作在纽约的德国和日本银行的金融服务人员、北卡罗来纳和阿拉巴马的BMW和Mercedes-Benz工厂的汽车工人与印度的程序员依然获得了外包到海外的工作机会。事实上,来自印度及其他地区的海外服务提供者正在北美创造工作并购买产品和服务"(科尔尼,2003,第14页)。

但是,行业工会领导人、议员和政治家、电视、报纸、大众媒体评论员以及另外一些研究人员认为服务外包对发达国家来说是坏事情。他们大声疾呼"数以百计的(美国)公司通过把美国的工作外包到成本低廉的国家来出卖美国工人"。2004年大选的民主党候选人John Kerry在竞选中提议要求企业事先公开宣布任何把工作转移到海外的计划。德国施密特总理批评外包企业"不爱国"。美国最大工会之一的美国电信职工联盟(The Communication Workers of America)的代表在2004年"世界外包峰会(the Outsourcing World Summit)"会场外抗议与会代表"可耻",呼吁"停止外包"(Corbett,2004a)。

Lou Dobbs of CNN这位以观点尖锐著称的评论员高调批评美国企业外包是"向国外出口工作岗位"。许多美国人有类似担忧,如2004年5月的一项民意调查结果显示,69%受访美国人担心外包损害美国经济,只有17%受访对象认为外包有助于美国经济(Bhagwati, Panagariya and Srinivasan,2004)。

6-5 简短的结语

虽然服务外包早已有之,当代服务外包无论在数量规模、行业分布、地域范围方面,还是对企业组织方式、地区和国家经济发展战略以至经济全球化的影响上,都表现出特殊属性和趋势。需要说明的是,由于服务外包仍然处于早期阶段,主要统计研究机构属于行业咨询研究组织,加上观察度量服务外包的困难较多,因而有关描述和定量判断的准确性还有待深入研究和评估。但是服务外包作为一种趋势,无疑是当代企业组织、经济结构和生产方式演变的一个重大现象,因而需要对其发生根源和机制进行深入分析。

当代服务外包的重要特点之一,在于外包活动出现离岸化和国际化趋势,这构成当代经济全球化的重要内容。外包推动的服务全球化,本质上是贸易深化的表现,在长期对于各国经济发展具有积极意义。然而,外包在短期会对发达国家特定行业的工作岗位产生一定程度的替代作用,因而与其他贸易深化和经济一体化进程的发展现象一样,也会通过就业结构调整带来矛盾和争论。虽然外包在美国等发达国家成为经济政策争论的焦点问题之一,但是有理由相信与经济全球化大趋势难以逆转一样,美国作为最重要的经济体最终会在争论中接受外包发展的现实,并试图由此维护和发展其全球经济领域的领先地位。

专栏 6-4

为什么美国最终会接受服务外包?

离岸服务外包潮流的兴起,意味着部分技术含量较低且便于通过互联网等现代 IT 技术转移的服务流程和工作岗位,从美国等发达国家转移到印度、菲律宾、中国等发展中国家。当代经济全球化这一新趋势的就业转移含义引起美国社会各阶层关注,美国工会、议会和媒体都发出声势浩大的抵制和反对声音,一些州的立法部门制定了限制外包法案。随着美国国内经济和政治形势的变化，抵制外包的力量有可能在一定时期进一步壮大和活跃。然而，从长期考察，有理由推测美国从自身的根本利益出发，最终会接受服务外包的现实，并使之成为巩固和发展自身经济国际竞争力的条件。

20 世纪 80 年代制造业工序外包和国际竞争给美国带来的调节压力，可能比美国目前面临的服务外包压力更大。20 世纪 60 年代美国通过设立 9800 税号实行"生产共享项目(production sharing scheme)"，逐步把制造业劳动密集型的工序环节转移到中美洲以及东亚国家和经济体。欧洲特别是日本经济在战后恢复发展，从不同层面对美国企业的竞争力构成挑战。80 年代末美国政府组织了一个包括经济学家、管理学家、战略学家等领域专家的委员会，研究分析美国如何评估和应对当时面临的挑战。委员会最后的报告虽然也在某些比较具体和细节的政策上提出更好应对全球化挑战的调整建议，但是对美国在全球化环境下实行的基本经济体制、政策和立场没有提出根本性质疑。

美国人这种"扛下去，我们没有输"的信念，随着 90 年代出现由 IT 技术的突破带来的新产业革命得到支持性验证。90 年代美国在经济前沿创新部门一枝独秀的表现以及宏观经济超越常规周期的强势增长，再次使追求大一统的欧盟相形见绌。日本经历银行坏账和金融危机冲击后，陷入漫长的不景气和衰退过程中，仿佛一夜之间失去了七八十年代咄咄逼人的气势。大概是美国人发明了"Wintelism"的说法，概括了当代产品内分工背景下争夺和维护领先地位的竞争规律新形态，也让美国人历险获胜后志得意满的心态跃然纸上。

经过制造业外包和产品内分工生产方式重组的争论，美国的战略家和主流精英更加坚定了他们的传统判断：国家实力竞争根本上是企业间的竞争，企业间竞争根本归结为制度竞争，制度竞争的基础在于创造制度的价值观和文化内核。《世界是平的》一书对美国胜出的深层根源的阐述颇有见地："我们拥有相对灵活、放松管制的自由市场经济"；"美国经济的灵活性是一笔宝贵财富，特别是在为保持竞争力必须不断调整变化的情况下。迄今为止，美国既没有屈从于经济保护主义(保护本国就业机会)，也没有降服于国家安全保护主义(排斥外来劳工)"。美国还拥有数量最多和最活跃的科研大学，高智商人士汇集于此进行创新，并且把他们的创新成果转化为产品。"网络浏览器、MRI(磁共振影像)、超高速计算机、全球定位技术、太空探测设备和光纤电缆等新发明都只是基础大学科研项目的一部分。"①

这位纽约时报的资深记者还强调,美国的优势在于"拥有全球监管最严格、效率也最高的资本市场,可以将新观点转化为产品和服务"。正如人们不无调侃地评论的:在美国是资本市场而不是政府计划部门在执行产业政策。美国"新产品和创新很容易得到风险资本的资助,这也是美国能从平坦世界的平台获益最多的重要因素。为什么呢?因为科技上的巨大突破很少由传统公司完成,发明收音机的人并没有发明电视机。哥伦比亚广播公司并没有创立CNN。Lexis/Nexis也并没有开创Google。风险资本为新产品通过市场检验的创新承担风险会鼓励创新层出不穷。另外,美国的优势还包括对知识产权的保护、最灵活的劳动法、有高度发达的信用关系和制度等"。②

这一套制度和战略的基础,是重视个人主义、鼓励竞争、约束和制衡政府权力的理念。经验和逻辑都证明,这一套具有积极功能的理念在经济、社会和文化层面都有其局限性和负面影响,但是美国人大概仍然会按照自己的价值观走下去。从国际经济竞争的角度看,美国发挥其优势以动态发展的经济环境为前提,而美国潜在优势发挥又会推动全球经济的动态发展。要外推全球技术和产业前沿边界,主导国家必须依据经济内在规律向外转移缺乏比较优势的经济活动,因而继续沿着外包——也许管理学家和咨询师什么时候又会换一个名称——往前走,应当是美国保持领先地位的重要力量。虽然美国的特定阶层和群体会从自身利益角度抱怨外包,并且这类责难一定会在美国政治和话语权竞争体系中得到充分表达,但是美国人最终会化解外包压力并接受外包。

原籍奥地利的美国哈佛大学经济学教授熊彼特提出的创新理论与我们时下理解的"创新工程"概念不同。他认为经济进步的源泉在于在竞争法则的激励下,企业和其他市场主体展开创新活动,而经济学意义上创新的本质在于"创造性毁灭(creative destruction)"。美国人最终接受外包,并非表明他们的无奈或软弱,而是折射出这个国家得以建立和保持经济强盛地位的内在力量。

---

① 托马斯·弗里德曼:《世界是平的——21世纪简史》,何帆、肖莹莹等译,湖南科学技术出版社2006年版。
② 同上。

第7章 服务外包的经济利益源泉

如果说服务外包过去近二十年获得全新发展,这一发展的原因是什么?推动这一进程的动力结构是什么?从经济分析的思路考察,外包或服务外包的兴起,归根到底是成本和利益的相对力量推动经济分工深化的结果。从微观行为层面看,个别企业是否采用服务外包,归结为预期收益和成本的比较权衡及其对企业持续赢利能力的影响;从整体经济层面看,带来时间和其他稀缺资源节约的管理方法,其具体发展过程与经济规律效应相互激荡,能够在合规律性前提下获得生生不息的自我推动力并趋于强化。

设想一个完全内置式的生产系统转变为一个高度外包型的生产系统,这一转型过程会使采取这一策略的企业获取新增利益,同时也要支付额外成本。给定技术、制度等外生性因素,上述边际利益和成本的比较决定了外包或产品内分工理论意义上的平衡点。技术和制度等外生条件的改变,则会推动上述利益和成本的相对平衡位置向有利或不利于外包扩大的方向转变。经济学与管理学的理论为理解上述利益和成本的发生来源提供了三个观察视角。

一是经济学新古典理论以及新贸易理论,侧重分析经济活动空间区位的分离通过比较优势、规模经济、学习效应带来效率水平的提升,揭示出外包即经济活动的空间展开和相对独立的分布可能产生的节省生产成本的利益。从这一角度观察,外包兴起的动力机制有可能在经济学最基本常识基础上加以讨论和解释。

二是新制度经济学的交易成本理论认为,企业对特定投入品或投入工序流程,需要考虑的是通过市场从外部购买还是在企业内部制造的问题。在生产成本相同的假定下,内部制造和自身提供会使得企业规模扩大而需要支付较高的组织成本,从外部购买需要利用市场机制而支付交易成本,理论上可以假设最后一个外包出去的投入环节应大体满足组织成本和交易成本在边际上相等的条件。这一理论强调不断扩大外包工序流程会面临交易成本上升的约束,这一视角对后面讨论承接国际服务外包的相对竞争力具有重要启示意义。

三是经济学产业组织理论以及当代企业战略竞争理论,强调市场环境的特点以及竞争对手的互动关系对企业战略选择的影响,在竞争加剧和需求快速变动的市场环境下,企业组织结构的轻便或"瘦身"能够带来应变度和灵活度增加的竞争优势,构成外包利益的又一潜在来源。依据上述思路,对当代服务外包发生机制问题,可分解为"服务外包的利益"、"服务外包的成本"、"改变利益和成本平衡因素"等三个相互联系的问题分别进行考察。

这些问题分三章分别考察。本章从经济学角度分析服务外包创造利益的来源问题。可以把服务外包的利益来源归纳为以下几类因素:一是通过比较优势效应带来成本降低的利益;二是通过规模经济效应带来成本降低的利益;三是通过经验经济带来学习效应和利益;四是通过改变成本结构增强应变灵活性的利益;五是通过生产系统网络化带来的竞争优势利益。服务外包的利益来源构成与制造外包本质相同然而具体表现方式有其自身的特点,下面的讨论也会简略比较、评论这两类外包发生机制的异同。

7-1 比较优势效应

依据经济学的理论常识,所谓比较优势是指某种经济活动能够密集利用特定国家或经济体内部比较丰裕的要素带来的低成本优势。生产过程内部服务投入,由不同类型人力资源提供。由于不同国家和经济体内不同类型人力资源的相对稀缺度和相对价格不同,在技术和其他条件许可的情况下,把不同的服务活动拆分到它们所需要的人力资源相对价格比较低的国家进行,能够通过节省成本获得比较优势利益。由于人力资源要素的相对价格在发展水平不同的国家之间差异较大,比较优势效应在离岸服务外包领域表现得最为显著。专栏7-1进一步阐述了比较优势理论概念。

专栏 7-1

比较优势理论简述

据说美国经济学大师和诺贝尔经济学奖得主——保罗·萨缪尔森在哈佛大学读书时,一位学友向他提出一个问题:所有社会科学中哪一个理论最符合既正确无误又不同凡响的条件(a single proposition in all the social sciences that was both true and non-trivial)? 这位后来的诺贝尔经济学奖得主、号称20世纪最博学的经济学家30年后才发现他认为满意的答案:满足上述条件的理论应当是比较优势原理。

他写道:"这一原理的逻辑正确性可以使数学家信服,它的不同凡响洞见则被这一事实所证明:数以千计重要而聪明的人士,从未能自行理解这一原理,或者即便被解释后也不能相信它。"另一位美国著名经济学家保罗·克鲁格曼说得更为直截了当:把受过职业训练的经济学家与其他受过良好教育的公众成员区别开来的最好标志,是前者会在政策思考中运用比较优势原理及其暗含的赞同自由贸易的思想。虽然他们的说法不无夸张,然而比较优势理论在经济学中占有不同寻常的地位,却是一个基本事实。

比较优势是与绝对优势对应的概念。绝对优势建立在生产的绝对成本的比较上。如果一国生产单位数量的某种商品使用的资源的绝对量较少或效率较高,那么它在这种商品生产上具有绝对优势。例如,巴西能以较低成本生产咖啡和香蕉,美国则能以较低成本生产飞机和精密机床,因而,巴西在咖啡和香蕉生产上具有绝对优势,美国则在飞机和精密机床的生产上具有绝对优势。很容易理解绝对优势与国际贸易之间的联系。各国都需要通过贸易获得他们很难生产的产品:加拿大需要进口咖啡,日本需要进口石油,科威特需要进口飞机等。

比较优势建立在生产活动的机会成本基础上。如果一国生产某种商品的机会成本低于其他国家,则该国在该生产上有比较优势;反之,如果一国生产某种商品的机会成本高于其他国家,则缺乏比较优势。作为经济学的基本理论之一,比较优势原理的中心命题是:一个国家即便在每一种商品的生产上都不具备绝对优势,它仍然会在某些领域享有相对比较优势;不仅各自具有绝对优势的国家有可能通过交换增加福利,具有比较优势的国家同样可以通过贸易增加福利。因而,一国即使在所有产品上都比其他地区拥有更高的生产率,它仍然需要与其他国家进行贸易;同样,一国即便所有产品的生产率都比较低,也仍有理由参与国际贸易。这是一个与成见相左并有重要实践含义的命题。

第一个说明不仅绝对优势而且比较优势也能成为贸易源泉的人,是19世纪早期的英国古典经济学家大卫·李嘉图(David Ricardo)。他在仅需要劳动一种生产要素的假设条件下,用几个数字为例简要阐述了这一原理。20世纪初,瑞典经济学家赫克歇尔和俄林(Heckscher and Ohlin)在考虑多种要素作用的基础上,重新表述了比较优势原理。依据赫克歇尔-俄林模型,决定比较优势从而决定贸易原因的因素中,最重要的是要素禀赋(factor endowment)。要素是对生产过程发生作用的各种有形、无形因素,如自然资源、知识资本、物质资本、土地、熟练与非熟练劳动力等,要素禀赋则指一国(或地区)实际拥有的要素总量和结构。某种产品或行业的生产活动是否具有比较优势,取决于它们能否比较密集地利用该国相对丰裕的要素,取决于它们生产的成本比例是否与该国要素结构相一致。越是能密集利用一国丰裕要素的生产项目,越具有比较优势;反之,越是需要密集投入一国相对稀缺要素的生产项目,则越是缺乏比较优势。

这一理论的贡献在于,它从要素结构层面进一步解释了比较优势的来源。由于可以对基本要素如土地、资本、劳动的相对丰裕程度进行度量,因而这一理论对利用要素和贸易数据对比较优势原理进行检验提供了可能,从而使得比较优势原理更为完善和更有说服力。例如,这一理论对于揭示我国现阶段经济发展的某些规律性现象具有重要意义。与世界其他国家特别是经济比较发达国家相比,我国现阶段的要素禀赋具有劳动密集、资本短缺和土地短缺等特点,因而在劳动密集产品和行业具有较多的比较优势。它在很大程度上解释了为什么我国在纺织业和其他技术含量较低的制成品加工部门处于净出口地位,而在资本和技术密集的行业如精密仪器、飞机等部门,则处于净进口地位。

比较优势原理对国际产品内分工和离岸外包也具有重要解释作用。如果不同工序和流程的投入要素的数量比例要求不同,那么把不同工序和流程配置到投入要素的相对价格存在显著差异的国家,有可能节省生产成本从而实现比较优势效益。中国承接加工贸易、发达国家制造业生产工序和区段活动的转移或外包,印度参与软件和服务特定流程活动,承接发达国家服务流程外包,背后都体现了比较优势这一经济学规律的作用。

发达国家的企业进行离岸服务外包的基本动机之一,是利用发展中国家成本较低的普通劳动力、一般技术员工及工程师等各类人力资源。例如,美国一个数据录入员每小时的工资为20美元,在印度则不到1美元,因而把数据录入和呼叫中心之类的服务转移到低收入国家能够节省生产成本。低收入国家的某些劳动力成本优势,还表现为这类劳动力更容易招聘,并且员工具有较强的工作积极性和自我激励,因而能够进一步节省招募人员的交易成本,并创造更高的劳动生产率。①

比较优势原理对当代软件生产的国际分工现象具有重要解释作用。可以用图7-1的软件生产"瀑布模型(waterfall model)"讨论这一点。"瀑布模型"把软件生产过程分解为若干流程和区段,最高段的需求计划和分析又称为软件"定义阶段",需要复合型专业人才的密集性投入,这一般由高端咨询公司承担。编码和工序流程测试对员工技能的要求比较低,按照印度经验,对高中或专业职业学校的毕业生培训半年到一年,就可以胜任这类工作。由于软件生产不同区段的员工投入要素的结构差异很大,而不同国家、不同类型的人力资源禀赋结构以及相对价格差异很大,因而把技术程度较低的投入工序外包到员工成本较低的国家进行,能够通过比较优势带来成本节省或效率提升。20世纪90年代软件服务外包风起云涌时,一个软件编码和测试人员在美国每个小时的工作报酬至少要20—30美元,在印度只要2—3美元,这构成推动印度成为软件接包大国的基本因素之一。

---

① 比较劳动力成本时需要考虑同样的工作在不同国家相对工资水平的差异,一般来说在穷国从事外包服务的工人收入属于中产阶级甚至中上等(Vashistha and Vashistha, 2005, p. 56),劳动者素质中包含较高人力资本,因而可能改进质量。而同样的工作在发包的富国属于低端工人的工作,因而用平均工资进行比较会发生高估相对劳动成本差异的偏差。

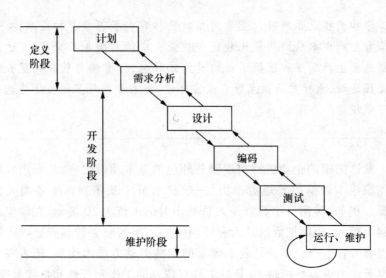

图 7-1　软件开发生产的"瀑布模型"

说明:引自周之英(2002,第 58 页)。

遵循比较优势规律制定发展战略,并不会像一些评论人士推论的那样,注定锁定在低端和落后阶段。相反,无论是一个国家还是一个企业,在进行技术、市场、产品、工序的具体选择时,只有重视资源相对价格的约束并找准比较优势定位,才有可能发挥竞争优势并获得较高积累,并在动态过程中逐步改变资源禀赋结构,更好地发挥后发优势和实现追赶目标。另一方面,也不应当把发挥比较优势因素看作是包治百病的灵丹妙药,企业的市场表现最终要取决于能否具体发挥其竞争优势,遵循比较优势是发挥竞争优势的必要条件而非充分条件。专栏 7-2 进一步讨论了比较优势与竞争优势的关系问题。

专栏 7-2

比较优势与竞争优势

管理学者强调企业的成功之道离不开通过战略性管理决策谋求竞争优势(competitive advantage),经济学者提示企业确立可持续的经营方针需要重视比较优势(comparative advantage)规律的作用。一个是竞争优势范式,一个是比较优势概念,虽然二者在应用对象方面不无交集,在学理源流上也有交叉,甚至名称也颇相似,然而两类学说的研究人员,很少有思想和知识的正面交流和沟通,而是通常以英国式的"礼貌"风度,保持"井水不犯河水"的距离,或是带着陌生和疑惑眼光看待对方的观点。

在对企业行为的理解上,竞争优势和比较优势之间,是否存在泾渭分明的此疆彼界?还是彼此有不相容的矛盾对立?抑或是相互兼容和互补关系?在三种理解中,笔者倾向于后一种观点。我的看法是,二者主要的区别在于,竞争优势在本质上是"企业特有的优势(firm-specific advantage)",比较优势在较大程度上是"与区位相联系的优势(location-specific advantage)",但它们对于企业的经营策略都具有重要意义。

比较优势是经济分析的一个重要概念,它建立在不同地区、国家的要素相对成本差异的前提下。由于资源和要素的空间流动受到种种限制,因而不同国家、地区的资源组合或禀赋结构不同,而要素稀缺度的区别又决定了要素相对价格或相对成本的差异。比如说,发达国家的资本存量大、科技教育发达,资本和熟练技术人员等要素的相对成本较低,而发展中国家一般劳动力的相对成本较低;类似的差别在我国东部和中西部之间在一定程度上也存在。新大陆国家的人均耕地面积较大,耕地资源的相对成本较低,而人多地少的国家则相反;类似的差异在我国东北地区和东南沿海地区也存在。

所谓比较优势或比较劣势,是指特定产品或生产区段的生产经营活动所需要的投入品组合,与给定国家和地区的要素禀赋和相对价格是否相互匹配。如果二者具有一致性,则符合比较优势;反之,则是比较劣势。企业的市场定位决策,应尊重比较优势规律,这实际是一个平淡、朴素的要求。例如,对于中国企业在制造业的定位选择来说,在人均资本存量水平较低的经济发展较早阶段,要尽量选择密集利用劳动力的加工和生产环节,把需要投入10亿美元研发一种新药品、50亿美元开发"铱星"这类项目让给财大气粗的老外。对中国农民来说,东北农民可以发挥耕地资源较多的比较优势,生产需要密集投入耕地的大宗农产品,山东、福建农民则应较多生产需要耕地投入较少的蔬菜、水果和水产品。甚至一个律师虽然打字和诉讼能力都比秘书强,但他

(她)还是应把打字这类活计派给秘书,自己集中精力打官司,这样的生活常识都可用比较优势原理解释。比较优势与其说是深奥的道理,不如说是常识,而常识在其适用范围内无疑应受到尊重。

但是比较优势理论解释企业行为存在一个基本局限:要素结构和价格是与特定区域相联系的属性,而不是对于个别企业来说具有排他性的属性;违背比较优势规律,确实会降低企业成功的机会,但即使企业都按照比较优势决策,比如很多国内企业都选择了劳动密集型行业或产品,也并不能保证它们都能在市场竞争中胜出。比较优势作为"与区位相联系的优势",可能被一组或一批企业共享,因而这一因素本身,不足以充分说明这些企业市场表现的高下、胜负。竞争优势概念则对此具有更为丰富的解释力和适用度。

竞争优势是随战后企业战略学说的产生、发展过程提出的一个战略管理概念,对此虽有不同解读,但大体是指企业在超出运营效率之外,通过对有关互动性、全局性(部门间)、转折性和长期性决策的运用,增强自身特有的核心竞争力,从而在市场竞争环境中处于有利和优胜地位。按照这一领域最著名的学者——迈克尔·波特(Michael Porter)教授的理解,竞争优势包括三个元战略(generic strategies):总体成本领先、细分化和聚集注意力。依据对20世纪90年代以IT为主流的新经济高涨现象的观察,波特教授近年又提到元战略还应包括需求方面的网络效应。更具体地看,每一个元战略背后又有若干来源和制约因素,影响到元战略的实施可能性和效果。与特定企业相联系的不同部门、产品、可控资源组合等特殊属性,使不同企业的元战略选择的实际组合千变万化,演绎出企业战略竞争领域日新月异的生活剧。

就说成本优势,企业通过"十八般武艺"的个性化选择空间,都可能取得"条条大路通罗马"的成本优势效果。例如,如果生产成本结构具有特定属性,则企业可以凭借规模经济获取成本优势;如果多元化扩张能够降低成本,则可以依据范围经济的思路获取成本优势;还可以凭借先行进入和经验积累带来的学习效应,以求成本优势;如果你的产品碰巧像微软操作系统那样,既有极强的需求方面的网络效应,又兼有供给成本方面的规模经济,那么成本优势就可以达到"赢家通吃"的无人之境了。

不仅在路径选择上,竞争优势对企业个性化的发挥提供了广阔天地,而且在每条路径上,不同企业仍可能有不同表现。同样是利用规模经济以降低成本,新天地通过改变版税的成本结构来反盗版,德国大众公司则筚路蓝缕地在中国培育大量供应商从而率先获得规模产出,二者的卖点大不相同。从获取范围经济的成本优势来看,中教仪器总公司兼卖投影仪(overhead projector)和视频展示台(video presenter);联办兼营不同杂志和网站;戴尔最近把它从卖电脑的营销模式扩展到打印机和数字摄像机,其具体手法也大体相同。竞争优势的概念内涵,更多地与企业个性化的特殊竞争力和潜在赢利能力相联系。以运营中的企业作为顾客对象,管理学者淡化了比较优势而强调竞争优势,自有其道理。

然而,即便在企业管理和经营决策层面,比较优势原理也仍有应用和评价的作用。例如,我国企业在考虑海外投资选择时,无疑需要仔细考虑企业将要从事的生产经营活动及其要素投入要求与投资对象国的资源禀赋和要素成本结构是否匹配的问题。由于国际间要素流动性更低、要素成本结构差异更大,比较优势原理对外向投资决策具有更为重要的意义。美国经过几十年调整,逐步把家电生产转移到其他低成本国家,如今到那里投资生产冰箱、电视,可能难以发挥比较优势;但到美国搞家电研发,也许有比较优势。

不同于新加坡这样的城市国家,也不同于韩国那样的岛国,我国幅员辽阔,不同地区的要素禀赋结构存在很大差异,适应特定经济活动特点,选择适当的区位,对于企业发展具有重要意义。德隆当年生产的西红柿酱在意大利和其他国外市场上销路不错,既与新疆得天独厚的农业气候和资源有关,也由于较好利用了这一产品加工过程的劳动密集性要求。在西红柿酱的加工中,如何把个别质量不好的西红柿挑拣出来是一个不大不小的问题;由于这一工序难以通过资本替代劳动的机械化和自动化方法处理,从而使劳动密集的简单"挑拣"活动,在西红柿酱的整个价值链增值流程中重要性上升。

比较优势原理对国有企业改革更有借鉴意义。我国国有企业问题,无论其终极原因来自体制或是战略,直接表现往往是经营的部门和产品违背了比较优势原理,因而在竞争性市场环境中缺乏"自生能力"(林毅夫教授用语)。改革的调整过程需要对症下药,无疑也要注重比较优势原理。

7-2 规模经济效应

所谓规模经济效应,指特定企业在单位时期内的产出数量与平均成本的反向关系,即产出数量越大平均成本越低,因而可以通过扩大一定时期内的产出数量来实现降低成本的利益。制造业和服务业很多产品的生产过程具有不同程度的规模经济,如制造业的汽车、飞机生产具有较强的规模经济,导致这类行业的集中度很高;服务业、银行业、保险业也有较强的规模经济,促成这些领域的大型厂商出现。①

特定产品生产过程中的不同工序和流程的最佳规模可能存在差异,如果采用高度内置式(in house)生产方式,把所有工序流程纳入同一空间点的生产系统中展开,就只能选择某个关键环节的最佳规模作为整个系统的规模,不能同时实现多个工序的最佳经济规模。通过外包把一体化生产系统拆分为以特定工序和流程为基本单元的产品内分工系统,则可能通过同时实现更多工序流程的最佳规模达到成本节省目标。例如,汽车制造座椅、发动机、总装等零部件和工序的最佳规模各不同,如果像20世纪初期老福特时代采取高度一体化的生产方式,在一个工厂内部完成所有工序,则只能由最后的组装规模决定整个生产系统规模,难以实现发动机、座椅等零部件的最佳规模。当代汽车业产品内分工的基本原理在于把汽车生产流程打开和拆散,分配到不同空间和不同国度完成,同时获得比较优势和规模经济利益。②

图 7-2 直观地表达了经济效应作为外包利益来源的经济学原理。假定某产品需采用四道工序生产,每个工序的成本属性派生出各自最佳规模水平的差异,并由左边通过四道工序平均成本线最低点的不同

---

① 据业内机构研究,贷款的办理成本对于每年办理几十项贷款的"小型支行"来说,每办理一笔贷款的平均成本为 1 087 美元;对每年办理 190 项贷款的"中型支行"来说,每办理一笔贷款的平均成本下降到 906 美元;对每年办理 1 500 项贷款的"大型支行"来说,每办理一笔贷款的平均成本下降到 722 美元;对每年办理 18 000 项贷款的大银行来说,每办理一笔贷款的平均成本下降到 493 美元;对每年办理 52 000 项贷款的大银行来说,每办理一笔贷款的平均成本下降到 334 美元。银行每年办理贷款的数量越大,成本越低。(见赖淑珠:《跨国公司服务外包的行业趋势及中国的发展机遇》,商务部服务外包培训,2004 年 12 月)

② 卢锋(2004a)把汽车业作为当代制造业产品内分工的一个重要行业案例加以观察和分析。

产出水平表现出来。横轴右边部分用间隔宽度表示不同工序在整个生产过程中相对数量的比重,纵轴表示不同工序活动的平均成本。如果采取工厂内内置式分工的方式生产,即便没有市场需求规模的约束,整个生产系统的最佳规模也只能由某个工序的最佳规模决定。假如第一道工序的最佳规模决定了整个生产过程的最佳规模,其他三道工序就要在偏离最佳规模的数量水平上进行。图右部的不规则多边形表示生产总成本,其中A、B、C的面积表示不允许每个工序在最佳规模进行所发生的机会成本最大值。换言之,如果能够进行产品内分工,这部分成本构成了潜在的资源节省对象或利益来源。

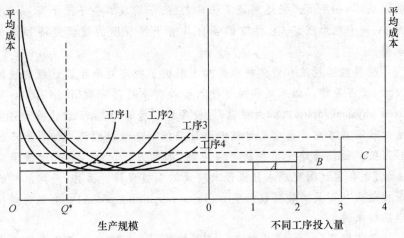

图 7-2 规模经济与外包的利益源泉

说明:图形引自卢锋(2004b)。

规模经济对于一个大国经济崛起具有极为重要的支持作用。专栏7-3结合美国经济崛起的历史经验讨论了这一问题。

专栏 7-3

规模经济、范围经济与美国经济崛起

规模经济(economies of scale)作为微观经济学的一个基本概念,指产出上升幅度超过投入品成本增加幅度的大小,因而在规模经济运营区间产量增加带来平均每单位产品生产成本的下降。规模不经济(diseconomies of scale)则是产出上升的幅度低于投入品成本增加的幅度,意味着增加产量面临平均生产成本上升的约束。平均成本最低点对应的产量水平称为最佳规模或有效规模(efficient scale of production)。

现实经济生活中到处都有规模经济事例。一本书印得越多,平均成本越低,因而利润总量越大,于是销量过亿的畅销书《哈利·波特》的作者——那位曾经领取救济金的英国单身母亲成为最富有的女性之一。一个产能设计为30万辆大型汽车的组装厂,或者年产500万吨钢的钢铁厂,在年度产能达到最佳规模之前,平均成本会不断下降。一所大学、一个电影院、一家餐馆都各自具有不同程度的规模经济和最佳规模。

规模经济程度和最佳规模的大小取决于特定对象生产过程的特殊技术、经济条件。如果某些固定投入品具有不可再分性(indivisibility of fixed physical inputs),如大型机器、设备和厂房等,则由于这些投入品发生的较高成本在产量增长过程中通过分摊带来规模经济。如果生产过程需要先行投资建造某种特定供应网,如电力、天然气、自来水等供应系统,也会通过固定成本分摊带来较大的规模经济。另外,采购原料的规模较大从而具有较强议价能力(Price bargaining power)也会成为规模经济的来源。

范围经济(economies of scope)指如果一个厂商生产两种或更多产品,且其成本低于由不同厂商分别生产这些产品的成本之和,则表示存在范围经济;否则是范围不经济(diseconomies of scope)。如果正大公司同时生产鸡蛋和鸡肉的成本比两个企业分别生产鸡蛋和鸡肉的成本之和要低,那就存在范围经济;大学同时提供教学服务和研究产品,汽车厂生产客车和货车,都可能存在范围经济。两种或更多产品的生产过程在投入品利用和营销领域存在某种交叉性,从而构成范围经济的重要来源。例如,钢铁厂用废渣生产建筑材料,使炼钢和某些建材生产具有某种范围经济;旅行社同时提供国内和国外旅游服务;许氏西洋参公司针对中国内地和各地华人的业务兼做西洋参、钙片和维生素片则明显具有某种利用范围经济的意味。

规模经济和范围经济对19世纪后半期到20世纪初叶美国经济的

崛起具有很大的解释能力。19世纪初美国还是一个以农业为主的相对落后的国家,它通过引进当时欧洲的先进技术开始了工业革命,到1870年工业生产已经占到全球2成以上,仅次于当时最强大的英国。随着南北战争后美国国内市场的统一以及近代经济全球化的扩张,美国经济进入快速起飞和崛起阶段。到20世纪初美国工业生产已占到全球的30%,1913年第一次世界大战爆发前,这一指标达到36%,已稳居世界最大经济体地位(Chandler, 1990, p.4)。

哈佛商学院经济史专家钱德勒教授深入研究美国经济崛起的进程后,在《看得见的手》、《规模和范围》等著作中提出了一系列的独到观察和解释:一是在企业规模上,第一次在很多领域出现大批雇员超过万人的大型企业,标志经济成长进入大企业主导和推动的新时期。二是在企业组织结构上,随着企业规模的扩大出现大批获得薪酬的管理人员阶层,企业运营从企业所有者手中逐步转移到经理人阶层手中。三是在产业结构和技术层面,以铁路和电报为代表的新技术和新产业发展,构成上述企业规模和组织结构演变的基础。四是从经济理论观察分析的角度看,上述半个多世纪波澜壮阔的经济史变革,可以用"规模经济"和"范围经济"进行理论透视和概括。

从这一大历史视角观察,虽然当代外包和产品内分工直接的影响表现为对第二次产业革命中奠定基础的某些巨型企业的冲击和结构再造,然而这并非意味着规模经济和范围经济失去作用。如本书中有关部分的阐述,特定加工工序与服务流程存在不同程度的规模经济,外包使这类工序和流程独立和专业化,有可能节省经济成本并有助于较早采用这类经营方法的企业增强竞争优势。

参考文献: Alfred D. Chandler, JR., *Scale and Scope*: *The Dynamics of Industrial Capitalism*, The Belknap Press of Harvard University Press, 1990; Alfred D. Chandler, JR., *The Visible Hand*: *The Managerial Revolution in American Business*, The Belknap Press of Harvard University Press, 1977; 卢锋《经济学原理(中国版)》第6章,北京大学出版社2002年版。

在服务外包场合,这类规模经济以两种特征性的方式表现出来。一般来说,IT服务或商务流程服务,需要某种专业人才的组合团队来提供,如果局限于为本企业内部提供服务,则难以达到规模经济;反之,如

果通过外包由专门服务提供商来提供服务,则可能通过规模经济获得成本优势。规模较大的外包商有可能在与效率目标相一致的前提下拥有配备种类齐全和水平专、精的技术和专家团队,用他们的知识技能为众多客户服务。服务提供团队的组合条件构成规模经济的一个来源。

规模经济创造服务外包利益还有一类特殊情况,就是在某些经济领域只有大规模运作的服务提供商,才可能在一国甚至全球范围提供标准性能和质量稳定的服务。本书引言提到 IBM 与我国铁路部门组建的"蓝色列车",具有在铁路沿线广大范围提供移动、综合维修服务的能力,如果设立在柯达这样个别企业内部作为内置式生产方式的一个环节显然不符合经济合理性的要求。全球大型 IT 服务厂商如 IBM、HP 等,在世界各地可以依据统一方法和标准提供外包服务,这是一般本地 IT 公司难以具备的能力。例如,微软公司的全球桌面系统支持由 HP 坐落于都柏林、迪拜、科罗拉多州的三个全球性区域服务响应中心提供每周 7 天、每天 24 小时(7×24)的服务。由于空间地域广泛覆盖的标准化服务对于某些服务发包商具有重要意义,所以,这类规模经济效应具有相应的市场价值。从这类现象观察,规模经济因素对服务外包的影响可能比制造外包的影响更大。

7-3 经验经济效应

经验经济或学习效应,指职员在实际工作和业务操作过程中,通过积累经验和提升技能带来的成本降低和效率提高的利益。熟能生巧的学习效应,往往与职员完成的累计产出数量具有正向关系。[1] 对于承担特定服务投入的专业人员,在一个"内置式"生产系统中工作与就职于专门服务提供商相比,后者通常会因为业务内容多样化或者密集度较高,在实践中获得较强的学习效应。例如,医生的医术和生产率,一定程度上取决于他们接诊病人的数量以及由此带来的经验积累。正因为如此,若每个机构自行配备内部医生,就难以在经济合理性的前提下雇

---

[1] 因为经验和熟练程度等因素难以度量,所以用通常与之密切相关的累计产出数量作为它们的代表。规模经济是对特定时期定义的流量概念,学习效应是对某个时点定义的存量概念。

佣一流医生，而需要通过"外包"方式购买外部专业医生的服务。依据类似道理，通过服务外包使专门人员在一个更大的市场平台上接受更多的市场合同和处理更多服务个案，能够显著提高专业服务水平和生产率。

从业内经验看，较大服务外包关系的形成和稳定，通常需要 1—3 年的磨合期。长期磨合的必要性，一方面是因为需要处理服务活动由内转外过程中相互协调之类的组织转型问题，另一方面也与服务提供商需要了解不同客户各自具有的差异化和个性化需求有关，因而实际上包含获得学习效应的过程。学习效应构成服务外包提供商培育自身核心竞争力的关键因素之一。

研究人员指出，外包商面对各种各样的客户和环境，无论在深度和广度上都有单个客户无法比拟的经验。外包商可能经历过多次结构再造和转换，而这种情况对某公司来说可能仅仅经历过一次。这好比最好的外科医生应该是日复一日地做特定领域大量不同手术的大夫。同样，那些不断完成艰巨工作任务的外包商比那些较少或仅从事过一次这种工作的人更具有优势。……另外，在特定领域的专业化、处于更有吸引力前沿等因素也说明了经验的重要性。（Klepper and Jones，1998，第 24—25 页）

7-4 结构"瘦身"效应

服务外包与制造外包有一项重要利益——有助于企业通过资产简约和成本瘦身调整以增加应对市场变动的灵活性。在市场需求不断变动的环境中，厂商需要调整其产出结构。由于投入和成本结构不同程度地存在沉没成本①，所以资产处置和结构调整通常会带来调节成本。将非核心服务业务通过外包转移出去的企业，能够在核心资产基础上较快调整产出组合以适应市场变动。反之，如采用高度内置式生产方式，那么面对外来市场需求的冲击，则会因为"尾大不掉"效应难以迅速

---

① 经济学中的沉没成本是指企业退出特定生产和市场时对某些固定支出项目不能变现回收而发生的成本。一般认为广告支出费用、专用性固定资产、办公楼企业标识物等通常在较大程度上具有经济学意义上的沉没成本属性。

调整而发生更大成本。因而,在其他条件给定而需求快速变动的市场环境下,外包可能带来较大利益。① 反之,如果消费者偏好和市场环境相对稳定,外包的成本结构特点则不具有实际利益,而有利于内置式生产和组织方式。

与结构瘦身紧密联系的利益来源,是企业真正变成每周 7 天、每天 24 小时不间断工作的"24/7"型企业。企业不再处于特定时区,也不再是 9 点上班 5 点关门。企业的工作时间无需通过加班而自然延长,有助于更好应对外部环境变动的冲击。

7-5　生产网络化效应

外包派生的生产网络化局面还会给企业在寻求竞争优势方面带来潜在利益。服务外包与制造外包把内置式生产方式转变为网络型生产系统,其他企业进入网络困难,为网络内企业带来某种有利影响。在竞争性市场中,企业的任何赢利性商务模式,通常都会面临被其他厂商模仿并导致利润耗散的竞争压力。采用内置式生产结构的企业,也可以通过规模经济、学习效应、技术专利、诀窍和商业秘密等手段,为自身的赢利性经营活动高筑起进入壁垒并展开战略竞争。网络化生产方式则提供了又一道进入壁垒,对遏制外部企业的模仿产生积极作用。

网络化生产系统对网络内部企业提供的壁垒效应或利益与两方面因素有关。一方面,对现有网络进行边际调整和改进相对容易,网络化生产过程形成所具有的学习效应类似于技术诀窍作用,使网络化与内置式生产相比获得了加强竞争优势的利益。另一方面,建立或参与生产网络所包含的不同程度学习效应,意味着进入新网络需要支付学习和转移成本,因而对参与网络性生产方式的企业具有内在锁定效应,并产生某种进入壁垒作用。

---

① 林毅夫等(2004)在分析需求不确定性情况下最优资本配置的问题时,把外包行为引入到模型中,证明外包具有风险转移机制。该论文发现,与其他情况相比,外包的可能性使得厂商在市场需求波动的情况下只需进行较少的自身生产能力投资。

第8章 服务外包的经济成本约束

服务外包带来利益的同时也会发生额外成本,这些成本大体被经济学广义交易成本的概念所涵盖。新制度经济学理论把企业看作是为赢利目标建立的具有完全可存续期的制度安排,企业首先要解决剩余索取和剩余控制等产权界定问题[①],此外还要考虑特定投入品是自己生产还是外部购买即外包(make or buy)的问题。"什么活动是需要作为组织的组成部分加以协调的,什么活动应当分包。从理论上讲,每一天的劳动力都可以在劳动力市场上雇到,所有的资本都能在市场上定期地借到,每一批投入要素都能单独购进,而所有的产品都能在公开市场上标价和出售。但是如科斯在1937年论文中所分析的,这样一种调度生产资源的方法将造成极高的交易成本。例如绝对依赖一次性契约会造成巨大的信息成本;在每一笔交易中,都必须就新契约进行谈判,并监督和执行新契约"(柯武则、史漫飞,2000,第318页)。

按照这一分析思路,外包发生的额外运输、旅行、风险等成本都是广义交易成本。交易成本的高低及其分布特点,对外包发生的广度和深度具有根本制约作用,对发包方选择合作伙伴的行为具有重要解释作用,因而对后面考察我国承接国际服务外包相对落后的根源具有借鉴意义。

[①] 就企业等经济组织来讲,具有决定意义的问题是:谁享有最终利润(residual profits)或承担可能的亏损? 如果拥有一个组织的合伙人不止一个,该如何分配利润或亏损? 随之而来的问题是:谁控制组织的短期经营和长期经营? 如果所有权和管理权是分离的,所有者如何控制经营者?(柯武则、史漫飞,2000,第315、317页)。前面两点为剩余索取权问题,后面两点为剩余控制权问题,二者合称为企业产权的基本内涵。

8-1　商务运输成本

外包"由内转外"意味着生产过程在一个更广大的空间展开,由此派生了额外的运输量和运输成本。运输成本是制约制造外包活动的关键因素之一。制造工序活动通过外包拆分和空间展开,通常需要原料、零部件和中间产品在不同空间点、区域甚至国家之间来回调运,从而比高度内置性生产方式产生一个更大的货物运输成本。

新增货物运输成本大体包含三项内容。一是可用货币价格表示的运输费用。二是运输过程耗费的时间。运输时间成本虽然没有直接用货币价格表达,但是对于企业是否外包、外包给谁等决策具有重要意义[①]。三是在离岸外包场合,涉及货物运输的过境交易成本,包括关税以及通过海关过程中发生的非关税成本。

需要说明,这类对制造活动外包具有重要意义的成本约束因素,对于服务外包影响较小。服务外包也可能伴随或派生某些货物贸易,因而会发生货物运输成本,但就其本身内容来说,货物运输通常不是主要的成本项目。货物运输成本制约作用的差异,是制造外包和服务外包的重要区别之一。在这个意义上,服务外包中发包方选择承包对象对其所在位置距离的远近敏感度较低。不过,服务外包场合更需要技术和管理人员面对面交流,派生较多人员的商务旅行,因而与完全内置式生产方法相比会由此发生额外成本。

8-2　信息交流成本

外包伴随的生产过程空间展开,会派生额外信息交流量,因而会在信息技术和通讯价格给定的前提下发生额外信息成本。某个产品生产过程分拆到不同空间位置、地区甚至国家后,为协调供应链运转需要大

---

①　一项对美国贸易数据的计量分析表明,从贸易商评价的角度看,制成品贸易平均节省一天时间,带来相当于0.8%货物从价税的利益,参见卢锋(2004a)第4节讨论和引用的文献。

量密集的长距离信息交流和沟通。无论是制造外包还是服务活动,都需要长距离信息交流来协调。

对于服务外包来说,信息交流量额外增加的潜在成本制约因素,由于两方面特点而更具有决定性意义。服务外包活动对发包方和接包方之间密集的沟通协调提出了更高要求。外包合同尤其是服务外包合同通常具有经济学意义上的不完备合同属性,有关服务内容、标准和要求难以在 SLA(service level agreement)中准确无误地事先陈述,因而需要在服务提供过程中通过不断讨论、沟通而逐步清晰化。因而,协调服务外包通常需要更为密集的信息交流。

更为重要的是,不同媒介方式的信息交流和传递,对消费者或生产者本身位置的改变具有某种替代作用,从而有可能超越很多服务提供和消费对提供者和消费者所处位置的特定要求,从而推动服务外包的发展,并使越来越多的服务领域发生"可贸易革命"。例如,数据输入工作的离岸服务外包,可以通过数字信息跨国流动代替人员流动来实现。呼叫中心的离岸服务外包,可以通过语音信息交流代替人员流动来实现。甚至医生的诊断服务也可以通过当代视听传播手段,无需医生与患者在同一现场就可以提供服务。这些服务外包的出现和发展,都以不同媒介信息交流的数量史无前例地增长作为代价或前提。

8-3 潜在风险成本

外包会给发包企业带来新的风险,构成外包的又一成本约束。例如,特定服务流程外包后,其稳定供应会更多受到发包企业不能直接控制的因素影响,如果由于某种原因发生扰动和中断,可能给发包企业带来冲击并造成损失。外包要求发包方把某些内部信息委托给外部企业利用或处理,给定有关信息和知识产权保护制度的有效性,关键信息和技术不同程度地面临外泄和流失的风险。另外,交易成本理论提示,在缺乏约束机制的交易过程中,发包企业面临合作伙伴要挟等潜在机会主义行为带来的风险成本。①

　　研究人员把金融机构外包操作可能面临的风险分成不同类别。一是战略风险,第三方可能会为了自己的利益而从事与被监管机构的总体战略目标不一致的活动。二是声誉风险,第三方提供劣质的外包服务,导致发包方声誉受到负面影响。三是法律风险,如未能遵守保护顾客隐私的法律,未能遵守消费者法和谨慎监管法规。四是缺乏适当的退出战略风险,可能由于对供应商过分依赖,导致金融机构内部已经没有将外包业务收回来自己经营的相关技术力量,或者外包合同条款中迅速收回外包业务的成本变得异常高昂,技术力量缺乏使得将外包业务收回的能力不足。五是信息风险,外包妨碍金融机构向监管者及时提供数据和其他信息,为监管方了解外包供应商的活动增加了额外困难。

　　金融外包风险的某种罕见或极端情况,是承接外包企业的个别职员利用职务之便实施网上盗窃,2006年印度银行业务外包企业的职员盗窃客户存款案件为此提供了一个具体案例。

专栏 8-1

印度外包职员盗窃客户存款案及其影响

　　MphasiS（MphasiS BFL Ltd.）是一个总部设立在印度班加罗尔的印度服务外包公司。2004年12月,该公司呼叫中心的四名员工窃取了该公司为之提供服务外包的花旗银行美国客户的PIN口令号,然后与印度其他同伙合谋在印度用虚假身份号码设立账户,随后4个月中不断从花旗银行客户的账户中转移钱款。

　　后来一位美国客户的投诉帮助花旗银行发现了异常现象,该银行

---

① 机会主义描述人们追求最大化满足的短期行为。它不顾及这类行为对他人的影响,也不顾及一个共同体内公认的行为规范。这种行为具有离心性的、从而有害的长期后果,它使人们的行为在长期内变得难以预见。例如,靠偷窃、赖账来满足一个人的欲望就是机会主义的行为。……制度所包含的惩罚性内涵,其积极作用在于抑制机会主义。（柯武则、史漫飞,2000,77页）

在孟买的调查服务机构确认在 Pune 银行开设的接受被盗存款的账户为虚假账户，Pune 警察局"网上犯罪科"（cyber crime cell）很快实施对犯罪嫌疑人的抓捕。2005 年 4 月 1 日，两名嫌疑人在 Pune 的合作银行把盗窃款项换成卢比兑取时被警方拘留，其他嫌疑人也相继被捕。该案涉及被盗存款总共有 42.6 万美元，案发后有 23 万赃款被追回，成为媒体报道的第一起涉及国际服务外包的金融盗窃案件。

MphasiS 雇佣花旗前高管人员，帮助获得花旗外包合同。2002 年 MphasiS 给国际雇员的价格是每小时 18 美元，显著高于一般企业每小时 15—16 美元的价格。据该企业代表此前宣称，考虑该公司呼叫服务中心工作的安全性与可靠性，这一价格是合理的。案件发生后，MphasiS 有关负责人用邮件这样回复质询："虽然我们对案件的发生感到遗憾，但是同时很高兴地看到，发现犯罪系统有助于有效的工作，有关方面迅速交换信息导致快速破案。虽然这类事件在其他地方也不幸地发生，但是及时而有效的执法保证使人们无需担心罪犯或潜在罪犯可以逍遥法外，从而使整个系统的信誉得到维护和提升。"

由于有服务外包公司员工的参与，这一网上金融犯罪案件引起人们对印度承接服务外包安全标准的广泛关注。美国该行业著名研究机构 Forrester 甚至预测这一事件将对未来服务外包的影响达到业务规模的 30%。案件的调查警官指出，这起经过精心策划的案件显示现行管理体制存在漏洞。相关检查发现确实存在不少漏洞。例如，安全专家发现有八成 BPO 企业没有建立一体化的安全管理工具。检查人员发现有的企业离职雇员的个人身份证件（ID）仍然存在，有可能被误用。从行业角度看，BPO 是一个朝阳行业，每年增长 30%，雇员年轻，每年员工的流动率超过 40%，因而对企业的忠诚度比较低。

印度呼叫中心纷纷采取措施加强监管，业内人士呼吁对 BPO 实行更严格的监管并实行更有效的网络法律（cyber laws）。呼叫中心采取的措施之一，是对求职者实行更为严格的背景审查。一家呼叫中心的负责人指出，大约有 10%—25% 的求职者提供虚假或不正确信息，但是全面审查求职者是否有犯罪记录对外包服务提供企业仍然是具有挑战性的难题。一位印度企业高管承认："这是一个灰色区域，没有罪犯记录的中心数据库，在警察部门也没有标准化的数据储存流程。这是一个持续性挑战，这是能够降低风险但无法消除风险的过程。"有的企业负责人可以采取比背景检查更多的措施。例如,"不允许在办公室使用移动电话,不提供接收电子邮件的设备,不准用纸笔等书写工具,所有雇员离开工作场所时要接受检查"。

然而,人们也认识到一个企业即使做得再好也难以完全避免这类事件的发生。网上犯罪在网络时代并非新鲜事,对这一案例大加报道、渲染的美国其实是网上犯罪最为严重的国家。虽然这类事件也难以避免地发生在其他地方,但是印度这一事件尤其敏感和引人注目,它给美国的反对外包阵营提供了新的强有力武器。印度服务外包行业更加重视保障安全问题的长期意义,它们在 NASSCOM 的倡导下,建立起一个业内纠正违规操作的检查机制,并建立起一个独立自主的机构,监督安全措施的实行情况。

参考资料:Sengupta, Snigdha and Singh, Shelley with Moses, Nelson Vinod, *BPO Industry Report*:*World's Back Office Comes of Age*, ABP Pvt. Ltd. Delhi, India, 2006, pp.76—77; Zubair Ahmed, Outsourcing exposes firms to fraud, *BBE News*, Mumbai, June 20, 2005; Abhay Baidya, India's first BPO scam unraveled, *The Times of India*, April 23, 2005; Anthony Mitchell, India call center fraud case highlights need for change, *E-Commerce Times*, April 12, 2005.

由于金融机构的经营过程受到冲击可能具有显著外部性,澳大利亚、加拿大、德国和日本的金融监管机构在 21 世纪初先后发布了有关外包的稳妥操作或审慎操作的指导文件,力图防范外包带来的风险。考虑外包带来的风险具有国际性,巴塞尔委员会会同其他国际机构,于 2004 年制定了《金融业务中的外包》引导文件,对相关经营行为加以规范(参见丁敏、曹伟,2005)。

8-4 其他交易成本

协调生产供应网络的运行,会因为谈判、签约、沟通而发生交易费用。在离岸外包场合,外包除了要支付一般意义上衔接不同空间的区位经济活动的运输和协调成本以外,还要额外发生与跨国越境经济活动相联系的成本。除了前面提到的货物过境要支付关税和非关税成本外,人员跨国过境旅行需要申请签证和安全检查,跨国提供服务也可能会因为服务贸易项目下的壁垒限制而发生跨境活动的交易成本。专栏 8-2 观察了印度与美国之间就印度外包人员赴美短期工作 H1-B 签证发生的争端,从一个侧面说明了降低这类成本会面临的特殊困难。

专栏 8-2

印度外包企业利用美国 H1-B 签证引发的争端

美国通过服务外包降低了运营成本,增强了企业竞争力。业内人士认为,美国银行、金融和保险部门(banking, financial services and insurance, BFSI)总体上对欧洲同类企业享有7%—10%的成本优势,原因之一在于美国对这些部门的服务实行了较多的外包整合。外包为美国 BFSI 企业带来生产率15—20倍的增长以及服务质量和顾客满意度大幅度的改进。虽然外包有助于降低成本和提高服务质量,但是也因部分工作转移到海外带来国内就业压力,并引发有关外包的大量争论。美国有关政策的争论焦点之一,是如何看待印度外包企业通过特殊签证派遣人员来美国工作以作为参与服务外包的重要组成部分。服务外包人员入美签证近年成为美国和印度双边经济关系争议的问题之一。

H1-B 签证主要是用来满足外国高科技专业人员到美国从事非移民性短期工作的入境要求,L-1 签证则主要用于跨国公司调派高级技术和管理人员入美的签证需求。随着美国与印度软件和服务外包经济联系的加深,印度商务人员赴美旅行和短期工作的需求不断扩大。大规模承接美国业务的印度企业逐步增加了利用这两类签证满足专业人员到美国短期工作的需求。这类人员的跨境工作对于印度人员了解和掌握美国员工的工作流程和方法、对于轮训印度员工的专业技能、对于满足美国企业客户的到场服务需求具有重要意义。

印度外包企业对这两类签证的申请情况近年引起美国国内的关注和争议,例如前几年美国程序员行业协会(the Programmers Guild)等机构责难,批评 H1-B 签证的大量发放损害了美国人的工作,结果美国政府 2005 年把 H1-B 签证年度总额从 19.5 万人急剧下调为 6.5 万人,并引发印度通过 WTO 要求增加 H1-B 签证的诉求。2007 年 H1-B 签证问题再起争端。2007 年 3 月美国"经济政策研究所"发表一份研究报告,批评 H1-B 签证没有保护而是损害了美国人的工作,认为大量 H1-B 签证工作人员接受了显著低于美国工人的工资,报告数据显示利用 H1-B 签证的最大 11 家机构主要是印度外包企业。2007 年 5 月,美国两位参议员 Charles Grassley 和 Richard Durbin 发表声明,宣称印度外包企业可能滥用了这两类签证。这两位担任美国参议院移民委员会(the Senate Subcommittee on Immigration)成员的参议员还致函要求 Infosys、Wipro 和 Satyam 等 9 家印度外包公司提供其员工利用 H1-B 签证的详细信息,并建议修改相关立法限制印度等外籍员工利用这类签证,以保护美国人的工作。

  印度软件和服务外包联合会(NASSCOM)很快作出回应,认为印度技术人员短期到美国从事服务外包业务属于贸易问题而不是移民问题,与美国跨国公司工作人员到海外接受短期工作本质相同。NASSCOM 呼吁美国提升 H1-B 签证的年度数量配额上限,缓解美国企业和印度外包企业职员供求关系的紧张状况。印度工商部部长 Kamal Nath 宣称将在多哈谈判中提出这一问题,强调"熟练和专业人员短期流动是服务贸易全球化的基本环节,与移民问题没有关系"。这位部长指出美国对 H1-B 签证限制政策将对全球服务外包扩展带来负面影响,也会对多哈服务贸易谈判带来负面影响。

  参考资料:S. Johnsi and N. Nirmala Devi, BPO in India and US—An overview, in S. Nakkiran D. John Pranklin (ed.), *Business Process Outsourcing (BPO): Concept, Current Trends, Management, Future Challenges*, Deep & Deep Publications PVT. Ltd., 2005, pp.73—77; Ron Hira, Outsourcing America's technology and knowledge jobs—High-skill guest worker visas are currently hurting rather than helping keep jobs at home, *EPI Briefing Paper* No.187, March 28, 2007, Economic Policy Institute, Washington, DC.; Kamal Nath's "surprised" on H1-B visa issue, *The Times of India*, 16 May 2007; John ribeiro, H-1B visas are a trade issue, says India's Nasscom, IDG News Service, May 15, 2007; Joe Leahy in Mumbai, India rejects claims US visas are misused, *Financial Times*, June 29, 2007.

从上述经济学分析视角观察,不同国家对承接服务外包实行税收和其他政策影响的差异,并非必然表现为承接服务外包厂商的生产成本大小差异,而是归结为交易成本高低的差异。相对制度、政策、管制措施,会通过影响相对交易成本对一国承接国际服务外包产生关键影响。特别需要强调的是,在这里发生影响的是政策相对差异所决定的相对成本高低。在一个"平坦世界"中,如果其他国家采取了特殊自由化政策而我们没有相应调整,实质上等于相对提高了隐含交易成本。因而承接国际服务外包领域的竞争正如"逆水行舟不进则退",不动或慢动就等于被动。后面将分析,在其他国家相继采取经济自由化政策的背景下,我国对承接服务外包政策调整滞后导致的交易成本相对过高,是我们在这一领域相对落后的需要重视的原因之一。

8-5 服务外包决定因素的图形表达

可以用分析产品内分工决定因素的简单图形框架概括上述分析思路(卢锋,2004a)。图 8-1 的横轴表示对某种产品的生产过程采用工序外包分工强度的某种度量,纵轴表示产品内分工带来的收益和成本。外包通常在要素比例或(和)最佳规模差异最大的生产工序流程上发生,只有在这些潜在收益最高因而最有利于外包的机会实现后,才会扩

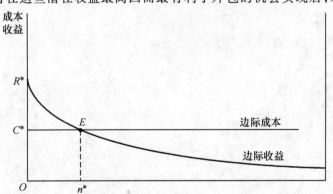

图 8-1 工序流程外包强度决定因素

说明:图形引自卢锋(2004b)。

展到要素比例或(和)最佳规模差异度较低的工序流程。也就是说,其他条件给定,随着外包程度提升,把更多工序外包出去一般面临预期收益较低的约束,因而外包边际收益可以看作是向右下方倾斜的曲线。由边际收益因素决定的不同工序采用外包先后顺序,边际成本线可能有不同形状,这里简单假定是一条水平线,即假定临界水平上新增一道工序流程外包的边际成本保持不变。

外包的边际成本和收益决定了均衡意义上外包的相对密集程度。给定图 5 某种产品采用工序流程外包的边际收益和成本函数,两条线交点 E 点对应的 n^* 点定义了工序流程外包强度的理论均衡位置。现实外包水平如果在 n^* 点左边,则说明临界水平上扩大一个工序流程的外包潜在利益大于成本,企业在套利动机驱使下会扩大外包以提升赢利水平和竞争力,从而推动现实外包向右边移动逼近 n^*;现实外包水平如果在 n^* 点右边,则说明部分外包利益高于成本属于过度外包,寻求最大利润目标会派生有选择地收缩外包的压力。因而,在静态分析意义上,经济合理性外包存在理论分析意义上的均衡点。利用这一分析框架,下一章通过观察现实经济有关因素和条件变动,讨论推动当代服务外包兴起的经济根源。

第9章 当代服务外包兴起的经济根源

从理论上看外包深化的均衡程度由临界水平上工序流程外包的边际收益和边际成本线决定,进一步看边际收益和成本线的相对位置受到技术和制度演变等方面的历史力量制约。因而,外包演化在根本上是历史力量演变的产物。理解当代服务外包兴起的深层根源,需要考察相关技术和制度因素如何变动并显著改变上述收益和成本平衡点。基本看法是,技术进步和制度演变大幅度降低了外包的边际成本线,软件等通过外包生产能带来更大潜在利益的新兴行业发展,拉高边际收益线,构成当代服务外包异军突起的根本原因。下面着重考察技术进步和制度演变降低外包成本及其影响。

9-1 当代信息技术革命的作用

伦敦一位外包咨询专家 David Frankel 指出,"外包是允许它发生的技术变革的产物"(Vashistha and Vashistha,2005,p.22)。从技术进步角度看,远距离信息交流成本的快速降低、各类运输手段成本的降低特别是航空运输成本的大幅度降低,为当代外包和产品内分工的推广深化提供了物质技术基础。对于服务外包而言,信息技术革命是最为重要的单个促进因素。

人类近现代以电报、电话、广播、电视等一系列新的信息传递手段的发明和普及,打破了早先以口语和文字为基本信息载体时远距离信息传递中交流时间迟滞和成本昂贵的低效率状态。当代信息革命在长距离信息交流方面效率的提升,不仅表现在近现代电话、电视等传统通讯手段的普及和改进,更重要的是以计算机、互联网、移动电话为代表的全新通讯方式的出现和发展,在数字化原理基础上建立和普及的信息系统创造出"距离死亡"(Cairncross, 1997)的全新局面,使得大容量与高密度的信息流传递成本与空间距离远近不再具有显著联系。①

专栏 9-1

近代通讯技术革命与近代经济全球化

经济全球化并非是当代特有的现象,"地球变得平坦"也不是仅仅发生在过去十几年间,国际经济联系逐步扩大和深化伴随人类经济几千年的历史过程,特别是在近代达到一个历史高峰,以至于有的经济学家认为近代经济全球化在某些方面的深刻程度甚至超过当代。从历史角度探讨近代通讯技术革命与当时经济全球化发展的关系,对于理解当代服务外包兴起等全球化现象具有认识上的启示意义。

信息交流手段的进步是人类存在和进化的特征性能力之一。从历史上看,语言的出现是人类脱离动物界的标志之一,同时为信息交流提供了新的载体,是人类信息交流方法的第一次革命。文字是人类通信手段的又一次大变革:通过把信息"固定"和"封装"在书写材料上,文字突破了时间和空间对信息传递、储存的限制,从而为人类文化、科学、艺术的产生、发展和文明社会的出现提供了基础;造纸术、印刷术等技术进步,为通过文字保存和传递信息提供了更为便利的手段。但是在以口语和文字为基本信息载体的时代,远距离信息传递、交流有时间迟滞并且成本昂贵。烽火狼烟、驿站快马,代表了传统文明时代最具想象力或最普遍运用的远距离通讯手段,然而毕竟效率很低,应用范围极为有限。

这一局面直至 100 多年前才被科技进步打破。从 19 世纪中期到 20 世纪初,科学家先后提出电磁感应定律,建立电磁学理论,并用实验方法证明了电磁波的存在。人们认识到,除了语言和文字之外,电磁波也能运载信息,并且是传递速度最快的信息载体。依托科学技术进步

---

① 参见卢锋(2004a,第 46—48 页)有关叙述和讨论。

的成果,人类创造出电报、电话、广播、电视等一系列新的信息传递手段,从而使包括国际通讯在内的远距离信息交流方法发生革命性的变化,通讯行业逐步成为社会经济的基础设施部门。以电话、电报为标志的全新通讯手段,与远洋运输成本大幅度降低一起,构成近代经济全球化的两项基础性技术经济条件。

近代信息革命构成近代经济全球化高潮出现的重要技术基础条件之一。18世纪70年代(1770年)在英国开始出现第一次工业革命,一个世纪间遍及西方主要国家。工业革命前,英国已经成为最大殖民帝国。殖民地开发对斧头、铁钉、枷锁、铁链、武器等的市场需求,推动了英国传统炼铁工业的发展,带动上游行业——煤炭开采业发展。最重要的制成品——棉纺织品需求扩大,刺激纺织工业技术革新。一系列技术发明,通过纺纱机、蒸汽机、新冶金方法等提供了第一次工业革命的机械、动力、材料领域的技术基础。

工业革命的高歌猛进伴随国际经济联系的加深,并在19世纪末到20世纪初大约半个世纪中推动了近代经济全球化高潮的出现。第一,生产率和生产剩余增加,从而扩大了国际交换的潜在能力。第二,使当时最重要的制成品——纺织品成本下降,为通过经济和市场力量瓦解农业和手工业家庭结合的传统经济结构提供了可能,从而启动了近代世界经济一体化的进程。第三,工业革命代表的科技突破和产业革命互动模式,引发了运输、通讯、农业等其他领域的一系列变革,为19世纪后半期近代全球化奠定了基础。

马克思与恩格斯这样评论19世纪中期世界市场带来的前所未有的国际经济和文化联系紧密状态:"资产阶级,由于开拓了世界市场,使一切国家的生产和消费都成了世界性的了。不管反动派怎样惋惜,资产阶级还是挖掉了工业脚下的民族基础。……新工业所加工的,已经不是本地的原料,而是来自极其遥远的地区的原料;它们的产品不仅供本国消费,而且同时供世界各地消费"(《共产党宣言》)。"精神的生产也是如此。各民族的精神产品成了公共的财产。……资产阶级,由于生产工具迅速改进,由于交通的极其便利,把一切民族甚至最野蛮的民族都卷到文明中来了。它的商品的低廉价格,是它用来摧毁一切万里长城、征服野蛮人仇外心理的重炮。……资产阶级在它的不到一百年的阶级统治中所创造的生产力,比过去一切时代创造的全部生产力还要多。"

19世纪后期到1914年一战爆发前,近代经济全球化达到一个高峰状态。一些经济学家如萨克斯、保罗·克鲁格曼等认为当时经济全球化在某些方面甚至超过当代水平。凯恩斯用它特有的英国绅士的闲散语言描述当时经济一体化的表现:1914年以前的情形异乎寻常。一个伦敦居民可以一边靠在床上喝早茶,一边通过电话从世界各地订购各种商品,并且有把握地预期这些商品会送到自家门口;他还可以同时利用相同方法,用自己的财富投资全球各地的资源和企业,从而分享这些投资对象的收益和好处;……他能够便利地向国外某个从未谋面的人支付欠款,或者派遣家仆从附近银行营业所获得贵金属。

近代经济全球化发展是由多方面原因造成的。除了得益于地理大发现以来人类经济的一般进步,还与当时多方面的具体历史条件相联系。例如,主要经济大国贸易壁垒比较低。一战前,英、法、德关税平均水平低于10%,意大利在10%—20%之间,美国20%—30%,俄国30%—40%。苏伊士运河1869年开通,减少了国际航行时间;蒸汽船替代了传统帆船,提高了国际航行速度和稳定性。金本位制下国际货币体系相对稳定,为全球经济联系深化提供了国际金融体制保障。另外与我们研究的主题相联系,电报、电传、电话的发明利用,使人类超越远距离信息沟通的快马驿站或烽火台手段,为全球范围的信息交流提供了快捷便利手段。

当代信息革命的成果在两个层面对服务外包产生了决定性的推动作用。第一,个人、企业、非营利组织、政府机构等不同主体对IT技术的密集利用,提高了这些组织机构的活动效率,同时也使IT硬件、软件以及相关服务的需求空前增长。随着IT硬件革命高潮的过去和IT技术的普及利用,各类终端用户越来越关注如何把IT硬件和软件提供的可能性综合起来,通过加强对相关资源的整合利用以提升经济效率。不同终端用户的目标和约束各有不同,对IT服务领域提出如何把一般原理与具体需求结合起来,并提供满足标准化和定制化程度各不相同的个性化服务要求。这一局面为IT服务外包提供了巨大的潜在市场,从需求层面推动了 IT 服务外包的出现和扩展。①

  第二,信息革命对服务流程外包的产生和发展、对外包业务范围超越地域和国家疆界在全球的展开,同样起了决定性作用。信息交流"距离死亡"的局面,使得有可能在成本有效的前提下,通过信息交流代替人员移动来超越诸多传统服务的提供或消费对相关生产者和消费者的人员空间位置限制,推动了服务外包广度和深度的拓展。正如英特尔首席执行官安德鲁·格鲁夫指出的,互联网时代的通讯手段使得"从技术和生产力角度看,坐在 9 700 公里之外的工程师与坐在隔壁办公室使用局域网的工程师没有什么两样"。这一 20 年前还难以想象的革命性变化,为印度软件服务外包的崛起提供了技术可能性。数字、语言、图像等不同形态的低成本、远距离信息交流手段为跨国呼叫服务、填写报税单、发放工资和福利,甚至医生诊断服务,提供了商业上的可行性。

  信息革命成果对商务活动方式的改造和影响仍在持续。例如,业内专家高度评价近年开始普及的电视会议等最新信息技术的发展对国际服务外包的促进作用。"电视会议(video conferencing)设备使得企业有可能把来自不同文化和语言环境的项目队伍所有成员,从不同时间区段和空间区位,集合到同一个虚拟会议室中(virtual room)"。"声音和图像传播技术的质量改进、宽带和联结设施的改进,使得遥远区域的服务提供商与服务对象和合作提供方得以无缝联结,他们现在的共享文件方式几年前还不可能"(Vashistha and Vashistha, 2005, p. 22)。

9-2 当代航空运输的革命作用

  当代各类运输手段的成本因为各自领域的技术进步和效率提升而降低。旅客航空旅行成本大幅度下降,这对服务外包也具有积极推动

---

  ① 信息技术对于产业经济具有两方面含义。第一层意义是通过引入依托微电子和软件的新产品(new mircoelectronic or software based products),或者把信息技术与其他技术结合起来创造新产业。第二层意义是把 IT 运用到生产流程和组织中以提升增加值和生产率(如小型化、工厂和办公室的自动化、产业流程控制、汽车微电子装置等)。还可以广泛用来降低在产品设计、制造和销售活动领域企业内部或企业之间的交易和协调成本(如及时生产、顾客化、全面质量管理、灵活制造系统、全球外包、功能整合、网络化组织)。第二层意义可能更为重要,但是特别是发展中国家到 20 世纪 90 年代中期还不够重视(Hanna,1994)。

作用。以1985年美元不变价格衡量,一张横越太平洋的往返机票价格1937年是12 725美元,1949年下降为5 827美元,1985年更降至1 094美元(Cooper,1986,pp.3—24)。二战后到20世纪80年代中期实际成本降低80%以上。1985—1996年约十年间,以每位乘客每公里不变价计算的美国航空客运成本进一步下降30%以上(Pindyck and Rubinfeld,2001,p.301)。20世纪末航空客运票价大概相当于50年前的5%左右,然而2001年世界人均收入是1951年的2.86倍(麦迪逊,2004),因而相对于实际收入来说,目前航空旅行成本平均相当于二战后的2%左右。与远洋轮船这类传统国际旅行手段相比,航空旅行具有节约时间的强大优势,通常地球上任意两地之间的飞行时间不会超过一天。

服务外包不仅需要密集的信息交流,而且也需要人员频繁往来沟通。无论是制造外包还是服务外包,人员面对面交流都是不可缺少的要素。特别是在服务外包合作的早期磨合阶段,人员面对面的沟通尤其重要。很多案例能说明这一点。例如,浙江大学网新恒宇在竞争"美国道富银行及信托公司"(State Street Bank and Trust Company)IT服务外包合同中,胜过印度著名软件外包服务商获得核心订单,其成功的关键在于它救活了道富所用的一个旧操作软件Lattice,完成了似乎不可能的任务。这一方面得益于中美双方团队异地协同开发的合作模式,同时也与该公司的骨干人员前期曾经访问美国半年,专攻金融知识有关。

专栏9-2

浙大网新竞争美国道富外包大单胜出

美国道富银行及信托公司成立于1792年,是纽约证券交易所的上市公司,主要从事金融资产服务和金融资产管理两大业务,是全球最大的资产托管机构之一,托管资产达11.9万亿美元,管理资产超过1.7万亿美元,其托管网络遍布全球100多个金融市场。道富每年发生约6

亿美元的信息技术常规性开支。2003年年初，公司董事会决定将其中1/3业务外包出去以提升公司的运营效率。道富每年外包2亿美元业务的消息传出后，印度、爱尔兰等国专业软件服务商群起角逐，塔塔咨询公司（TCS）、Wipro人员在最短时间内来到道富总部所在地波士顿，TCS还在道富公司内部开了多场外包业务研讨和报告会。

然而发包结果出乎人们预料，最后是浙大网新恒宇这家名不见经传的中国企业战胜了在软件服务外包领域具有显著整体优势的印度公司，与道富签订了"全面技术服务协议"，从而获得大部分核心业务的开发委托，印度最大的软件服务外包公司之一Wipro仅获得呼叫中心和系统运营维护等外围单子。道富公司在纽约证券交易所发布公告称："与中国的合作可以提升道富公司的全球化与网络化的金融服务能力"。2003年网新恒宇的负责人介绍，当年该公司已经承接大约100万美元的道富业务，2005年从道富那里承接的业务规模扩大到500多万美元。

美国软件外包大订单一直被看作是挂在中国外包企业面前的"肥肉"，但是真正能分享的企业不多。即便是像东软、中软这样国内承接国际服务外包的大户，其外包订单也主要来自邻国日本，来自欧美这个全球最大发包市场的业务微乎其微，欧美市场的接包方主要为众多印度公司所控制。浙大网新这次在竞争道富重头订单中胜出印度巨头使人们对这个企业刮目相看。

为使这一合作计划成功，道富还利用大型发包方的市场地位优势，要求它的印度主要合作企业Wipro向浙大网新传授他们在软件工程质量管理体系和研发流程标准方面的经验。与对手分享自身看家本事无疑是竞争场上的大忌，然而Wipro碍于道富的面子和压力不得不配合。2003年底，道富信息部门在杭州多次举办题为"金融服务中的信息技术"国际研讨会，与他的传统战略合作伙伴微软、IBM、Wipro以及浙大网新恒宇一起，商讨研究如何在道富与网新之间创造一种完备的未来合作模式。道富对网新的偏爱由此可见一斑。

耐人寻味的是，这一金融外包合约甚至引起时任美联储主席的格林斯潘的特别兴趣和关注，格老要求道富董事会主席David Spina提供有关网新恒宇的背景资料。道富高层的上呈报告强调中国公司胜出的原因主要有二：一是中国公司具有核心技术开发能力并且与道富合作历史悠久,二是中国公司的软件开发模式比印度公司更适合道富需要。

网新恒宇是浙大网新科技股份有限公司的一家子公司,浙大网新科技是以浙江大学计算机学科的科研力量为依托、以 IT 服务为主导,专注网络创新应用的高科技软件产业集团。该公司 2001 年组建,当年实现收入 11.2 亿元,随后几年迅速发展成为中国最大的 IT 服务提供商、软件出口商和机电总包服务商之一。2005 年主营业务收入超过 43 亿元,位居中国软件百强第 6 名。网新恒宇在道富金融软件外包竞争中胜出,得益于二者多年合作的背景渊源。

2001 年 11 月 1 日,由浙江大学 4 名教授和 15 名学生组成的"浙江大学道富技术中心"成立,技术中心最初被用于进行信息技术试点和开发原形系统。这是道富与浙大计算机系[①]在金融信息技术领域开展合作而建立的联合技术中心,也是网新恒宇的前身。在此之前,后任网新恒宇总经理的王小虎等 3 名浙大教授曾在美国波士顿访问半年,专攻与道富业务有关的金融专业知识。在合作初期,稳健保守的道富只是象征性地把一些无关宏旨的小业务交给道富技术中心,但在逐步合作进程中,技术中心的卓越能力逐渐赢得了道富公司的高度信任,尤其是 2002 年该机构对道富 Lattice 系统一次起死回生的拯救,给道富管理层留下深刻印象。

Lattice 系统是道富公司于 20 世纪 80 年代中期开发的一套证券交易执行系统。由于当时对开发流程的管理不够完善,系统运营几年后,系统原创人员在没有对系统留下足够的技术文档的情况下先后离开道富,逐渐使得 Lattice 维修举步维艰。系统运营 10 年后,Lattice 虽然仍然承担支持道富重要交易业务软件平台的功能,但是维修困难使其问题不断,被道富员工喻为"即将凋萎的鲜花"。抱着"死马当活马医"的想法,道富将挽救 Lattice 这个几乎不可能完成的任务交给"浙江大学道富技术中心",一是考验中方的技术实力,再者也想借此确定未来道富技术中心在整个道富软件支持体系中的地位。

由于缺乏文档,技术中心不得不对庞大的系统进行艰难的逆向分析工程,并进行再造式升级。结果时隔仅半年,Lattice 全面升级工作竟

---

① 浙江大学校长潘云鹤教授曾担任计算机系主任。

然奇迹般完成，技术中心不仅提交了完整的 Lattice 的源代码分析报告，还利用新技术对 Lattice 进行了全面重建，再生后的 Lattice 马上投入使用，并在 2002 年 11 月实现股票交易量 131 亿美元，是以前交易量的 4 倍。2003 年 8 月 15 日，美国《首席信息官（CIO）》杂志在报道这一案例时，赞扬这家位于中国杭州的软件研究中心是"一朵 IT 奇葩在中国盛开"。

此后道富逐渐将道富多个核心系统的平台转换、升级和开发等项目放到浙江大学道富技术中心，中心规模由原来 10 多人一路发展到 2003 年的 80 多人。合作经历使技术中心的中方骨干人员积累了宝贵的金融专业知识以及国际化运营的经验。由于与道富合作带来了稳定的收入流，道富技术中心具备了公司化和产业化运作的前提。技术中心理事会决定在中心基础上成立由浙大网新控股的浙大网新恒宇软件有限公司。到 2003 年道富准备大规模外包时，在网新恒宇公司的杭州总部，道富项目开发小组对应着美国道富总部的一个美国开发小组，这个 80 多人的研究小组一直充当为道富提供技术支持的作用。实际合作早已发生，某种意义上发包对象早已内定。

浙大网新与道富银行的合作导致网新恒天于 2004 年 7 月诞生，网新恒天是一家面向国际市场、主要从事软件外包业务、软件应用服务的高科技软件公司，特别侧重对欧美的软件外包业务，浙大网新持有该公司 80% 股权。目前道富在国内有独资公司——道富信息科技（浙江）有限公司，主要为美国道富银行的内部项目提供技术支持和服务；浙江网新恒天软件有限公司主要为国际高端金融客户提供 IT 技术服务。网新恒天 2007 年向道富转让 49% 股权引起业内广泛关注。

参考资料：郭金尧：《金融 BPO 的中国机会》，《IT 经理世界》2003 年 11 月 20 日第 57—59 页；浙大网新网站"网新大事记"（2007 年 8 月 6 日下载）；周悦：《软件外包克隆印度齐集在行动》，《证券时报》2007 年 1 月 25 日；袁小可：《浙大网新与美国道富股权合作》，《上海证券报》2007 年 4 月 5 日。

日本野村综合研究所（NRI）通过外包研发一个证券交易软件同样突出显示了包括面对面交流的密切沟通对这类项目的重要性。2000 年底该研究所为后续开发一个名为"THE STAR"的证券公司软件支持系

统,将整个系统分为 36 个"目的服务器",并且把部分软件开发和集成服务外包给中国企业。事后总结这一项目整体成功和个别子项目遭遇挫折的原因,日方人员得出一条重要经验:子项目负责人"每月至少访问一次中国"是合作成功的关键,因为"仅通过文字形式的邮件,无法传达细微的内涵,容易造成误解及感情失和"(曾松,2004,第 139—193 页)。航空旅行成本大幅度的降低对服务外包人员的商务旅行,特别是国际性远距离的人员往来协调提供了支持。

9-3 当代制度演变和政策调整的推动作用

当代服务外包的兴起还得益于制度演化创新。多边贸易规则自由化进程的推进,很多国家发展战略开放取向的调整,不仅促进了制造活动外包和产品内分工,也对离岸服务外包产生了积极影响。GATT 乌拉圭回合的成果确立了 WTO 对服务贸易和知识产权保护的多边规则[1],这两项重要成果[2]对拓展多边贸易框架的管理范围作出了贡献,同时也显著降低了服务外包的交易成本。《服务贸易总协定》把最惠国待遇和国民待遇原则运用到服务贸易领域,并由各缔约方在市场准入方面提出各自的减让表。由于很多服务外包涉及边境措施和贸易壁垒的限制,所以服务贸易自由化进程对服务外包具有推动作用。《与贸易有关的知识产权协定》把最惠国待遇和国民待遇原则运用到知识产权保护领域[3],有效加强了对知识产权在国际范围内的保护力度,有助于知识

---

[1] 1986 年开始的关贸总协定的乌拉圭回合,第一次把服务贸易和知识产权保护列为多边贸易规则谈判的基本议程。经过艰苦曲折的谈判,1993 年 12 月 15 日最终达成《服务贸易总协定》和《与贸易有关的知识产权协定》,1994 年 4 月 15 日于摩洛哥的马拉喀什由部长会议的各参与方签署,于 1995 年 1 月 1 日正式生效。同日世界贸易组织正式成立,并在与关贸总协定同时运行 1 年后独立发挥世界贸易组织的功能。

[2] 该回合第三项的突破性成果是签订了《农业协议》,把农产品贸易第一次纳入多边贸易框架的管理范围。

[3] WTO 认为,知识产权(包括所有权和使用权)转移是国际贸易的重要组成部分。通过技术许可协议等手段,知识产权所有者将专利、商标等使用权转让给技术接受方,并从中获得技术使用费用;通过版权许可合同,版权人获得版权收入。

和技术的创新、转让和传播。① 由于不少服务外包对知识产权保护的有效性极为敏感,多边贸易规则框架下对知识产权的保护措施有助于推动服务外包进程。

另外20世纪后半期经济的全球化进程,在实践中推动越来越多的国家和经济体采取开放导向的经济发展战略,这与外包潮流的兴起存在互动关系。美国1963年率先实行"生产分享项目"(production sharing scheme),通过特殊免税措施(tariff provision)鼓励某些生产工序拆分到其他国家进行②,带动发达国家通过加工贸易和外包,利用国际和全球范围内的资源应对经济结构升级的挑战。发展中国家和经济也先后改变封闭取向的进口替代和计划经济体制,东亚四小龙和部分拉美国家率先鼓励出口加工,东盟各国特别是中国在20世纪70年代开始探索发展经济的开放策略,印度、越南也在80年代和90年代初走上开放道路。这一进程与信息技术革命相呼应,创造出90年代经济全球化蓬勃发展的全新局面,这为服务外包的兴起提供了适宜的观念氛围和政策环境。

作为目前最大的国际服务外包的受包国,印度富有特色的制度创新对推动当代服务外包潮流发挥了关键作用。印度从20世纪90年代初大力实行经济自由化和开放改革,其中一个重要内容是对印度企业承接软件和IT服务外包给予非常优惠的税收政策。随着承接外包的成效逐步显现,印度在这一领域的鼓励政策不断完善,到世纪之交已经形成以税收、补贴、鼓励外资、知识产权保护等内容为重点,以软件技术园和经济特区为载体的系统性政策支持体系。这些强力扶持措施与印

---

① WTO建立前早已有若干国际公约维护知识产权,比较重要的有四个。一是《巴黎公约》,即《保护工业产权巴黎公约》("巴黎公约"[1967]指1967年7月14日的斯德哥尔摩文本),工业产权包括"专利、应用模型、工业品外观设计、商标、地域标志、育种人的权利"。二是《伯尔尼公约》,即《保护文学艺术作品伯尔尼公约》(《伯尔尼公约》(1971),指该公约1971年7月24日的巴黎文本)。三是《罗马公约》,即1961年10月26日在罗马签订的《保护表演者、唱片制作者和广播组织的国际公约》。四是《关于集成电路的知识产权条约》,指1989年5月26日在华盛顿达成的公约。这些条约通常仅涉及知识产权程序保护方面的问题,对各国实体法要求很少,没有一套国际标准。由于专为某一类型知识产权设立公约,没有相应全面的规定,所以像商业秘密这类知识产权没有涉及。另外仅规定了知识产权保护程序和最低要求,没有规定侵权发生后应当采取的救治措施,也没有规定解决争端的方法,因而保护方法很不完善。

② 这一政策的关键内容,是对在国外全部或部分利用美国出口部件和某些中间产品组装的产品,在经过国外加工环节返回美国时,可以享受减免关税待遇(USITC, 1996, p.2-1)。

度人力资源在语言、技术训练等方面的禀赋条件相配合,推动印度在承接国际服务外包领域确立了无可争议的领先地位。如果说当初中国台湾地区、新加坡和韩国较早放弃进口替代改行出口导向政策,对推动美国等发达国家制造业国际工序转移以及形成环太平洋全球制造业供应链中心发挥了重要作用,那么印度过去十几年务实创新的开放政策的持续调整,则对推动服务流程国际转移和服务全球化发挥了不可忽视的作用。

9-4　当代市场竞争环境演变的作用

当代市场竞争环境的新特点,也在客观上推动了服务外包的发展。竞争是市场经济的一般属性,但是当代市场竞争内容表现出两方面特点。一方面,随着技术和基础设施条件的改善,随着各国实行放松管制政策,发达国家企业面临的市场竞争压力增大。在竞争日趋激烈的环境下,企业对服务外包降低成本的机遇更为敏感。正如外包研究人士观察到的,不景气和竞争压力增加的宏观经济和政治环境有力地改变了商业竞争场景,促使各类组织寻求更加节省成本和提升效率的增长模式,寻求利用较少基础设施和雇佣较少员工的增长模式。对于这类企业来说,BPO 提供了一种可行并具有关键意义的解决方案(Gartner,2002a)。

另一方面,20 世纪很多市场环境呈现的需求多样化和复杂化趋势,90 年代以后表现得更为突出。汽车业、电子业等产品周期缩短,品种类型增多。如联想柳传志先生所言,如今"卖电脑就像卖海鲜";联想另一位负责人刘志军说:"卖手机就像卖新鲜水果"。业内人士一般认为:"电脑一年不更新四代,手机一年不推出二三十款新品,就根本算不上主流厂商。"[①]市场竞争环境的演变促使厂商把传统认为是核心竞争力

---

① 胡婷:《联想手机这几年》,《IT 经理世界》,2007 年 4 月 20 日。

的设计环节外包出去,并通过服务外包谋求竞争优势。①

竞争环境下服务外包先行者的优势显现之后,又会通过模仿创新的战略关系,在动态进程中强化这一趋势。德勤欧洲部主任克里斯·金特尔说:"如果你的竞争对手像花旗银行那样,通过把业务向印度外包,使其收入增长的速度比其成本增长速度高出三倍,你实在没有选择余地。这种做法正在改变着欧洲机构的运作模式。"②竞争环境下企业行为的互动关系,会对外包这类能够带来效率提升的管理方法产生一种锁定(locked in)效应并自我强化。结果是企业一旦尝试外包实践,就难以再回头。③

除了技术、制度和市场环境等基本面因素外,另外一些因素也对当代服务外包产生了积极影响。一是跨国公司内部的跨国服务性业务为后来服务外包的发展提供了经验和启示。二是解决"千年虫"问题所面临的普通软件人才紧缺,对促进向印度进行软件和其他 IT 服务外包产生了推动作用。三是当代商学院教学的普及、咨询公司服务业务的繁荣、各种类型专题讲座和研讨会以及定期不定期的行业峰会,大量的媒体报道和评论,加快了思想和知识的传播速度,推动了服务外包的产生和推广。

---

① 例如,业内人士在观察汽车研发外包现象时注意到,当代汽车业竞争的特点表现为汽车品种越来越多,消费者对汽车性能的要求越来越高,产品在市场上的生命周期越来越短,成本和价格的压力越来越大。推动这一趋势的基本因素是消费者越来越个性化的需求导致市场不断细分和产品差异化。加上新技术层出不穷,包括新材料利用、"XbyWire"电子技术的应用、全球定位系统的应用等,导致研发成本高昂。如大众高尔夫车投入了 13 亿美元,奔驰 A 级车开发耗资 14 亿美元,通用 Vectra 车开发成本高达 18 亿美元。并且开发周期从过去的 36 个月减少到 24 个月,丰田花冠实现了 12 个月开发周期的目标。面对市场环境变动带来的挑战,跨国公司通过平台共享和战略联盟方式分摊成本,改变了过去把全部研发活动集中在公司内部研发中心的做法(见科尔尼公司专家发言:《中国汽车追风路径》,见《第五届中国国际机电产品博览会及国际汽车产业外包发展高层论坛》会刊 2004 年 10 月 15 日)。手机生产也是如此。如 Elcoteg 公司作为 EMS 获得了越来越多的为手机厂商提供设计服务的市场机会,其关键背景在于手机市场的竞争日趋激烈,对新型产品的设计数量需求上升(《全球外包资讯》试刊号下月刊,2004 年,26 页)。

② 2004 年商务部举办"服务外包培训班"资料第 64 页。

③ 营销管理专家 Christopher H. Lovelock 在《服务营销》中概括了 20 世纪 70 年代以来西方国家服务市场环境的六大演变趋势,其中放松行政管制、实行私有化政策、非营利组织追求成本有效性、消费者对服务质量更加重视等,构成服务业竞争程度加深的背景(参见王粤,2002,第 43—35 页)。

专栏 9-3

美国竞争战略理论简史及其与服务外包兴起的关系

企业和企业竞争早已存在,然而企业竞争战略理论到 20 世纪后半期才出现。美国在这一时期是经济实力最强大的国家,也是经济管理理论创新最活跃的国家,因而这一领域学说思想在美国产生和发展的历史,一定程度上构成了这一领域理论产生和演变的历史。研究人员一般认为,20 世纪 90 年代提出的核心竞争力理论对推动服务外包的兴起产生了重要作用。考察竞争战略理论的简史及其与外包实践的互动关系,对于认识服务外包现象具有启示意义。

虽然缺少共识性定义,但企业竞争战略概念大体指企业决策中有关互动性、全局性、长期性甚至某种路径依赖效应的行动内涵,与孤立性、常规性、运行性、局部性、短期性的行动相区别。据说战略一词来源于古希腊文中的"军事指挥官",然而企业竞争战略概念的产生和发展则是晚近几十年的现象。一般认为直到 19 世纪,西方除外贸领域外企业一般尽量小规模经营以避免沉没成本,因而个别企业不具有通过自身行动改变竞争格局的能力。

到 20 世纪后半期,战略行动作为塑造竞争环境和驾驭市场力量的影响才逐步清晰显现出来。哈佛大学小钱德勒教授对 19 世纪后半期美国和欧洲主要工业化国家商业和企业历史的开拓性描述解释了思想变革的现实背景。在美国 19 世纪 50 年代开始的大规模铁路建设,第一次带动了大批量市场(mass market)的出现。同时由于资本市场和信用关系的发展,大批量市场推动企业大规模投资以求获取工业生产中的规模经济以及流通领域的范围经济。随着企业规模的扩大,企业组织发生所谓"经理层革命",小钱德勒教授甚至把职业经理层对企业运营的重要影响表达为"看得见的手",以便与斯密的"看不见的手"对比。到 20 世纪末在美国和欧洲先后出现了"垂直一体化、多部门(或 M

型)公司"(the vertically integrated, multidivisional or "M-form" corporation),他们在制造业和流通业进行前所未有的大规模投资,个别企业的行动开始具有改变特定行业甚至多个行业竞争环境的影响。

在这一背景下,首先是大型 M 结构企业的一些具有理论思维兴趣和能力的 CEO 们,开始尝试把企业实践总结提炼为竞争战略学说。如1923—1946 年间任通用汽车总裁的斯隆先生(Alfred Sloan, chief executive of GM from 1923—1946)提出一种基于通用汽车公司主要竞争对手福特公司的优势和弱势的战略。在《我在通用汽车的岁月》(My years with GM)一书中,斯隆先生以福特与通用两大汽车业巨头竞争为背景,阐述了互动关系、细分战略、因势而变等构成后来竞争战略基本命题的分析观点,该书受到盖茨高度赞赏并推崇为高管人员必读书。曾任 AT&T 高管人员和洛克菲勒基金会董事长的切斯尔·巴纳德在 1938 年发表的《决策者的职能》这本被评论为组织学奠基之作的作品中,也强调决策者需要高度重视与"个人和组织行动"密切相关的"战略因素"。学习曲线概念于 20 世纪二三十年代首先在军事飞机生产领域被利用,成为后来早期竞争战略思想的重要来源。二战时期博弈论理论的突破以及线性规划等数学工具在战时管理领域的运用,鼓励了采用某种正式战略框架引导管理决策的思维方式。

竞争战略思想理论化仍有待于学院派专家和研究人员的努力。1912 年哈佛商学院开始开设一门名叫"商务策略"(business policy)的课程,目的在于整合功能性领域如会计、运营、融资等所教授的知识,以求对企业决策者面临的战略问题提供更广阔的认识视角。这个教研小组的教授在 20 世纪五六十年代开发和推广了 SWOT 模型,其基本框架和思想至今仍被企业界利用。1963 年 Bruce D. Henderson 建立的"波士顿咨询集团"(The Boston Consulting Group, BCG)创建和推广了"增长分享矩阵"(growth-share matrix),这个简单图形表示的分析框架指导大公司如何在不同商务单元(business units)中依据"Stars"、"Cash Cows"、"Question Marks"和"Dogs"等不同盈利属性和前景来分配资金和资源。BCG 还依托学习曲线发展出一个被企业界广泛利用的竞争战略分析框架。

1954 年纽约大学教授彼得·德鲁克发表的《管理实践》一文中,批评经济学理论长期把市场视为某种超越企业家个人和组织的非人力量产物，但是在 M-型公司时代管理"意味着试图影响经济环境、计划和发动以及实施改变经济环境的企图，这些努力不断减少经济环境对企业行动自由的限制"。这一理解涉及企业战略理论的中心命题：通过自觉运用正式的计划，一个企业可以对市场力量实施积极的调控。在二战后一段时期由于战时产能受到摧毁而需求巨大，企业忙于扩张产能因而竞争战略思想的实际运用还比较有限。然而德鲁克教授的分析对直接把经济学分析思路照搬到管理实践的思维方式提出挑战，对竞争战略思想的兴起具有积极作用。

20 世纪 80 年代前后迈克尔·波特教授的研究成果代表了竞争战略理论体系化的重大进展。20 世纪七八十年代国际竞争日趋激烈，美国在不少传统制造业领域的优势不再，即便在某些技术密集领域也面临欧洲国家和其他国家特别是日本企业的正面竞争。布雷顿森林货币体系的解体、石油危机的冲击、宏观经济滞胀新难题的出现、越战失利带来的失望情绪和氛围，促使美国企业界和研究人员更加重视竞争战略研究并从中寻求应对之道。同时，六七十年代产生的经济学产业组织理论，在微观经济学体系内突破了传统的完全竞争范式，通过市场结构类型的分析丰富和拓展了人们对个别企业与市场以及整体经济关系的理解，在理论上回应了经济学说史上与上述德鲁克类似的质疑，从而为研究从"无战略竞争"到"战略性竞争"提供了新的分析工具和范式。波特教授利用他先后就读哈佛商学院和哈佛经济系的学术优势，成功地把当时经济学前沿的产业组织理论运用到竞争战略领域，1980 年发表了《竞争战略——分析行业和企业的技术》，1985 年发表了《竞争优势——创造和保持优越绩效》，系统地提出和发展了广为流传的"五力模型"(the five forces model)，亦即"钻石模型"(the diamond model)。

波特的理论不仅对行业选择的吸引力这一比较操作层面的重大问题提出了新的分析框架，更重要的是从市场结构和企业行为相互联系的角度，对企业运营互动性、攻防类型和行为机制提供了理论解释，从而为不同行业的企业理解和评估其活动环境并把握最重要竞争的相关变量提供了分析和识别框架。由于这一框架建立在市场结构和产业组织的微观经济学理论基础上，因而比通常的管理学说具有更持久和更普遍的解释功能和分析洞察力。随着波特理论的普及，微观经济学理论的概念如"进入"、"退出"、"对手"、"壁垒"、"博弈"、"互动"、"寡头"等也与管理学文献相互融合,使得战略管理领域成为经济学与管理学联系最为紧密的学科。2003 年波特教授接受笔者采访时提到,美国大学战略管理的年轻教授绝大部分像他一样拥有经济学博士学位。在比较具体战略结构的分析层面,波特竞争战略理论强调成本领先、突出重点和差异化等"元战略"(generic strategy)因素的作用。波特著作中有关价值链的分析强调不仅要重视研究行业和产品,而且应当把工序纳入战略和竞争力分析视野。

进入 20 世纪 90 年代以后,企业竞争战略的研究出现活跃发展的新局面。1990 年伦敦商学院战略管理教授哈米尔(Gary Hamel)与美国密歇根罗斯商学院的企业战略教授普哈拉德(C. K. Prahalad)合作在《哈佛商业评论》上发表论文提出"公司核心竞争力"理论。他们认为企业核心竞争力需要满足三方面条件:有能力提供新产品和服务,能够对最终产品带来显著贡献,竞争对手难以模仿甚至在某些行业具有唯一性。后来研究人员探讨了核心竞争力的表现和实现方式,认为核心竞争力可以采取不同形式,包括技术诀窍、稳定流程、与消费者和供应商的密切联系,甚至包含产品研发以及有效鼓励雇员敬业态度的企业文化等。核心竞争力战略的引申含义,提示企业对不属于自身核心竞争力的活动应当尽可能外包出去。与核心竞争力相联系的优势具有可持续竞争优势的含义。

90 年代在战略竞争领域的又一重要发展是"资源优势理论"。1991 年 Barney 发表了《企业资源与可持续竞争优势》这一开拓性论文,标志企业资源理论产生。波特分析了不同行业持续盈利能力存在的显著差异,企业资源能力理论则从企业拥有的物质资源、人力资源和组织资源差异角度,分析了为什么特定企业内部不同企业之间仍存在显著差异。资源能力被定义为"具有价值"、"罕见稀少"、"难以模仿"等方面特点。资源能力理论与钻石模型分别侧重分析了竞争战略选择的客体环境与主体条件因素。另外,竞合理论(co-petition)、动态能力(dynamic capability)、承诺理论(commitment)也分别对竞争战略特定的侧面内容进行了深入研究。

现实需要比 30 所大学更能有力推动理论进步,理论思维变革则指导和推动实践活动更有效率地展开。外包与其他具有战略行动含义的企业行动与企业竞争战略理论的进步无疑具有互动联系。20 世纪 60

年代开始兴起的制造业工序区段国际外包和转移,在七八十年代供应链和价值链的概念中得到表达。90年代出现的核心竞争力理论与晚近兴起的服务外包现象的时间大体契合,强调了核心能力的分析思路与外包非核心业务的实践行动存在明显的逻辑联系,因而有理由把核心竞争力理论看作对服务外包实践的理论阐述和支持。不过,无论是企业实践潮流的转变,还是特定理论的产生、发展,都受自身逻辑的支配和影响,理论与实践之间的关系存在复杂的互动影响和交叉渗透关系,因而也不宜过分夸大单个理论对服务外包潮流兴起的作用。

参考资料:Gary Hamel and C. K. Prahalad, The Core Competence of the Corporation, *Harvard Business Review*, 1990, 68(3): 79—93; Michael E. Porter, *Competitive Advantage—Creating and Sustaining Superior Performance*, The Free Press, 1985; Michael E. Porter, *Competitive Strategy—Techniques for Analyzing Industries and Competitors*, The Free Press, 1980; Alfred D. Chandler, JR., *Scale and Scope: The Dynamics of Industrial Capitalism*, The Belknap Press of Harvard University Press, 1990; Alfred D. Chandler, JR., *The Visible Hand: The Managerial Revolution in American Business*, The Belknap Press of Harvard University Press, 1977; Chester I. Barnard, *The Functions of The Executive*, Harvard University Press, 1938; Peter Drucker, *The Practice of Management*, Harper Collins Publishers Inc., 1955.

9-5 简短的结语

一方面,服务外包能够通过比较优势、规模经济、学习效应、成本结构改变和生产网络化,为企业在降低成本、增加灵活性以及为自身赢利模式的构筑、进入壁垒方面带来利益和竞争优势。另一方面,服务外包又因为信息和人员交流、跨境经济活动交易费用、合作方潜在机会主义行为等方面面临额外的协调成本和风险成本。当代服务外包发展的最重要因素在于信息技术革命带来长距离信息交流"距离死亡"的局面,在于需求快速变动的市场环境对企业资产简约和结构瘦身的竞争选择作用。另外,经济全球化伴随的制度和政策朝开放方向演变的大趋势、航空革命带来人员长距离旅行成本的大幅度降低、应对世纪之交"千年虫"的挑战等因素,也对当代服务外包潮流的出现产生了不同程度的推动作用。服务外包的兴起并非偶然,而是具有深刻技术、制度和时代背景的趋势性现象。

最后在图 9-1 分析框架的基础上总结当代服务外包发展的具体原因。现代 IT 技术的普及对降低信息通讯成本的革命性作用、航空旅行和运输成本的下降、鼓励开放的制度变迁、市场竞争范围的扩大和程度加剧等环境因素演变,使得企业在临界水平上转移一个追加服务流程到外部甚至国外进行的广义交易成本大幅降低,这是当代服务外包兴起的最重要根源,其作用机制表现为图 9-1 中制约外包的边际成本线从 MC_1 大幅下移到 MC_2。随着技术进步和产业结构的演变,出现软件等新产品,其生产过程内部服务投入流程的比较优势和规模经济差异显著,特别适合采用国际外包和产品内分工方式生产,这使得服务外包的边际收益线从 MR_1 显著上移到 MR_2。过去由 MC_1 与 MR_1 决定的 E_1 所代表的均衡意义上的较低服务外包程度向右边移动,即提升到 MC_2 与 MR_2 决定的 E_2 所代表的较高外包程度,构成当代服务外包兴起的深层经济背景。

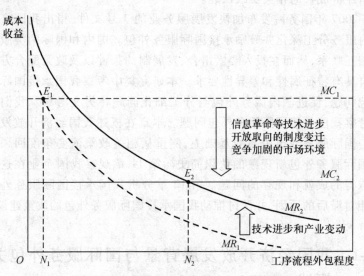

图 9-1 当代服务外包发展的经济学解释

第 10 章 我国承接国际服务外包的演变

服务外包作为当代产品内分工和经济全球化新潮流的重要表现，对于发展中国家经济的成长道路和战略选择具有重要意义。我国经济近 30 年开放成长的经验表明，在与全球经济逐步融合的进程中发挥自身比较优势是经济起飞的重要动力来源。一段时期我国在国际制造业产品内分工领域表现出色，然而如何利用服务外包的时代条件以促进我国经济持续发展同样是具有全局意义的实践课题。在前面系统观察分析当代服务外包现象及其发生机制的基础上，我们把研究重点转向我国经济成长的相关实践议题。

2007 年国务院发布加快发展服务业的 7 号文件，指出我国将促进国内服务分工深化并鼓励承接国际服务外包。国内和国际两类服务外包相互联系，然而在投入要素组合、发展制约条件以及政策配合方面又各自具有特征属性和差异性要求。本研究集中考察我国承接国际服务外包问题，促进国内服务外包与分工细化问题将另文考察。我们分三章考察我国承接国际服务外包问题。本章在概述我国经济开放发展背景与国际服务外包关系的基础上，侧重从相关政策演变角度回顾我国对国际服务外包新现象的认识简史。第 11 章观察我国企业在这一领域取得的成就和现存的问题。第 12 章分析我国承接国际服务外包发展相对滞后的原因，并探讨推动我国承接国际服务外包的政策建议。

10-1 我国经济开放发展背景与国际服务外包关系概述

过去近半个世纪经济全球化潮流演变的阶段特点和一般规律，可以从制造业与服务业离岸外包转移推动国际分工深化和生产方式变革中得到概略观察。美国1964年实行9800税号,鼓励劳动密集型制造业工序向国外转移,标志着当代制造业国际产品内分工和外包兴起;东亚四小龙等通过实行外向发展战略,承接制造业工序转移,实现了当代制造业产品内分工和外包第一波浪潮。到20世纪七八十年代之交,东亚四小龙已经成功地实现了产业阶段性高度化,把部分劳动密集型制造业加工工序转移到境外,推动了第二波国际制造业产品内分工与外包浪潮的形成。[1] 我国利用"文化大革命"后发展战略重新选择与第二波制造业产品内分工重组的时点大体契合的历史机遇,通过实行经济特区和吸引外资等政策,开辟出与计划经济封闭模式本质不同的开放成长新道路。

专栏 10-1

制造业产品内国际分工的起源和发展

战后最初十多年间,国际经济环境表现出以下几方面特点:一是美国经济快速增长,美国企业在主要经济部门占据支配地位,前沿性竞争主要在美国企业之间发生,外国企业不足以构成实质性竞争挑战。二是部分借助美国资金和技术支持,西欧和日本经济高速增长,并在某些领域逐步缩小了与美国的差距。三是发展中国家较多实行进口替代政策,试图通过建立相对独立和封闭的经济体系谋求发展。[2] 这一环境下,经济增长虽然伴随着不同行业、产品、工序的空间布局在各国内部的调整演变,但尚未发生大范围国际性产品内分工现象。

进入20世纪60年代后,国际经济环境格局发生了两方面重要变化。一是美国随着经济增长和收入提高,加上电子等新兴部门的长足发展,劳动密集型部门、产品或生产区段缺乏市场竞争力的压力愈益明

---

[1] 参见卢锋(2004a)对这一进程及其在纺织、汽车、电子等部门表现的考察。
[2] 当时社会主义阵营的国家普遍实行计划经济体制,其中有的国家如中国实施高度内向型的进口替代发展战略,有的如苏联和东欧国家通过"经互会"建立了比较紧密的国际经济分工体系,但是他们对西方国家主导的世界经济体系,则采取了比一般发展中国家更为疏远和对峙的政策立场。

显;外国特别是日本企业竞争力迅速提升,开始在某些技术比较成熟的制造业部门对美国传统优势地位构成挑战;竞争因素的内外夹击迫使美国企业通过国际范围的结构调整来加以应对。日本和西欧经过十多年的高速经济增长后,在劳动密集型制造业部门也不同程度地面临结构调整的压力。二是发展中国家广泛实行的进口替代政策,或者受到国内市场规模的限制而难以持续实行,或者由于扭曲干预措施带来了企业低效率及寻租行为等新问题,封闭取向的旧发展模式的可持续性受到反思和质疑,通过扩大和加深与国际市场的联系来谋求发展的新思路和新探索受到重视。世界经济两大板块新变化因素的互动碰撞,构成产品内分工现象大范围产生的基本背景。20世纪60年代发达国家实施鼓励外向加工的政策,若干发展中国家采取积极呼应的行动,提供了启动产品内分工历史进程的实际契机。

美国1963年实行了一项名为"生产分享项目"(production sharing scheme)的政策,主要目的在于鼓励美国企业把劳动密集型工序活动转移到国外进行。该政策设计的激励机制很简单:如果厂商全部或部分利用美国出产的部件或中间产品,到国外进行产品组装或最终工序操作,那么这类产品在完成国外加工返销美国市场时,其中包含的美国原产部件和中间产品能获得免税待遇,产品征税对象仅限于国外加工增值的部分。美国关税表(Tariff Schedules of the United States, TSUS)为此设立806.30和807.30两组税则号,对享受这类优惠的产品加以区别和界定。① 为适应后来美国税则的调整,有关税号改为9802税号,所以上述鼓励海外加工的措施又称为"807/9802"政策(Gereffi, 1999, p.48)。观察表明,这类政策并非限于美国。60年代末其他发达国家大都实行了类似政策(Finger, 1972, p.365),由此实施的产品进口贸易有时称为"海外组装条款"(offshore assembly provision)进口或"OAP进口"。

该政策体现的经济逻辑也不复杂。美国作为经济高度发达的国家,劳动力成本很高,在服装等某些劳动密集型制造业部门面临国际竞争力下降的压力。美国进行产品结构调整存在两种选择:一是把特定产品的所有生产过程一揽子转移到发展中国家,从而腾挪出经济资源

---

① 807税号规定的免税方式是对进口产品价值扣除原来出口的原材料和部件价值部分征税,允许较多的国外加工环节和工序,因而得到较快发展(Fingers, 1975, p.369)。

用于发展符合美国比较优势结构的产品;二是把这类产品生产过程中劳动最为密集的工序或区段转移到国外进行,资本和技术投入比例较高的生产环节仍在国内进行。显然,比较"整个产品转移"和"部分工序转移"两种方案,后者更具有经济合理性,并能降低结构调整对国内经济特别是就业市场带来的冲击。务实的美国人选择了利益大而代价小的"工序转移"调整方针,"生产分享"政策应运而生。

"工序国际转移"伴随"工序国际分工"。这一政策虽在主观上是从美国等发达国家自身利益出发而设计的,但客观上对推动很多制造业产品组装等工序环节的国际分工发挥了关键性作用,因而可以看作是启动当代产品内分工进程的一个标志性事件。一些东亚和拉美的发展中国家和经济体,较早调整了相关政策,鼓励国内企业承接发达国家的工序外包业务,提供了产品内分工所需要的"另一半"条件。1972 年发展中国家对美国制造品的 OAP 出口超过 10 亿美元,1966—1972 年间这类出口年均增长率为 60%,远远高于同期非 OAP 制成品出口 12% 的年均增长率水平。1972 年发展中国家向德国 OAP 出口为 1.56 亿美元,1966—1972 年间年均增长率为 36%,也大大超过同期非 OAP 制成品出口 11% 的年均增长率(Finger, 1975, p.366)。由此可见,产品内分工在 20 世纪 60 年代后期应已大范围启动,其快速增长显示出这一新生产方式的内在活力。

经济学理论和经济史经验都表明,分工与交换具有自我推动机制。当代产品内分工自我强化和推进机制表现得更为突出。

首先,从企业间的互动关系看,厂商间的战略性竞争行动,在微观层面为产品内分工注入了持久动力。某个企业率先采用外包等产品内分工生产方式,通常能够获得先行者优势,并在市场上占据较为有利的竞争地位。在寡头结构成为很多行业市场形态特点的当代经济环境中,某个厂商的外包策略及其增强竞争力的效果,会在竞争对手企业一边引起反响,使后者不论自身初始认识和偏好如何,也不得不认真考虑采用类似手段加以应对。还要注意的是,与产品内分工的产生和发展紧密联系的管理学领域的企业竞争战略理论,通过当代 MBA 教育而普及化,成为企业决策层的主流理念,更使实际利益和观念导向形成风火相助之势,加强了产品内分工的自我强化机制。

其次,从国家之间的互动关系看,日本企业最初的崛起对美国企业形成挑战,促使美国企业较多采用外包国际工序方式加以应对;美国企业利用外包增强了竞争力以及韩国企业后来者的竞争压力,迫使日本企业在20世纪70年代以后也开始在墨西哥和东南亚部分国家较多利用产品内分工手段加以应对;环太平洋地区美国企业与东亚企业通过产品内分工促进了结构调整和竞争力提升的局面,对欧洲企业形成竞争压力,促使欧洲各国企业寻求通过加深产品内的分工合作来摆脱被动局面。产品内分工从当代国际竞争中获得了内在发展动力。

再次,从行业传递作用的角度看,早期美国与发展中国家之间的产品内分工主要集中在电子、纺织、机械等行业,1972年这三个部门占美国从发展中国家OAP进口的比例分别为56%、13%和8%;同年德国和荷兰的OAP进口中纺织业一项占一半以上(Finger,1975,p.367)。虽然早期产品内分工的部门覆盖面有限,然而产品内分工提升效率的原理对其他行业具有传递性和推广性。过去几十年间,产品内分工的生产方式在其他行业不断被创新性地借鉴和采用,不仅成为制造业部门普遍采用的生产方式,而且在IT和其他领域技术革命的全新历史条件下,延伸到不少服务业部门。产品内分工在个别部门发生后,会通过行业间的推广和传递效应推动其发展进程。

最后,从发展不平衡性的导入效应看,发达国家前沿技术的创新和突破,产生了新的结构调整要求和压力,从而为通过产品内分工重新调整产业布局提供了新的动力和可能性。部分得益于产品内分工带来的发展机遇,特定时期一些发展中国家的经济增长较快,它们在经济成长阶梯上达到较高梯次水平后,本身的结构调整需要会导致其向周边经济欠发达国家和地区转移某些产品生产工序,从而推动产品内分工发展。后一点在东亚经济区表现得尤其明显。东亚四小龙在20世纪60年代都经历了承接简单外包工序的发展阶段,到八九十年代进入中高等人均收入水平甚至发达国家收入水平后,又通过产品内分工把缺乏竞争力的产品或生产工序转移到包括中国在内的周边国家和经济,对区域以至全球经济范围的产品内分工拓展发挥了重要推动作用。

参考资料:卢锋,《产品内分工:一个分析框架》,北京大学中国经济研究中心《中文讨论稿系列》No.2004005,2004年5月28日,http://www.ccer.edu.cn/出版物/讨论稿/下载。

到20世纪90年代全球服务业产品内分工与外包潮流兴起之际，我国在开放发展道路上的开拓探索已取得了举世瞩目的成就。就制造业参与国际产品内的分工格局而言，部分地区在很多制造业产品的最终组装以及简单零部件的生产环节仍保持比较优势的同时，比较发达地区的产业结构开始向某些资金和技术密集度较高的基础零部件甚至关键零部件转移，在某些特定产品和生产区段我国最前沿企业已开始进入培育自主品牌、重视关键技术研发的新阶段，这构成近年提出自主创新和发展自主知识产权技术和产品方针的客观条件。

专栏 10-2

加工贸易与产品内分工：
中国经济开放成长的经验

近年中国政府有关部门把控制贸易顺差和外汇储备增长作为一个重要政策目标。贸易顺差指出口大于进口的差额，出口小于进口是逆差。从新中国经济史上看，很长时期我们一直受贸易逆差和外汇资源紧缺的困扰，贸易顺差过大并成为政策调控对象在近几年才出现。那么为什么会有很大顺差？对顺差的原因有不同解释，特别是在如何看待人民币汇率与顺差关系问题上存在激烈争论。这里我们不讨论汇率等争议问题，侧重从加工贸易与产品内分工角度考察这一问题的深层根源，从而加深认识当代外包潮流与中国等国当代开放发展道路选择的内在关系。

我国对外贸易的统计区分加工贸易和一般贸易等非加工贸易。下面左边的图形显示，中国改革开放最初约20年间，加工贸易增长的速度高于非加工贸易，导致加工贸易在20世纪90年代后期约占整个贸易的半壁江山。下边图形显示，加工贸易是顺差主要创造部门，而非加工贸易则是累计逆差部门。到2006年，加工贸易累计顺差8 000多亿元，占当年外汇储备8成以上，而非加工贸易累计逆差3 000多亿元。由此可见我国加工贸易的发展是出现较大规模顺差的最重要直接原因。

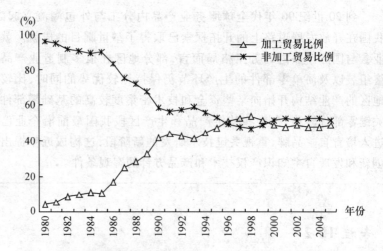

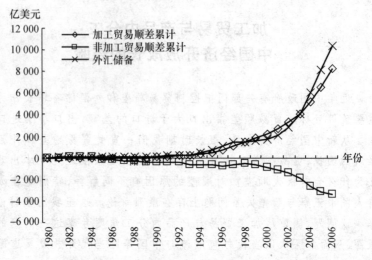

什么是加工贸易？依据我国政府有关部门的定义，"加工贸易是指从境外保税进口全部或部分原辅材料、零部件、元器件、包装物料（进口料件），经境内企业加工或装配后，将制成品复出口的经营活动，包括来料加工和进料加工"（中国对外经济贸易合作部，1999）。从贸易对应的国际分工类型角度看，加工贸易的特征在于它不是独立生产某个产品，而是承担特定或若干工序的加工生产活动，因而是我国境内企业参与全球产品内分工的产物。从国际收支角度看，加工贸易的特征在于它会定义性地创造相当于国内加工增加值的贸易盈余，因而贸易平衡方

式与传统发展经济学"两缺口"理论的假说迥然有别。

笔者在本书中反复阐述产品内分工概念。这里进一步讨论,加工贸易是我国参与国际产品内分工的重要表现形态。学术界度量产品内分工深化面临的数据和技术性困难,加工贸易对此提供了简单并具有说服力的度量。加工贸易的操作出现过一些弊端,目前这一领域仍然存在一些问题,并且有理由推测随着我国经济的发展和日趋成熟,加工贸易的相对重要性可能会下降并最终趋于消亡;然而就我国经济开放成长模式的实际展开进程而言,加工贸易对推动经济起飞厥功甚伟。

产品内分工和加工贸易破除了发展经济理论中一度盛行的出口悲观论的经验基础,为经济后进国家进入增长较快的国际生产系统提供了现实切入点,使得这些国家的土地、劳动等资源价值得到经济利用从而在开放环境中推动经济发展。从动态角度看,本土企业和人力进入国际分工体系后,更便利他们在内部学习改进和积累人力资本,提升配套性产业活动结构,并通过与广大国内市场互动创造出更为强大的国内企业。在发展战略认识层面,这类活动的短期绩效和动态演进前景,改变了人们对全球化和开放环境的认识和评价,从而使开放发展而不是封闭建设成为被越来越广泛接受的共识。

由此可见,中国近30年来的开放发展模式,从参与国际分工类型角度看,可理解为通过参与加工贸易这一特殊承接国际制造业外包的方式获得起步发展的条件和助动力。承接国际服务外包则是要在新的发展条件下进一步参与国际服务业转移,从而更好地实现我国的经济发展目标。对当代制造业与服务业国际转移,可以从产品内分工原理改组当代生产方式角度加以解读。把当代服务业与制造业外包的兴起及其国际化看作共性与个性相统一的经济现象进行考察,有助于深入理解外包管理实践的经济学基础,也对认识当代经济全球化的本质特征以及我国经济开放成长道路的具体规律具有借鉴意义。

参考资料: 卢锋,《中国国际收支双顺差现象研究:对中国外汇储备突破万亿美元的理论思考》,《世界经济》2006年第11期,第3—10页;卢锋,《外汇储备过万亿美元的深层根源与认识启示——我国经济成长新阶段的机遇和挑战》,北京大学中国经济研究中心《中文讨论稿》,No. C2006021,2006年11月13日。

我国经济开放发展的大势对迎接国际服务外包产生了不同方向的

影响。对外开放政策取得的阶段性成功,使我国在意识形态和一般理念层面对服务外包浪潮作出积极反应的阻力大为减小,这一点与我国早期在制造业领域融入全球经济体系探索所遭遇的政治和意识形态困难形成对照。大批不同类型的国内企业在改革开放环境中成长起来,各类专业人才数量的增长和素质的提升、硬件基础设施条件实质性的改善,都为我国承接国际服务外包提供了有利条件。

我国发展承接国际服务外包也面临不利因素。国际服务外包需要大量软件工程师和英语等外语人才,我国这方面的禀赋条件与某些发展中国家比较相对不足。制造业开放成长率先取得的突出成就对推动我国整体经济发展作出了贡献,然而这一领域的快速发展带来了更多商业机会及其对各类资源的竞争,也在一定阶段为发展承接国际服务外包业务带来较大机会成本,这一因素的潜在影响可能在一定时期更为重要。另外,我们一段时期对承接服务外包重要性的认识以及必要政策调整的相对滞后,也对这一领域的发展产生了一定程度的影响。

在上述背景下,我国承接国际服务外包虽已获得起步阶段的发展,特别在承接日、韩等国服务外包方面取得比较显著的成绩,然而从国际比较视角观察,发展相对滞后,尤其在开拓美欧主流国际市场方面不仅显著落后于印度、爱尔兰等国,与菲律宾、巴西、东欧诸国等近年开始积极参与的发展中国家比较在某些方面也显得竞争力相对不足。由于这一行业存在较强的学习效应和先行者优势(first mover's advantage),对企业和行业关键规模(critical mass)比较敏感,再加上我国劳务和土地等不可贸易投入的成本随着整体经济的快速增长以及人民币汇率升值趋势的展开会较快上升[1],我国在这一行业发展所面临的内外约束条件会更趋收紧。如果我们不能利用目前国际服务外包市场格局重组的机遇期,通过迅速行动改变被动局面,有可能在新一轮服务全球化浪潮中面临某种被边缘化的风险。

---

[1] 一种观点认为我国呼叫中心职工年平均工资为 2 558 美元,比泰国、印度和菲律宾都要低 1 000 美元左右,不及新加坡 1/5(GOR,2007/4,p. 23)。不过需要指出的是,这里比较的国外呼叫员工,大部分提供国际服务外包呼叫业务,因而具有熟练英语等外语口语能力。如果比较我国具有熟练英语能力并能够胜任国际呼叫外包服务的员工,工资水平可能要高得多。

专栏 10-3

人民币实际汇率升值趋势的分析

承接国际服务外包本质上是参与国际劳动分工的一种特殊的国际服务贸易。本币汇率作为一国与外部世界商品和劳务的相对价格,是调节本国与外国经济关系的基本参数。科学地把握人民币实际汇率的长期变动趋势,对理解我国服务外包的发展前景同样具有认识意义。

对中国汇率问题的争论从 2001 年英国《金融时报》发表评论文章至今已有 6 年。我国的经济政策在国内外引起如此广泛关注,分析观点和意见在学术界出现如此大的分歧和争论,在我国经济政策史上实属罕见。深入探讨人民币汇率问题需要在分析思路上作两点转换。一是对人民币汇率政策的争论集中在名义汇率调整问题上,但是从分析角度看其实质问题在于实际汇率是否失衡,因而需要树立实际汇率概念。二是可以中国经济发展为视角,分析在经济快速追赶背景下人民币实际汇率的长期变动是否存在趋势和规律,作为我们讨论短期问题的参照。为此需要结合我国现实情况,重新研究国际经济学中的巴拉萨—萨缪尔森效应理论假说(下面简称巴拉萨效应)。

在汇率政策的讨论中建立实际汇率概念和分析视角,是国际经济学理论的常识性要求。实际汇率是通过名义汇率的调整得到的两国相对价格。一个盒饭 8 元钱,这个名义价格还不足以显示盒饭贵贱,需要与其他物品和服务的名义价格比较才能得到显示其相对稀缺度的实际价格信息。依据类似道理,开放经济体调节内外经济关系的基本价格变量是实际汇率,名义汇率的影响需要在实际汇率基础上加以定义和阐述。

从长期分析思路看,人民币汇率争论的实质在于要回答一国经济快速成长并逐步缩小与发达国家差距的追赶过程中,其本币实际汇率是否存在某种变动趋势?如果存在这方面趋势,如何在经济学理论和国际比较经验基础上阐述其发生机制和经济学逻辑?如果这方面趋势能在一般理论层面得到解释,如何结合我国经济发展的经验证据分析人民币汇率近年是否失衡？

国际经济学巴拉萨效应理论构成从这一角度讨论的起点模型。名称有点生僻，然而经济含义很简单，是要解释国际价格比较领域的一个司空见惯的现象，即如果把100美元用汇率兑换为不同国家的货币，在穷国能够买到比富国更多的物品，也就是穷国物价比富国低，或者说穷国的市场汇率平价高于购买力平价，因而二者比率即实际汇率小于1。以我国现阶段情况为例，以2005年汇率转换人均收入为1 740美元，用PPP转换人均收入为6 600美元，说明我国物价比美国这类富国大体便宜三倍以上，相对价格即实际汇率不到0.3。

巴拉萨效应通过引入两部门劳动生产率的差异等假说解释这类现象。假设各国产出或消费品中包括"可贸易品"和"不可贸易品"两部门商品，假设可贸易品部门的国际劳动生产率差异较大，即穷国生产率远低于富国；不可贸易部门劳动生产率的国际差异较小。国际贸易使可贸易品的价格大体可比，穷国相对国外很低的劳动生产率，导致该部门相对国外很低的工资水平。然而一国内部劳动力部门间的流动性对两部门工资产生趋同性影响，结果不可贸易部门虽然生产率与国外差距不大，由于工资与可贸易部门大体均衡也远远低于国外水平，从而使该部门产品的价格也相应低于国外水平。由于一揽子产品价格包含两部门产品，穷国非贸易品价格相对国外较低，导致一般物价相对国外较低，因而实际汇率并不像购买力平价假设的那样等于1。这个理论简洁清晰，对国际相对价格的差异提出了一个逻辑一致并且得到广泛国际经验证据印证的解释。

把这个解释运用到经济发展过程，可以获得对我们讨论的问题具有重要参考意义的推论。如果巴拉萨效应对给定时点处于经济发展不同阶段国家的相对价格差异具有解释力，把它运用到一国经济追赶动态过程中对其实际汇率变动也应具有解释力。依据巴拉萨效应的基本逻辑，一国经济如能发生持续追赶过程，其生产率提高的结构属性会内生出本币实际汇率升值的趋势。由此可见，巴拉萨效应并不是一个全面解释实际汇率决定因素的理论，但是对不同国家实际汇率的差异或者一个国家经济发展不同阶段实际汇率的变动，提供了一个长期供给面因素的理论性解释。

可以用一个思想试验进一步表达上述推论。假定得到"神力佑助"，我国经济在一夜之间赶上美国，我国人均收入与美国大体收敛，依据巴拉萨效应推测,人民币实际汇率也会在一夜之间升值3倍左右,使人民币汇率与购买力平价大体一致。对这个凸显巴拉萨效应实质含义的假设性推论,国际比较数据给出了确定无疑的经验支持。对100多个国家相对价格与经济发展指标的回归分析显示,至少在人均收入大跨度变动的分析场合,两个变量由巴拉萨效应所提示的对应关系显著成立,把这类截面数据的证据推演到时间序列场合也应当成立。另外,当代基本成功地实现追赶的国家的相对价格动态变化轨迹也支持这一推论。

实际追赶当然不可能在思想试验中完成,对于中国这样的大国即便能有幸实现追赶,也至少需要几代人的持续努力,因而巴拉萨效应推论的实际汇率变动在现实世界会作为一种趋势性力量逐步展开。然而上述讨论说明,如果我们相信中国经济追赶有望持续,给定目前我国不到0.3的相对价格水平,人民币实际汇率迟早需要进入升值通道。在这个意义上,人民币实际汇率升值是我国经济发展成功带来的问题,也是管理一个成功追赶进程所难以避免的问题。

如果发生可贸易部门劳动生产率"相对相对"追赶,依据巴拉萨效应假说,本币均衡实际汇率需要升值。问题在于这一升值是通过名义汇率升值实现,还是通过一般物价较快上涨实现,抑或通过二者某种组合实现。在巴拉萨效应理论提出的1964年,布雷顿森林国际货币体系仍固若金汤,固定汇率制是讨论现实经济问题的普遍假设,因而有关的原始文献没有特别讨论通过名义汇率上升而实现升值的可能性。然而从理论和经验分析上看,可以假设由巴拉萨效应发生的实际汇率升值要求,有可能通过物价变动实现,也可以部分甚至完全通过名义汇率升值实现。

可以通过一个简单的修改模型对巴拉萨效应提出一个拓展表述,得出可以通过名义汇率的变动实现巴拉萨效应派生的实际汇率升值要求。分析实际汇率升值的具体方式,关键取决于劳动生产率快速增长的同时,工资是否与劳动生产率同比例增长,即单位劳动成本是否变动。从理论上看,如果可贸易部门的劳动生产率与工资同方向并且同比例增长,那么实际汇率升值通过物价变动实现。如果可贸易部门工资的增长低于劳动生产率增长,该部门单位劳动成本下降,则实际汇率升值至少部分需要通过名义汇率升值实现。

由此可见，从巴拉萨效应角度观察人民币汇率长期变动的趋势，关键是要考察两方面的经验证据。

一是考察我国可贸易部门"相对相对"劳动生产率变动情况，观察人民币实际汇率是否发生趋势性变动。笔者在人民币实际汇率系列研究论文中，以制造业和服务业分别作为可贸易部门与不可贸易部门的代表，仔细整理估测了改革开放以来两部门劳动生产率的数据，并与美国等 13 个 OECD 同类数据比较，发现 1995 年以来的十余年间，我国可贸易部门"相对相对"劳动生产率增长接近一倍，使人民币实际汇率引入升值压力。然而对照现实情况，虽然人民币实际汇率在 1994—1997 年间明显升值，然而 1998—2005 年汇改前反而呈现贬值趋势，由此推论人民币实际汇率可能被显著低估。

二是考察我国可贸易部门单位劳动成本的相对变动情况，观察人民币实际汇率升值是否需要通过名义汇率升值来实现。通过考察相关数据，发现 1995 年以来十年左右，我国制造业单位劳动成本相对发达国家呈现下降趋势，不同度量指标累计下降幅度在 30%—40% 上下。依据巴拉萨效应的拓展解释，这方面变动使人民币名义汇率引入升值压力。对照实际情况，人民币兑美元汇率以及有效名义汇率虽然在 1994—1997 年间明显升值，然而 1998—2005 年汇改前也表现出贬值趋势，由此推论人民币名义汇率可能被显著低估。

巴拉萨效应并不是完整的均衡实际汇率理论，而是揭示一个经历经济追赶过程国家的均衡实际汇率的供给面最重要的长期动态因素，因而仅仅利用巴拉萨效应并不足以解释给定时期实际汇率的具体表现。讨论人民币汇率问题，还需要考虑巴拉萨效应模型没有包括的其他重要变量。例如，我国计划经济时期为推行进口替代战略而人为高估人民币汇率，改革开放时期消化汇率高估扭曲的一段时期内要求实际汇率持续贬值。另外，研究晚近时期人民币均衡实际汇率的变动，还需要考虑经济景气周期变动以及东南亚金融危机的外部冲击影响等方面的因素。笔者在系列研究论文中分别考察了这些因素，结果发现上述人民币汇率低估判断仍能成立。

对于一个发展中国家而言，高估汇率与低估汇率在硬性约束方面具有某种不对称性。维持一个低估汇率并非不可能，但是要承担国际收支失衡所带来的直接和间接代价。与商品价格人为高估会导致供过于求和过量库存的道理类似，汇率低估即高估外汇资产价格，会表现为贸易盈余和外汇储备过量增长。我国近年贸易盈余和外汇储备超常增长，外汇储备2006年年底超过万亿美元，在全球创下新纪录，这一方面与当代产品内分工为微观基础的经济全球化环境下我国经济开放成长的具体道路有关，另一方面也与人民币汇率低估存在联系。经济规律的作用意味着，你可以不接受汇率低估判断，然而难以阻止通过外汇储备激增表现的国际收支失衡；好比过去我们不承认汇率人为高估，但是没法阻止外汇黑市交易一样。

目前汇率高估和国际收支失衡的第一个代价，是外汇储备占款的机会成本太高导致负面的福利影响。过去近半个世纪美国长期国债的平均实际收益率大约在3个百分点上下，考虑管理大国庞大外汇资产实行组合投资在委托代理层面存在特殊困难和风险，考虑上面讨论的人民币实际汇率升值趋势，未来10—20年万亿美元规模的外汇储备资产用本币——人民币衡量的实际年均收益率期望值，可能接近于零。笔者与CCER中国经济观察研究组的同事对我国1978—2006年工业资本回报率进行了深入研究，详细的数据分析显示，我国资本回报率晚近时期发生趋势性的强劲增长，近年真实回报率大约在10%上下。汇率低估、国际收支失衡和过量外汇储备，显然给国民福利带来不小损失。

从宏观经济管理和市场经济体制改革的角度看，汇率低估使得运用货币政策调节经济景气面临约束和困难，因而不利于制约和改变宏观调控的微观化倾向，对健全和完善社会主义市场经济体制也有不利影响。我国经济快速追赶阶段的贸易摩擦难以避免，然而汇率低估会使这方面压力更大。相关政策需要在权衡利弊和比较损益的基础上作出选择。解决国际收支失衡问题需要采取综合措施，然而允许实际汇率升值应当是其中一项必要而重要的内容。仅用汇率手段确实不行，然而在汇率低估的背景下完全不用汇率工具也是不行的。

综上所述，如果我国经济在未来几十年仍然保持高速追赶态势，人民币实际汇率出现升值趋势应难以避免。我国经济成长整体环境的上述趋势变动，对于企业制定长期竞争战略具有重要意义。它意味着我国制造业企业的产业技术逐步升级成为一个必然选择，我国发展承接国际服务外包也需要有较高起点，从而保证企业能够在工资快速增长和本币汇率升值背景下生存和发展。

参考资料:卢锋、韩晓亚,《长期经济成长与实际汇率演变》,《经济研究》2006年第7期,第4—14页;卢锋、刘鎏,《我国两部门劳动生产率增长及国际比较(1978—2005)——巴拉萨-萨缪尔森效应与人民币实际汇率关系的重新考察》,《经济学季刊》第6卷第2期,第357—380页,2007年1月;卢锋,《我国制造业单位劳动成本变动及其对汇率的影响(1978—2006)——依据巴拉萨-萨缪尔森效应视角的实证分析》,未刊论文;卢锋,《中国国际收支双顺差现象研究:对中国外汇储备突破万亿美元的理论思考》,《世界经济》2006年第11期,第3—10页;卢锋,《对人民币汇率争论的理论思考》,《学习时报》2007年5月7日第4版。

10-2 我国承接国际服务外包认识简史

国际服务外包是当代经济全球化发展进程中出现的新现象,人们对其经济性质和意义的认识会有一个过程;不同国家经济发展的主客观条件存在差异,对这一现象的认识方式和时间迟早有所不同。依据有关资料和对业内人士访谈了解的有限信息,笔者认为从有关政策设计和国内企业及行业发展的大势观察,可以把我国承接国际服务外包认识的演变过程分为三个阶段。

第一阶段是20世纪90年代,大体是少数官员和企业家初步注意到软件服务外包现象,并在政策和企业实践层面进行初步探索,然而有关议程尚未进入决策优先考虑的层面。据某位业内资深人士介绍,1991年曾培炎任机电部副部长时访问印度,回国后提出可以借鉴印度经验建设软件园①,应是我国高层官员对服务全球化新动向的最早认识。该项目1992年进入上报程序,1996年被国家计划部门批准,1999年落实无息贷款扶持资金,前后几乎贯穿整个90年代。

围绕这一计划的设计和审批工作,我国珠海、浦东等地软件园产生,并推动国内一些企业开始尝试发展承接软件外包业务,例如东北大学与外资合作建立东软,是较早进行软件和服务外包探索比较突出的

---

① 据当时机电部有关官员回忆,曾培炎当时对印度利用软件园的政策平台简化技术和管理人员出国手续,集中进行基础设施建设带来集聚效应等方面情况印象深刻。

案例,不过总起来看这一时期处于萌芽和探索阶段。① 20世纪90年代我国改革开放大局面临其他许多更为重大、紧迫的议题,对国际软件和国际服务外包这样出现不久和整体意义尚未清晰展现的事物,没有像印度那样立刻给以更多重视也是可以理解的。②

专栏10-4

大连软件传奇:被"逼"出来的创业模式

2007年6月20日,第五届"中国国际软件和信息服务交易会"(软交会,CISIS)组委会在大连香格里拉饭店举办酒会,招待几百位国内外与会重要企业代表、中央相关部委领导以及各地官员和开发区负责人。与笔者同桌就餐的大连软件园总裁高炜先生翻阅记事本告诉我,这是他今天的第18项活动,饭后还要与市领导一起会见专程来大连参加这次会议的一位自治区领导。大连承办的这个国家级软交会人气一年比一年旺,这从一个侧面显示大连已经确立了在中国软件和服务外包领域最有特色和最有活力城市的地位。

据大连有关部门提供的数据,2006年大连软件与信息服务收入比上年增长41%,达到145亿元,软件与服务出口增长46%,达到4.5亿美元。大连有200多家企业为日本、韩国、新加坡和欧美提供外包服务,GE、IBM、埃森哲、索尼、松下、日立、HP、SAP等33家世界500强IT企业落户大连。2007年3月英特尔宣布在大连投资25亿美元建立一

---

① 1991年机电部计算机司等部门对我国建立软件园的设想召集有关专家进行论证并作出积极判断。国家计划部门同意进入上报审批程序。最初计划建立三个软件园,并由国家对每个软件园提供1亿元无息贷款资助,同时要求地方政府提供配套资金。一个原定在深圳,后来据说主要由于地方土地供应困难未能到位,而转移到珠海。另一个建在北京,也因为没有配套政策所以一段时期挂在某个企业下面。1992年上海要求参与这一计划建立浦东软件园。

② 从经济学公共选择理论角度看,公共政策需要通过特定决策程序才能实施,直接受到决策者注意力、判断力和执行力的约束。决策者在特定时期的关注和执行能力受到多重约束,对一个问题的高度关注和推动,难免以其他议程重视程度的降低作为机会成本。在软件外包作为服务全球化滥觞的全局性重要意义尚未明显展现的20世纪90年代初期,对这一问题采取上述应对方式也许具有务实性理由。

个生产300 mm(12英寸)晶圆的工厂,该项目已于2007年9月9日大连举办"夏季达沃斯"之际举行了奠基仪式。英特尔亚洲第一家晶圆厂花落大连,标志大连有可能从软件集聚区进一步转型成长为产业链更全面的IT集聚区。

记者这样描写软件与大连联姻带来的变化:"如今,大连街头最靓丽的风景已经从商场变成软件社区,大连最富有的行业已经从金融变成了IT行业,大连人最为津津乐道的话题也从'足球'变成'软件'。"美国《商业周刊》、《纽约时报》等主流媒体以及全球畅销书《世界是平的》,都曾专门介绍和评论大连作为软件和服务外包新锐城市的表现和前景。看到大连软件服务外包蓬勃发展的景象,我们也许难以想象十年前软件和外包对这个城市还是一个陌生和舶来名词。

1997年时任大连市长的薄熙来考察新加坡等地归来,提出大连要搞软件园的设想。① 在这位以作风雷厉风行著称的主政者的推动下,1998年大连市政府建立了信息产业局,并决定由一家房地产企业亿达集团主办软件园;同年亿达集团与沈阳东软集团达成合作协议,实现对后来软件园成长轨迹具有重要影响的"孙(荫贵)刘(积仁)组合"。1999年7月大连软件园被国家科技部认定为"国家火炬计划的软件产业基地",并举行开园仪式。2001年通过"定向建造、长期租用"的"筑巢引凤"模式吸引到GE-Capital(即后来Genpact)进入大连,这对后来众多跨国公司来大连投资产生示范效应。2001年东软与亿达共同在软件园建立了东软信息技术学院,成为培养外向型软件和服务外包基础人才的重要教育平台。

不到十年间,大连一路快跑,迅速崛起为中国软件和服务外包重镇。这一发展轨迹似乎连当事人也不无惊讶和感叹。2003年在辽宁省长任上的薄熙来视察大连软件园时说:"我真没想到,有这么多很好的企业这么快就已经落户到这里。"经历大连软件全程发展的大连市长夏德仁深有感慨地说:没有一个行业像软件行业这样为大连争气。

大连软件服务外包行业的传奇发展,无疑得益于这个美丽海滨城市三面环海、四季分明、气候宜人的"人居城市"的良好天然环境,得益

---

① 《坚持大连软件业的国际化发展道路——访大连发展计划委员会主任曲晓飞博士》,《大连软件》2003年9—10月合刊。

于大连长期重视环境保护和建设。① 不过问题在于,一个城市能否把自身的自然和人文环境转换为特定行业的关键竞争力要素,仍然需要与适当体制设计和战略选择相配合,并要与特定行业的发展机遇和趋势背景相呼应。大连也曾力推服装和啤酒,虽有斩获却远不如软件服务外包行业的绩效惊人,这说明大连人发展软件服务外包,可能还在其他什么关键地方做对了什么重要事情。

至少有两处经验可圈可点。一是在软件园区开发上没有沿袭传统的政府开发模式,较早采用富有特色的"官助民办"体制,即在政府领导下,由大连亿达集团投资进行软件园的基础设施建设、环境建设以及招商引资工作,市政府责成市科委成立大连软件园管理办公室,会同软件园所在地甘井子区、高新园区等部门对软件园建设进行指导、管理和服务。软件园区开发阶段需要政府协调和政策扶持,然而更需要运作的执行力、成本的有效控制、服务细节到位等条件。官助民办的做法虽然也存在自身问题,然而在特定历史环境下为满足上述两方面条件提供了一个比较灵活有效的体制平台。

二是从一开始就确立国际化路线,围绕开拓海外市场和承接国际服务外包展开招商引资。从全球范围看,软件重要性的提升、软件与IT外包发展、商务流程外包的兴起,这三方面相互联系、变动,到世纪之交已形成IT信息革命改组全球经济结构的新潮流。然而,我国当时业内和政策界的主流看法,是特别强调发展自主知识产权软件,由此提出一套火炬计划、软件基地等资助、扶持的政策体系,承接国际软件服务外包尚未受到重视。大连一开始就把国际化作为发展软件产业的基本定位,并且利用对日本语言的优势和地缘优势,很快形成对日软件外包优势并在事实上成为东北亚服务外包中心之一,从而在与比较优势原理相一致的基础上打造出本地区域和企业群体的市场竞争优势。前文介绍的浙大网新恒宇等案例说明,其他地区也有一些软件企业较早地探索国际化道路并取得成绩。然而,在城市和区域经济整体层面上把承接国际外包事实确立为阶段性软件发展基本方针并采取务实战略定位

---

① 2007年9月8日,来大连参加"夏季达沃斯"论坛以及英特尔大连晶圆工厂奠基仪式的英特尔公司董事长贝瑞尔说,大连环境如此优美,与他的出生地美国旧金山很像,"没有任何一座城市比大连更适合它(英特尔大连工厂)了"(王如晨:《英特尔亚洲第一家12英寸工厂大连奠基》,《第一财经日报》2007年9月10日A6版)。

的是大连,它可能比其他地区和全国整体至少提早5年以上。

不难看出,大连软件创业模式中体制设计与战略定位具有内在逻辑联系。民办体制下企业家在软件园建设问题上的某种主导作用,有利于在经营方针选择上更加贴近市场竞争规律,有利于避免把发展软件产业狭隘理解为单纯发展自主知识产权软件产品的认识偏颇,从而更好地利用产品内分工时代的经济全球化环境,通过承接软件和服务外包寻求开放型发展策略的切入点。符合经济规律的国际化策略获得了阶段性成功,这对改进和完善软件园开发模式也会产生积极作用。

大连发展软件和服务外包在体制设计上独辟蹊径,在战略定位选择上得风气之先,显然与地方主政官员务实的理念作风有关,与"孙刘组合"在经营方针上的远见决断以及软件园管理团队的出色工作有关。除了这些"人事"因素外,当初两方面客观条件对塑造大连创业模式也有重要作用。一是地方财政拮据,难以采用由政府直接投资兴建软件园的传统做法,促使"官助民办"体制应运而生。大连当年大规模投资城市环境建设,由于优势产业发展与环境投入之间存在时间差,地方财政压力很大。软件园最初设计在大连西南部由家村,这是一片已划给大连高新技术开发区的待开垦荒地。虽有依山傍水的自然风景,还有学府围合的人文环境,但是大片荒滩需要开垦,大批居民有待动迁,粗略估算前期投入至少需要3亿元,在当时看来投资收益和期限都存在相当风险。由于地方政府财政捉襟见肘,政府在资金投入方面实在力不从心,在软件园融资和兴办模式上必须通过体制创新寻求新出路。

二是大连本地软件产业和相关基础条件薄弱,按照当时的主流思路搞自主知识产权的软件无从谈起,借鉴东软较早试水的国际化路线,依托自身的比较优势寻求市场竞争优势成为务实选择。历史上大连IT和软件业并不发达,建立软件园时全市软件业总产值只有1—2亿元。虽然教育科技有一定基础,但是在软件研发能力和专业人才方面,与国内其他一些城市比较也缺乏优势。这些初始条件显然有不利的一面,然而也促使大连在探索软件业发展策略时超越主打国内市场与过分强调自主知识产权的认识局限,在借鉴东软较早进入日本软件外包市场成功经验的基础上开拓出国际化软件业创业模式。

大连官员在评论自身发展道路的特点时指出,大连发展经济无法像上海那样,可以在制造业、金融和其他高端行业之间左右逢源;也不比青岛,有海尔、海信、澳柯玛、双星等许多知名品牌可作依托和凭借。这是中肯而务实的评论,笔者早先考察大连也感到这个城市传统产业特别是制造业基础条件不如它在外界的相对知名度。然而从另一角度观察,也可能正是因为这些不利的约束条件,促使大连人在软件行业更加尊重客观经济规律,在自身比较优势与当代全球化环境相一致的前提下探索、发现产业发展的契合点,结果成功地把软件服务外包写进这个新兴城市的耀眼产业名片。就客观初始条件的影响而言,也可以说大连现有的成功所倚仗的体制创新和战略模式是被逼出来的。这样解读并非看低大连经验的重要性,诚如长期深入观察我国制度变迁进程的周其仁教授所言:中国改革的重大突破差不多都是被各种内外因素逼出来的。

中国正面临软件和服务外包行业大发展的时刻。大连捷足先登并不足以保证在这场承接国际服务业转移浪潮的竞争中持续领先。大连人对此有清醒认识,立志要再接再厉把大连建成超过印度班加罗尔的"中国的硅谷"。随着大连软件园最初3平方公里开发完毕,近年大连正在设计实施把18公里长的旅顺公路沿线开发为软件和IT集聚区的二期发展计划。2007年9月上旬笔者为全书最后定稿时,"夏季达沃斯"论坛在大连举办,标志国际社会对大连的认知度和期许度进一步提升。大连能否和如何实现其宏大愿景,如这个城市在软件领域已有的传奇经历一样,注定将受到广泛关注和解析。

参考资料:大连信息产业局、大连软件行业协会,《大连市软件与信息服务业发展报告(2006)》2007年6月;《成长、归零、超越:〈大连软件〉创刊5周年精华版》,《大连软件》2006年5、6月合刊,总第35期;肖丽,《创新的产业、创新的园区》,《大连软件》2004年4月刊;徐扬,《从大连看我国软件外包"两步走"》,《参考消息》2005年1月12日第21版。

第二阶段大体在世纪之交前后5—6年,认识和政策调整的特点是鼓励软件产业成为国家优先发展的行业,不过承接国际服务外包仍未能得到足够重视。随着以IT技术革命和信息化为突出标志的新经济兴起,大力发展软件产业成为学术界和决策界的共识,以参与软件生产

国际分工为重要内容的印度经验得到更多关注。与国家"十五"规划利用信息化促进工业化的指导方针相一致,2000、2002年国务院先后出台两个有关软件行业的文件①,对我国软件业进入快速增长期发挥了重要指导和推动作用。② 不过从本书研究的角度观察,有两点问题可以进一步探讨。

一是如何看待发展软件产品的生产能力与参与软件国际生产分工关系的问题。上面说明,软件生产国际范围的产品内分工或软件外包是广义国际服务外包的重要内容,参与国际软件服务外包是发展承接其他领域国际服务外包的重要切入点,世纪之交国家制定软件发展政策为全盘审视当时已正在兴起的国际服务外包潮流并进行必要政策调整提供了一个有利时机。当时政策强调发展软件产品是必要的,然而对如何看待发展软件生产能力与积极参加国际软件外包之间的正向互动关系,如何利用全球化环境和我国的开放方针发展软件业,当时的认识似乎还不甚清晰。有关文件虽也提到"支持软件企业承担(软件)委托加工项目",然而整体上对我国企业参与软件外包以至服务外包的重视不足,在进行必要政策调整方面也就没有更多具体、有效的措施。

二是如何看待我国软件行业的成长与发展和自主知识产权软件关系的问题。这一时期的政策特别重视"自主知识产权的软件产品"的研发和出口,提出2005年达到软件出口50亿美元等一系列发展目标。③我国制造业国际竞争力快速提升,IT国内市场规模相当大,为我国发展嵌入式软件产品以及在某些领域发展自主知识产权软件,提供了一般发展中国家难以具备的优越条件。因而,鼓励发展软件产品以及自主知识产权的软件产品生产是正确的,实际上21世纪以来我国嵌入式软件快速增长,财务会计、电信收费等国内特定行业品牌的软件也出现一些成功案例。不过设计行业发展战略时,如何认识和处理发展自主知识

---

① 即业内著名的18号和47号文件(国务院,2000;国务院,2002)。

② "我国软件产业步入快车道。2001—2005年,我国软件产业规模从93.6亿美元增加到484亿美元,5年间翻了两番多,已成为电子信息行业中增长最快的领域之一"(GOR,2007/2,23页)。

③ 47号文件规定"发展目标:到2005年,软件市场销售额达到2 500亿元,国产软件和服务的国内市场占有率达到60%;软件出口额达到50亿美元;培育一批具有国际竞争力的软件产品,形成若干家销售额超过50亿元的软件骨干企业;软件专业技术人才达到80万,人才结构得到优化;在国民经济和社会发展的关键领域大力发展具有自主知识产权的软件产品和系统"(国务院,2002)。

产权的软件产品与我国现阶段要素结构等比较优势因素的关系问题，仍可以反思和探讨。

具体观察软件出口的情况，虽然政府有关部门投入大量资源①，还组建"软件出口联盟"加以推动②，然而政策执行的结果仍不尽如意。海关数据显示我国据海关统计2005年计算机系统、支撑、应用和其他等各类软件③出口约为6.5亿美元，加上可能部分包括软件的"机器用激光盘"④接近7.6亿美元。考虑相关统计不够完善，实际出口数量的规模还需要进一步研究估计⑤，然而现有情况提示我国软件出口规模很可能未能实现47号文件预设的50亿美元的目标。其他计划目标的实现情况也有不够理想之处。这个经验事例对反思我国现阶段的经济发展战略具有超出软件行业的启示含义。发展自主知识产权和鼓励自主创新对提升我国经济结构具有积极意义，在某些领域甚至具有紧迫性；然而实行这一方针需要结合我国基本国情，需要符合客观经济规律。如果脱离对象经济属性和内在规律，把自主知识产权作为合理经济活动的先决条件，片面解释或过度强调自主创新，则可能因为作茧自缚而产生与良好意图不一致的结果，甚至可能会忽视对我国经济发展具有积极意义的现实机遇。

---

① 依据国务院2002年47号文件部署，"十五"期间，中央财政预算内资金向软件产业的投入不少于40亿元。其中，电子信息产业发展基金、"863"专项经费、国家科技攻关计划经费、产业技术研究与开发资金、科技型中小企业技术创新基金等可用于软件产业发展的资金，通过调整结构，向软件产业倾斜，集中不少于30亿元的资金专项用于软件产业；同时，为了确保软件产业发展目标的实现，体现国家政策的导向和扶持作用，2003年至2005年，中央政府再安排10亿元，专项用于支持软件产业发展（国务院，2002）。
② 研究人员注意到，"从2000年开始，中国政府及一些软件公司极力组建'软件出口联盟'，试图克服规模障碍。但这并非是最佳解决方案。首先，根据管理效率理论，一群独立的公司使用同一个商标并不切实可行。'软件出口同盟'的模式解决不了滥用商标的问题。同时统一IT外包的质量标准是很困难的，监控机制也存在缺陷"（朱晓明等，2006b，第73页）。
③ 四类软件产品的海关税则号为98030010、98030020、98030030和98030090。
④ 税则号为85243920。
⑤ 附录1报告和讨论了软件出口及服务外包的有关数据。

专栏 10-5

Wipro 积木式管理：承接外包与创造自主知识产权

2005年年初笔者到印度考察软件和服务外包行业，有机会对 Wipro 等企业进行实地考察。在位于印度硅谷班加罗尔以色彩鲜明的彩虹作为企业标识的 Wipro 总部，笔者受到该企业公关部门负责人的接待，这位曾经担任大学教员的公关经理在与我共进午餐的过程中，介绍了 Wipro 如何在进入软件行业十多年来从无到有发展到年出口软件服务十几亿美元、被微软列为全球潜在竞争对手的神奇发展经历。Wipro 设计和建造讲究的现代化硬件条件，与美国硅谷大型软件和 IT 服务企业不分轩轾，比我在班城居住的每天 300 多美元所谓的五星级酒店更像高级宾馆，与建筑群 300 米外的荒地工棚和开发区外面尘土飞扬的马路更是形成鲜明对照。看到年轻职员一批一批从演讲教室中听完培训课程后走出来，你会感觉到一种商学院的特有气氛。

1945年 Wipro 建立之初名叫 Western India Vegetable Products Limited，是一家榨油工场，主营食用葵花油以及用榨油副产品生产的肥皂。1966年现任董事长 Azim Premji 先生的父亲突然去世，当时只有 21 岁的 Azim Premji 只好从斯坦福大学电子工程专业辍学，返回印度接管家族生意。20 世纪 70 年代该公司开始进入 IT 行业，利用当时排斥外资政策迫使 IBM 撤离印度提供的市场空当，公司 1975 年生产和销售了第一台国产组装微型计算机。1977 年公司改名为 Wipro Products Limited，并于 1980 年开始进入国内 IT 服务市场，1981 年建立 IT 硬件公司，1984年建立专注软件产品的附属企业（Wipro Systems Ltd.）。

1989 年 Wipro 与 GE 合资建立了医疗系统服务方面的企业（Wipro GE Medical Systems Ltd.），1990 年公司停止了独立软件产品的生产业务并开始提供软件服务业务，这是 Wipro 大举进入软件和 IT 服务外包行业的重要标志。1995 年公司通过 ISO9001 质量资格认证，1997 年和 1998 年分别通过 CMM 三级和五级资格认证，2002 年 11 月被《商业周刊》（Business Weekly）评为全球十大软件服务公司之一。Wipro 2006 年营业收入34.7亿美元,员工总数68 000万人,现在已经成为印度第二大软件公司,营业收入仅次于有37年历史的塔塔咨询服务公司(TCS)。2006年国际外包专业协会(International Association of Outsourcing Professionals)评出世界各类外包公司100强企业,Wipro位居第7位,名次遥遥领先于印度其他公司(Hamm,2007,第13页)。

2004年Wipro开始在上海浦东投资建立分支机构开展业务(Wipro Shanghai Ltd.)。与TCS以及其他来华投资的印度软件和服务外包巨头企业类似,Wipro也是一方面把中国作为其已有美国和欧洲国际客户的服务提供基地,这些客户存在从中国获得服务的需求;另一方面建立中国公司更是意在竞争潜力巨大的中国国内软件和服务外包市场,并更好开拓日本等东亚市场业务。Wipro中国公司第一任总裁和代理董事长Masaki Nagao先生同时也负责Wipro日本业务。

依据Wipro企业案例研究专家的观察,Wipro从一个"卖油郎"发展到印度软件业"第二把交椅",一个重要经验是没有受到"过分强调自我研发的症状(not invented here syndrome)"影响,虚心学习其他优秀企业的成功经验(Hamm,2007,p.153),在与其他企业合作和配合中发挥比较优势。具体而言,Wipro在软件服务行业探索了一套"积木式管理"的经验。做法是在承接个别软件服务外包的过程中,重视累积很多自身拥有知识产权的模组,客户需要什么功能,就把相关的IP模组程式码调出来,帮客人组装、测试,然后出货。要研发新程式,不需要每次都从头再来。

一个个IP如同一块块积木,可以拆开,可以重组,IP模组的累积越来越多,可以重组的空间就越大。这是因为在现在的软件技术中,程式码已经可以像积木一样地分开并重组。"就像盖房子,同样用的是砖,却可以有不一样的设计"。Wipro嵌入式产品及产品工程事业群经理Ram Prasad说:"接到客户订做软件的订单后,研发人员就只需要把心力花在系统设计上,关键的系统组件,都早已准备妥当。"

这么一来,曾经发展过的技术,就成了取之不竭的金矿。这种做法会形成大者恒大的局面,早进入某个技术领域的软件工厂,能累积越来越多的重要技术,新的软件服务公司,没有这些IP,很难在他们擅长的领域跟他们竞争。"我们每年都有三百到五百个不同计划在同时执行,"Ram Prasad对自己公司三头六臂的设计能力很有信心,"世界前八大手机制造商,有七个委托 Wipro 做手机代工设计。"

运用现有优势求生存的变形虫策略,能帮助 Wipro 同时累积分散在二十多个国家的三万名员工的脑力资源。在其内部有一个称为 K-NET 的资讯分享网络,除了分享已经建立的 IP,遇到新的状况,专案执行人也会在不影响客户权益的状况下,把自己的经验做成新的 IP,同时,他们每年也会投入 6% 左右的人力进行研发,充实 K-NET 里的脑力资本。

每个 Wipro 员工研发出的新技术,在放上 K-NET 之前,还必须经过创新委员会的审查,除了确定来源和技术没问题,更重要的是要先评量技术的价值。Ram Prasad 指出,他们所有的 IP 都会按照未来的市场潜力、目前的市场价值、对技术的投资金额以及对 Wipro 自己的价值进行评估。评估之后,这些技术才能正式成为 IP,放上 K-NET 在 Wipro 内部流通,不过,也只有资深经理能够接触到这些 IP。

除此之外,他们在很多细部的训练上非常用心。Wipro 嵌入式产品及产品开发事业群总裁 Ramesh N. Emani 指出,他在欧美与人初次见面,是单手递上名片;但是在亚洲,他一定是双手奉上名片,这些有利于在不同国家拓展生意的细节,都是 Wipro 内部为员工作文化训练时教的。Wipro 为员工开的文化课程,除了有了解异地风俗习惯的课程之外,还包括语文课,像日文课、中文课等,融入地方文化的意图也相当彻底。

《印度虎》一书的作者写道:Wipro 的产品解决方案团队研发了通信工具、电视机机顶盒、MPs 等众多产品。"他们设计芯片、电路板、研发工具控制软件,并负责工业设计。Wipro 芯片设计服务是印度其他软件服务难以比拟的。它没有从零开始为客户设计产品。相反,多年来,他推出了具有自主知识产权的产品,即框架设计模块,作为客户产品的搭建模块。这样,Wipro 不仅推销技术维护,还颁发这项专利技术的使用特许权。例如,Wipro 无线网络技术可连接数码相机和个人电脑,下载图片。……公司投资研究开发这项技术,把它应用到为客户专门设计的微处理器技术中。2003 年,Wipro 出售这项技术的使用权,目前已相继发展了 10 位客户……。Wipro 反复使用这项技术,并随着新用途和新技术标准的退出,不断升级更新。因此,这项投资将为公司带来源源不断的利润"(Hamm,2007, p. 137)。

一种观点认为给人打工没有自主知识产权,把外包看作给人做嫁衣裳加以排斥。从我国制造业开放发展的经验看,这一观点是否正确值得商榷。虽然从事简单加工贸易和承接外包在短期与发展自主知识产权产品并无直接关系,然而在与比较优势原理相一致的基础上参与国际竞争,通过在产品内分工体系内部学习和发展,为善于学习的企业提升素质和技术含量提供了现实条件。我国一些开放性、竞争性部门中,现在技术创新最为活跃的企业,正是开放早期积极给外国产品销售或者从事简单加工贸易的企业。Wipro 则在这方面提供了服务业通过承接外包培育核心竞争力甚至发展自主知识产权产品的国外案例。

参考资料:王晓龙,《积木式管理和变形虫策略 变局里创造新局》,《中国经济周刊》2004 年 10 月 3 日(引自 finance.sina.com.cn,2004 年 10 月 03 日 17:24);Wikipedia 关于 Wipro 的介绍;媒体有关 Wipro 的新闻报道;Hamm, Steve, *Banglore Tiger: How Indian Tech Upstart Wipro Is Rewriting the Rules of Global Competition*, Ma-Graw-Hill Companies, Inc., 2007.(中译本:《印度虎——印度高科技企业 Wipro 如何重写国际竞争法则》,电子工业出版社 2007 年 5 月)

第三阶段是晚近 3—4 年,特点是我国决策层和学术界对这一问题的认识发生了实质性突破,并在政府决策方针层面得到明确和完整表述。对此可以从以下几方面观察。一是中央领导人开始明确指示应当重视发展承接国际服务外包问题。据报道国务院副总理吴仪在 2003 年 6 月出席跨国公司投资论坛时指出:"面对成长迅速的外包市场,中国不应满足于成为'世界制造中心',而应争取获得较大的市场份额。我们要重视跨国公司服务外包的趋势,积极创造有利环境,探索新方法、尝试新途径吸引外资。"①这位副总理 2003 年 7 月 15 日又指出:"要重视跨国集团内部服务业外包的新趋势,积极创造条件,探索新方式,拓展吸收外资的新领域。"②这是笔者目前见到中央领导人最早从利用外资政策角度论述承接服务外包问题重要性的公开报道。

二是政府有关部门开始推动承接服务外包。如 2004 年 8 月初大连第二届中国国际软件和信息服务交易会上③,中国、日本、韩国、马来

---

① 引自刘华文(2006)。
② 引自《全球外包资讯》试刊号,2004 年 7 月,上月刊,刊首语。
③ 这是 2003 年国务院批准的国内唯一一家国家级软件交易会,由信息产业部、商业部、教育部、国务院东北振兴办、贸促会和辽宁省政府、大连市政府举办。

西亚政府的高级官员和跨国公司代表发表了旨在促进和加强信息领域合作的"大连宣言",指出"在软件和信息服务产业规模激增同时,软件和信息服务的全球分工格局也在逐步形成。加强外包业务合作成为各国在软件和信息服务领域合作的重要内容之一。亚太各国政府应继续鼓励各国软件和信息服务企业与行业组织开展合作"①。2006 年商务部启动"千百十工程",计划未来五年内每年投入不少于 1 亿元,建设 10 个服务外包基地,吸引 100 家跨国公司将部分服务外包业务转移到中国,培养 1 000 家承接服务外包的企业。② 另外下面将说明,国家财政部门最近已就对承接国际服务外包给予税收优惠政策问题进行了试点工作。

三是学术界和业内人士开始更多重视发展承接服务外包。学术界从前几年讨论金融等行业的服务外包,扩展到分析服务外包的整体意义和重要性。如 Lu(2005)比较中印软件业的发展战略,提出需要把发展软件生产与积极参与国际软件服务外包有机结合起来。贡苏康、周玮(2006)总结了我国软件业发展经验教训,提出应当重视通过软件外包国际化战略,用"以外促内"和"以外带内"的思路发展我国软件业。③ 朱晓明等(2006a,2006b)结合我国行业发展现状和问题,对发展国际服务外包提出比较系统的分析和建议。

四是上述认识转变在中央经济工作指导方针层面得到明确阐述。2006 年 3 月 14 日十届人大 4 次会议批准的"十一五"规划纲要指出,要

---

① 还决定"以本次会议为起点,就与软件和信息服务国际合作相关的技术转让与开放、市场准入、进口关税、质量认证、知识产权保护、人员培训等议题保持经常性探讨"(参见《人民邮电报》2004 年 8 月 3 日有关报道)。

② 2006 年 8 月 4 日,国家"千百十工程"的服务外包基地授牌仪式在大连软件园隆重举行,商务部副部长马秀红把"中国服务外包基地城市——大连"的牌匾颁发给大连市市长夏德仁,标志国家级服务外包工程即"千百十工程"正式启动(参见杨圣明,2006)。商务部外资司司长李志群 2007 年 2 月 25 日在商务部网站做视频交流时介绍,商务部将实行推动服务外包的"千百十工程",加快修订出台《外商投资产业指导目录》、《鼓励外商投资高新技术产品目录》……抓紧制定和完善促进服务外包业发展的各项政策措施(GOR,2007/4,p. 7)。

③ 我国软件业"国际化水平低是发展的关键瓶颈,今后一段时间内以产品的方式大规模进入国际市场的条件尚不具备。软件产业只有在规模发展的过程中才能走向成熟,而外包则是提升国内软件企业国际竞争力和成熟度的最好方式。因而,现实的发展途径是紧紧抓住全球软件产业梯次转移的重大机遇,以大力发展软件外包为主攻方向,以外带内,以外促内,快速做大产业规模,同时在国际竞争中站稳脚跟,在全球软件产业分工中明确定位,并在此基础上逐步实现关键产品和核心技术的突破,逐步做强。……建议旗帜鲜明地把发展软件外包作为'十一五'时期我国软件产业发展的重中之重"(贡苏康、周玮,2006)。

"鼓励外资参与软件开发、跨境外包、物流服务……建设若干服务业外包基地,有序承接国际服务业转移"。2007年3月国务院发布7号文件,提出要"把大力发展服务贸易作为转变外贸增长方式、提升对外开放水平的重要内容。把承接国际服务外包作为扩大服务贸易的重点,发挥我国人力资源丰富的优势,积极承接信息管理、数据处理、财会核算、技术研发、工业设计等国际服务外包业务。具备条件的沿海地区和城市要根据自身优势,研究制定鼓励承接服务外包的扶持政策,加快培育一批具备国际资质的服务外包企业,形成一批外包产业基地"①。

10-3　简短的结语

受国际产业转移本身规律以及我国地缘区位等方面因素的影响,我国当代经济开放成长较早阶段主要伴随承接国际制造业转移的主题展开,对服务外包则是在比较晚近时期才逐步提上议事日程的。从相关政策和国内企业成长的过程看,我国对有关服务外包的认识大体可以分为三个阶段。一是20世纪90年代的初步探索阶段,二是新世纪最初几年侧重发展软件产业和鼓励软件出口的阶段,三是最近几年决策层和较多企业对服务外包重要意义逐步形成共识的阶段。

---

①　文件还提出了要通过"进一步推进服务领域各项改革",强化竞争机制促使各类服务企业增加流程发包,提高效率的积极性。文件指出要"加大政策扶持力度,推动服务业加快发展。依据国家产业政策完善和细化服务业发展指导目录,从财税、信贷、土地和价格等方面进一步完善促进服务业发展政策体系。对农村流通基础设施建设和物流企业,以及被认定为高新技术企业的软件研发、产品技术研发及工业设计、信息技术研发、信息技术外包和技术性业务流程外包的服务企业,实行财税优惠。进一步推进服务价格体制改革,完善价格政策,对列入国家鼓励类的服务业逐步实现与工业用电、用水、用气、用热基本同价。调整城市用地结构,合理确定服务业用地的比例,对列入国家鼓励类的服务业在供地安排上给予倾斜。……积极支持符合条件的服务企业进入境内外资本市场融资,通过股票上市、发行企业债券等多渠道筹措资金。鼓励各类创业风险投资机构和信用担保机构对发展前景好、吸纳就业多以及运用新技术、新业态的中小服务企业开展业务"。"尽快建立科学、统一、全面、协调的服务业统计调查制度和信息管理制度,完善服务业统计调查方法和指标体系,充实服务业统计力量,增加经费投入。充分发挥各部门和行业协会的作用,促进服务行业统计信息交流,建立健全共享机制,提高统计数据的准确性和及时性,为国家宏观调控和制定规划、政策提供依据"(国务院,2007)。

第 11 章 我国承接国际服务外包的成绩和问题

经过 10 多年的认识和实践,我国承接国际服务外包取得了显著成绩,同时也明显存在相对落后的问题,本章对这两方面情况分别给以考察。

11-1 我国承接国际服务外包的主要成绩

我国承接国际服务外包的成绩主要表现在以下几个方面。一是相关业务达到一定规模。第 4 章说明,采用 BOP 与 WTO 对服务贸易的不同定义,国际服务外包的对象范围和统计数量会有显著差别,中国由于"内向型 FATS"活动的规模较大,上述差别可能更大。由于缺乏 FATS 数据,本研究主要采用 BP 定义方法,附录 1 的报告和讨论是依据 BP 统计口径衡量的我国近年软件与服务外包的出口数据。结果显示,2005 年我国计算机和信息服务出口 18 亿美元,进口 16 亿美元,顺差 2 亿美元。[1] 四类软件(系统、支撑、应用和其他)总共出口 6.5 亿美元。[2] 业内人士估计,2005 年承接国际 BPO 业务约为 3—4 亿美元。由于尚未建立专门统计制度和缺乏有关统计数据,现有估计与实际情况可能存在显著偏差,然而上述数据显示,我国承接国际服务外包确实已有初步发展。

二是已形成一批初步具备承接较大规模国际服务外包业务能力、在某些特定市场上具有较强国际竞争力的本土企业,如东软、华信、软

---

[1] 《中国统计年鉴(2006)》,第 76 页。
[2] 《中国海关统计年报》数据。

通动力、海辉、浙大网新、中讯等。我国制造业中的优秀企业如华为、联想等,或已涉足服务外包领域,或已建构全球范围的研发能力[①],具有大力发展国际服务外包业务的潜力。另外,跨国公司在我国建立了一批主营或兼营服务外包的企业以及研发中心,为扩大承接国际服务外包业务提供了有利条件。[②]

专栏 11-1

东软的故事

2007年2月,赛迪公司(CCID)发布了2005—2006年中国软件外包服务市场的研究报告,显示2006年东软集团以1.01亿美元的外包收入继续居于中国外包第一位置。此前,我国承接国际服务外包的主要市场为日本,东软以及其他沈阳和大连企业构成承接日本软件服务外包的主力,东软成为中国第一个软件外包收入超过1亿美元的企业。在我国经济体制转型的一段时期,沈阳和东北的经济结构调整面临巨大压力,东软与同类企业群体构成当地经济一度暗淡画面上的难得亮点。

东软公司的网站自豪地列举了一系列"我们创造的中国'第一'"事例:中国第一个大学科学园(1993);中国第一个计算机软件国家工程研究中心(1993);中国第一台国产CT机(1994);中国第一个国家火炬

[①] 据报道,联想近年为国务院新闻办公室提供的驻场式IT资源整体外包服务是近年较大的服务外包合同项目。华为不仅在制造交换机、路由器等电信设备方面出色,同时在软件研发和服务方面大力投资,不仅在北京、深圳设立了研发中心,还在海外设有印度研究所、美国研究所、瑞典研究所、俄罗斯研究,快速逼近全球24小时不间断、异地同步进行联合产品开发的目标,在软件服务外包领域具有很大发展潜力。

[②] 如IBM在全球建立的3个新IT/BPO数据中心,两个在香港,一个在深圳。深圳数据中心标志着IBM与长城电脑在制造方面合作关系的拓展,将成为许多其他巨头仿效的先例。西方公司在中国已经建立了130多个研发机构。印度软件服务外包巨头也到中国设立了分支机构。韩国国民银行将其客服中心迁至中国大连,雇用中国的朝鲜族以及其他当地人作为职员,埃森哲等服务外包跨国企业在大连开设软件研发部。2006年11月,诺华制药公司将在上海建立一个综合性的生物医学研发中心,初期投资1亿美元,计划于2007年5月投入运营(GOR,2007/1,p.7)。

计划软件产业发展基地(1995);中国第一家上市的软件企业(1996);中国第一家通过ISO9001:2000版的软件企业(1999);中国第一个数字医学影像设备国家工程研究中心(2000);中国第一家通过CMM5级认证的软件企业(2002);中国第一家通过CMMI5级认证的软件企业(2004)。

如同我国其他竞争性行业中企业的胜出通常会有一位杰出企业家作为领军人物一样,刘积仁教授对东软具有类似于柳传志与张瑞敏对于联想与海尔的作用。刘积仁的心路历程和管理实践,与这个传奇企业的成长历程具有特殊联系。刘积仁1976年作为最后一批工农兵大学生中的一员进入东北大学的前身——东北工学院学习计算机应用专业,后来成为中美联合培养的第一个计算机应用专业博士生于1986年赴美国国家标准研究院做博士论文,回国后取得博士学位,是我国第一位计算机应用专业的博士。1988年,刘积仁和另两个东北大学青年教师一起,创建了东北工学院计算机系网络工程研究室,1990年在研究室基础上成立"东北工学院计算机软件研究与开发中心",这可以看作是东软的前身。

1991年东工与日本阿尔派音电子株式会社合资成立了"沈阳东工阿尔派音软件有限公司",同年成立"东北工学院开放软件(OPEN-SOFT)系统开发公司",标志东软正式成立。合资公司一开始就承接日本软件外包等国际服务外包项目,而开放软件公司则主要面向国内市场开发东软自己的产品。1992年东北大学自行研发成功国产CT,刘积仁力排众议决定由东软进行产业化推广,并逐步在这一领域寻求外包和内制的适当均衡点,这不仅成为后来东软数字医疗业务群的切入点,而且得与主营的软件业务产生协同效应。利用被选择为改制试点的机遇,1993年东软完成企业改制,比改制全面推开早几年,并为1996年作为软件第一股成功上市提供了关键条件。得益于资本市场提供的资源,东软在大连市政府的支持下与亿达集团联手开发了大连软件园,并大力投资在大连、南海、成都等地建立东软信息学院。经过16年发展,东软形成了目前"软件与服务"、"数字医疗"、"IT教育与培训"这样具有鲜明个性特征的"软件与解决方案提供商"。

东软十几年前从3个人、3台电脑、3万元起家,发展成今日近万人规模、年营业额几十亿元、在我国IT和软件行业具有某种标杆意义的著名企业。有人问,刘老师你当年是怎么规划东软的发展路线的?刘积仁回答说:"这纯粹是个意外,十几年我们是一面犯错误一边学习。"个人和企业都会被错误击倒,能够不断从错误中学习成长,本身自然有特殊功力。即便是笔者这样的远距离观察,也能看出这家企业和主事人在企业经营之道方面,有主见、有定见,也有远见,成功的得来并非偶然。

首先是在企业中心业务和战略选择的定位上,不是一厢情愿地从理想和愿望出发,而是从自身特定条件约束的基础上作出有主见的选择。从经济学与管理学的关系看,发挥比较优势是实现竞争优势的必要条件:符合比较优势未必能有竞争优势,但是违背比较优势则势必缺乏长期竞争优势。在高科技行业很多带"国"字号的企业在这一问题上存在判断偏差,导致企业后续成长困难。东软在扬长避短找准定位上表现朴实。虽然定位为软件行业,但是并不一定以民族软件相号召,也不怕道出没有本钱与微软软件竞争的事实,而是在尊重现实的基础上通过主观努力逐步培育和发挥自身优势。在CT产业化战略实施的过程中,"虚拟制造"实质是把自身不具备比较优势的制造环节外包出去,在产品内分工和供应链体系内定义自身区段和工序竞争优势,结果不仅使得CT高速成长业务构成进入数字医疗的切入点,也使得软件主业能力构成CT业务差异化的基础,结果产生"1+1"大于2的协同效应。

其次是在面对一定阶段主流意见的负面评论甚至责难时,能够依托自身的实践检验,表现出自信和定见。东软在20世纪90年代初建立时就开始承接日本服务外包业务,并逐步发展出"软件加服务"特点的发展模式。在软件产品上也没有刻意发展面向最终消费者的套装软件产品(off-the-shelf software),而是依据自身优势条件侧重发展具有比较优势的嵌入式软件,通过与特定产品对象以及本身服务能力相结合发展竞争优势。这一经营方针与一段时期我国软件发展的主流观点和方针导向并不完全一致。当时主流观点侧重以技术水平高低作为衡量标准,特别强调发展自主知识产权的软件,因而不仅软件服务外包被看作"没有技术"、"失去核心竞争力"、"为他人做嫁衣裳"等,即便是嵌入式软件业也被看作是不属于"纯粹软件业"的范畴。这时东软人能够以不唯上,只唯实的态度,仍然坚持符合自身比较优势和经济规律的经营路线,并在实践和思考中概括提炼出"软件加制造"、"软件加服务"、"软件at back"、"软件inside"等具有某种一般意义的概念。

再次是在关键瓶颈环节亦即具有显著先行者优势的环节,具有大胆投入的远见。以参与合作建立大连软件园为契机,2000年建立大连东软信息学院,2002年东软信息学院南海学院、成都学院等先后投入建设和运营。据东软高管人员提供的数据,东软先后在信息学院等教育和培训项目上投资已超过8亿美元。即便是游客走马观花地在外部观赏,也能对东软大连信息学院校舍建设的气势和风格留下深刻印象。实际上东软至今一直把信息学院作为成本中心而不要求马上提供利润,这说明东软把这一领域的投资看作是具有长期战略意义的长线经营项目。软件服务行业的大发展,对人才培养提出特殊的需求和挑战。印度外包行业的发展面临人才瓶颈约束,企业员工年流失率一般在40%以上,有的高达70%以上。我国近年发展过程中也开始面临人才约束,因而谁能够有效地在人才培养上占获有效资源,谁就可能占据重要竞争优势。另一方面,"十年树木、百年树人"的常识告诉我们,企业参与大规模专业人才培养,是一种具有很强经验经济、先行者优势、品牌效应、网络效应的行动,因而一旦站稳并得到市场认可,有可能成为具有持续竞争力的关键因素。虽然这一战略实施的过程会在一段时期拖累公司的利润表现,最终成效如何也还有待观察,然而从经营战略角度看,在软件服务行业把基本人才培养作为核心业务定位,体现了东软为实现基业常青而表现的决断和远见。

与东软16年前在软件服务外包领域的先行试水比较,今天业内人士以至社会各界对服务外包的认识已发生深刻变化,在呼应软件和服务外包问题上正在形成广泛共识。潮流变化一方面为东软这样的先行者的进一步发展提供了更为广阔的舞台,另一方面也会吸引更多、更强的竞争者进入,并对先行者在更高层面提出全新挑战。在这一行业的内外环境重新洗牌的今天,东软这个具有某种指标地位的企业能否和如何继续演绎过去十多年铿锵有声的创业故事,将是一个值得持续观察的题目。

参考资料:《东软大事记》,见东软公司网站;杨霞清、陈淑娟:《给他人做嫁衣"东软模式"能走多远?》,《计算机世界报》2006年06月19日 第23期 A30、A31、A32、A33;《东软以1.01亿美元稳居软件外包榜首》,2007年8月23日下载于东软网站新闻稿。

值得关注的是,近年我国一些软件服务外包企业加大了开拓北美市场业务的力度,有的通过相关并购措施提升了业务能力。① 中国软件和服务外包企业集体亮相 Gartner 组织的美国服务外包年会,在业内引起较大反响。

专栏 11-2

我国外包企业开拓美国市场新攻略

我国承接国际服务外包不仅总量规模偏小,而且接包市场集中在日本等邻近国家,对欧美等主流市场少有斩获。随着我国对软件服务外包重要性的逐步认识,近年我国企业开始重视开拓美国市场。尤其是在企业并购与整体亮相营销方面,给人以耳目一新之感。

并购对自身有价值的企业资产,对于外包企业的国际发展,无论是在市场规模、技术水平以及到场服务能力方面都具有重要意义。近年我国软件服务外包的重要表现,是一批国内优秀企业不约而同地开始在北美市场进行并购运作,这不仅构成外包行业发展的重要动向,而且也构成我国资本账户开放推进背景下,企业走出去的重要一翼。

2006 年年底,浙大网新以 700 万美元收购境外软件外包公司 Comtech 51.5% 的股权,而 Comtech 是微软重要的合作伙伴之一,致力于媒体软件、数字化产品、商用软件以及微软专业化测试工具等多领域的工作,与微软亚洲硬件中心、微软中国有紧密合作,此次收购使网新与微软建立起业务联系。

2007 年 3 月 1 日,大连海辉软件(hiSoft Technology International Limited)宣布收购美国 IT 解决方案提供商 Envisage Solutions,成为首批成功并购国外同行的中国软件外包企业之一。继几个月前成功完成中

---

① 如软通动力等企业最近的北美业务出现较快增长。2007 年 3 月 1 日大连海辉宣布成功收购美国 IT 解决方案提供商 Envisage Solutions,实质性加强在北美市场包括市场开拓、客户沟通和当场服务(onsite presence)能力(GOR,2007/4,p.7)。此前浙江网新在美国有类似收购。

国软件业的最大融资后,此次并购意味着海辉在中国、日本和美国形成了更全面、更完善和更全球化的服务网络。特别是实质性加强了在北美市场包括市场开拓、客户沟通和在岸咨询的能力,能更好地为客户提供软件外包服务。加上海辉在日本软件服务业已有的地位,形成海辉美国、日本和中国三足鼎立的布局。

另外这一行业的国内并购也出现活跃局面,并且开拓欧美市场构成并购战略的重要动机之一。如宣称要做中国软件外包"国家队"的中软国际(8216 HK),在半年多时间内斥资6 500万美元接连并购四家外国公司。2007年1月4日,中软国际发布公告称,已与和勤环球资源公司(Hinge Global Resource Inc.)签约,将斥资不超过5 500万美元收购和勤全部股份。据悉,此次中软国际并购所用资金主要来源于战略性股东和大股东——中软集团。2005年底,微软和国际金融集团分别向中软投入2 000万美元和1 500万美元,成为中软国际的战略性股东,用于中软国际软件外包业务的发展。中软国际表示,收购和勤的目标是为了拓展公司在日本、北美市场的业务影响力,同时扩展公司的客户群以及企业规模。此前,中软国际绝大部分收入来自微软,2006年8月,中软国际与微软签订了为期5年总价值超过6 400万美元的服务协议。

第二个重要动向是国内有关企业开始组织起来,通过包括在国外重要场合"集体亮相"等方式,在国际上推介中国外包整体品牌。2007年3月19—21日,2007 Gartner外包峰会暨展会在美国德州达拉斯举行,国际知名外包企业和专业人士1 000多人参加。来自北京、天津、大连、上海、南京、西安等6个软件园基地和中软、东软、博彦、软通、文思等28家国内知名IT服务外包企业代表组成的139人代表团参加此次盛会,中国外包企业第一次以一个统一的"中国外包"形象出现在美国以及全球客户面前。峰会企业展会上,两个中国馆在整个展场占据显著位置。另外,参会赞助单位成功的案例研讨会为外包企业提供了一个与潜在客户直接面对面交流的机会,我国东软、中软、文思、软通等十家企业分别作了成功的案例介绍,客户包括美林、南方贝尔、联邦快递等重量级企业。

参考资料:《China Sourcing 高调亮相2007Gartner外包峰会》,赛迪网,2007/3/29,引自《IT服务外包》2007/4,46页;《微软高管称:中国正处于软件外包发展完美时期》,《CNET科技资讯》,2007/3/12,引自《IT服务外包》,2007/4,43页;冀勇庆:

《中国外包抢滩美国》,《IT经理世界》,2007年第8期,第20—24页,2007年4月20日。

三是一批城市和地区开始把发展服务外包作为重点发展的目标产业和新增长点。政府有关部门先后分两批命名上海、西安、大连、深圳、成都、北京、杭州、天津、南京、武汉、济南等11个城市为软件和服务外包基地城市。这些城市把承接服务外包作为优先发展的产业之一,并在政策上给予各种优惠鼓励。大连软件园较早实行鼓励政策。① 最近更多的城市开始实行相关鼓励政策,如武汉2006年年底通过《促进服务外包发展的若干意见》,设立每年1亿元服务外包产业发展专项基金,计划把武汉建成全球服务外包的重要基地(GOR,2007/1,p.6)。2007年1月,天津开发区出台《促进服务外包产业发展的暂行规定》,对该行业企业给予多方面资助(GOR,2007/4,p.7)。

四是政府主管部门、地方政府、业内机构和企业合作,推广服务外包的活动日趋活跃。2003年10月由贸促会等多家机构举办"首届中美国际项目外包商务发展年会",2004年年底商务部举办"服务外包培训班",近年这一领域各类的招商、推介、交易、论坛活动不断举行。国内有关企业编印《全球外包咨询》(Global Outsourcing Resource:GOR)、《IT服务外包》等非正式刊物,成为反映服务外包动向的重要中文资料来源。

11-2 我国承接国际服务外包相对落后的问题

虽然我国参与国际服务外包已取得初步成绩,然而现实发展水平无论与我国参与国际制造业产品内分工深度比较,还是与承接国际服

---

① 对入园的外商投资企业自获利年度起的所得税实行"两免三减半";出口额达到总产值的70%,所得税税率按10%征收;入园软件产品增值税按法定17%的税率征收后,超过3%部分返还给企业;入园企业出口创汇的软件产品实行增值税零税率,免征出口关税,技术出口合同可免征营业税和所得税。……还设立专项资金鼓励外包企业发展,主要用于帮助企业进行CMM国际认证等;每年拨出不低于2000万元资金扶持软件企业发展等(朱晓明等,2006b,第68页)。

务外包比较成功的印度等国比较,都存在相对不足和落后的问题。国务院 7 号文件在充分肯定我国服务业发展成就的同时也指出不容忽视的问题:"我国服务业总体上供给不足,结构不合理,服务水平低,竞争力不强,对国民经济发展的贡献率不高,与经济社会加快发展、产业结构调整升级不相适应,与全面建设小康社会和构建社会主义和谐社会的要求不相适应,与经济全球化和全面对外开放的新形势不相适应"(国务院,2002)。具体到参与国际服务外包,我国的相对落后更为明显。

第一,从软件出口和承接国际服务外包的市场规模看,2005 年我国软件出口、计算机信息服务的贸易盈余、流程外包三项加总不到 20 亿美元(见附录 1),不及当年加工贸易盈余的 2%,不及印度软件服务外包出口的 1/10,也落后于爱尔兰、菲律宾等国承接国际服务外包的水平。

第二,从承接国际服务外包和相关出口内容的构成看,目前主要是软件和 IT 服务外包方面,在发展潜力更大的商务流程外包方面目前还仅有少数成功案例。另外,在软件和 IT 服务出口方面,也在相当程度得益于我国在硬件设备制造和出口方面的优势,通过自身服务的相对竞争力获得国际服务外包业务的规模估计还要小一些。

第三,从承接国际软件服务外包区域的分布看,我国主要从日本、韩国等邻国承接近岸发包业务(near-shoring business),在欧美等全球主流市场上仅有较少比较成功的案例,整体竞争能力较弱。在日本、韩国培育起市场竞争力是我国在这一领域重要的优势条件,今后需要巩固和发展,然而由于日本仅占全球发包市场很小的份额,如软件发包估计仅占全球约 5%—10% 份额(GOR,2007/2,p. 12),偏于东亚一隅说明我国承接国际服务外包格局有待拓展。

第四,从企业规模和素质角度看,我国本土企业的规模比较小,最大规模的企业不仅不能与 IBM 等国际巨头相比,即便与印度较大的企业比较也有十几倍甚至更大差距。在获得 CMM 等行业技术和业务能力[①]认

---

① 1991 年美国 the Software Engineering Institute at Carnegie Mellon University 在业内企业和美国政府研究资金的资助下,发表"能力成熟度模型(Capability Maturity Model, CMM)",该模型成为检验衡量有关机构软件研发生产技术和操作能力的基本考核框架,测试最高级别为 5 级。后来美国其他机构还发展了 COPC,ISO2000, neoQA, eSCM 等评估框架,对服务提供质量标准加以考核与衡量(参见 Vashistha and Vashistha, 2005, pp.146—148)。

证等基本技术指标方面也显著落后。

第五,从跨国公司来华设立服务提供中心和相关机构的角度看,这类投资主要是受到我国国内"买方市场"因素吸引,属于"寻求市场"型的服务投资(market seeking FDI in service);从比较效益角度把我国作为承接国际服务外包中心的"寻求效率"型服务投资(efficiency seeking FDI in service)(UNCTAD,2004,p.22)比较少。"寻求市场"型外商服务业投资对我国经济的整体发展具有积极意义,因而应继续予以鼓励。然而,上述特征也说明我国现阶段在承接国际服务外包方面仍缺乏国际竞争力。

除上述相对不足外,我们还需要关注该行业一段时期"乐观预期与现实表现反差现象"。世纪之交我国高层官员和业内人士访问印度,大都认为我们与印度存在5—10年差距,乐观的估计差距只有两年。3年前一些业内权威人士认为我国3—5年内将在全球信息技术服务外包市场中扮演重要角色,在非语音业务流程外包方面有能力与印度竞争。总起来看,对我国在这一领域的相对差距,过去一段时期人们倾向于乐观地相信我们会通过较快追赶迅速缩小这一差距。

考虑我国经济整体开放发展的出色表现,提出上述估计不无理由。不过,实际情况与上述估计似乎存在反差。印度承接国际服务外包从2001年62亿美元增长到2005/2006财年约240亿美元,年递增速度高达40%,今年估计会增长到313亿美元,到2010年预计将增长到600亿美元以上(NASSCOM,2007,p.127)。印度目前占有全球软件外包市场总额的65%以及全球服务外包市场总额的46%(王悦承,2006)。随着十几年承接服务外包的历练,印度企业已开始在发挥本国比较优势的基础上创造出具有国际竞争力的自主知识产权产品[①],并开始大规模向包括中国在内的其他国家建立以当地市场和转包为战略重点的外部投资。这与我国制造业国际化从简单加工贸易开始,进而生产配套零部件,再发展到近年产品研发、品牌创造以及国外投资一样,体现了类似的经济逻辑。过去几年我们确有明显进步,然而与印度的相对差距可能并未缩小。

---

① 如 Infosys 已开发推广基于互联网的银行软件(参见王悦承,2006)。

专栏 11-3

印度外包企业抢滩中国

进入新世纪后,中国成为印度外包企业群对外投资的重要选项,抢滩中国构成印度外包企业全球战略的重要因素。早在 2002 年 6 月,TCS 就在上海建立塔塔信息技术(上海)有限公司,随后两年多在上海、杭州、北京设立了机构,其中杭州主要做研发,上海有一个 Oracle 卓越技术中心和市场部门,北京则主要是市场部门。其他印度软件巨头如 Infosys,萨蒂扬(Satyam)和 Wipro 也很快在上海浦东软件园等地安营扎寨,拉开抢滩中国的态势。

近年印度外包企业继续扩大和深化在中国的投资和业务范围。例如,2007 年初萨蒂扬宣布将在南京启动一个全球交付园区。南京市副市长许惠玲对媒体透露,萨蒂扬希望政府给予 500 亩建筑用地,但本着节约原则,南京市以较为优惠的价格在高新区提供了 106 亩土地。该园区将拥有 2 500 个席位,将成为萨蒂扬在印度境外最大的研发设施。萨蒂扬是最早进入中国市场的印度 IT 企业之一,第一个研发中心 2002 年在上海成立,仅有 10 名员工。现在上海、北京、大连和广州都有分公司,现有员工 400 多人。目前萨蒂扬全球有 38 000 员工,分布于 55 个国家,2007 年预计收入 14 亿美元。

TCS 近年对华投资的重大举措,是在中国政府有关部门参与协调下,与三家中国公司合资成立了国内首家大型外包技术公司,计划将在中国招募几千名咨询师和工程师。新成立的塔塔信息技术(中国)股份有限公司中,TCS 占 65% 股份,中关村软件发展有限责任公司、大勇软件有限责任公司和天津华苑软件园三家中方公司占有 25% 股份,剩余 10% 股份由微软认购。公司重点关注金融、服务、制造、电信以及政府领域的 IT 外包和服务解决方案。

印度外包企业抢滩中国策略背后有多重动机。随着全球化趋势展开,越来越多美国、欧洲和日本企业将自己的制造业能力、研发能力甚至运营中心转移到中国。这些跨国公司很多是印度外包企业的客户,在华投资建立服务交付中心有助于扩展印度外包公司在中国为这些客户提供服务。例如，前几年 TCS 在杭州软件园就租下整整两层楼，其中半层都是为 GE 提供服务。印度对欧美外包业务拓展比较成功，对日韩承接国际服务外包与中国东北企业比较相对落后，印度外包企业试图通过对华投资，利用中国相关人才来拓展对日业务。

中国经济在快速发展过程中，本土企业为了适应新的市场和竞争环境变动的要求，对特定服务流程外包的需求增加并具有未来增长的极大潜力，印度企业抢滩中国的又一重要动机，是要在中国本土外包企业羽翼未丰之际，凭借其外包行业先行一步的优势，最大限度分享中国本土企业软件和服务外包市场。例如，TCS 进入中国后不久，就悄然签下深圳发展银行的 IT 咨询项目。塔塔信息技术（中国）股份有限公司已获得中国人民银行下属的中国外汇交易中心研发部全新的国际货币交易系统大额订单。笔者 2007 年 6 月访问该公司的中关村机构，得知该项目已正式启动。

参考资料：冀勇庆，《印度象与中国龙的反向运动》，《IT 经理世界》2004 年 11 月 5 日第 21 期；王京：《塔塔及三中国企业组建合资公司，微软参股 10%》，《京华时报》2007/2/16，引自《IT 服务外包》2007/4，45 页；《萨蒂扬启动 106 南京园区 80% 成本在人力》，《CNET 科技资讯》2007/2/9，引自《IT 服务外包》2007/4，44—45 页；笔者 2007 年 6 月 29 日在北京中关村软件园采访塔塔信息技术（中国）股份有限公司高管人员笔记。

同样值得关注的是，印度以外一批发展中国家近年大力发展承接国际服务外包并已有不俗表现。菲律宾承接国际客服中心外包已成为印度的重要竞争对手。2001 年菲律宾只有 2 000 人在客服中心上班，五年后已经有 20 万人在呼叫中心就业，增长近百倍（GOR，2007/1，p.3）。菲政府正在积极扩大对一些复杂行业的投资，如会计、软件、工程和建筑设计、医疗、法律和动画制作等（GOR，2007/4，4 页）。2006 年菲律宾外包业务收入达到 36.3 亿美元，从业人员 24.5 万人，其中呼叫中心业务收入为 26.9 亿美元；预计 2010 年外包业务收入将增长到 124 亿美元，从业人员达到 92.1 万人（GOR，2007/4，p.4）。

近年,很多跨国公司开始向巴西转包服务业务,承接服务外包业务年度规模达到5亿美元左右。① 业内人士认为2007年将成为巴西被市场普遍认可的一年。另外,俄罗斯、马来西亚以及捷克、匈牙利、保加利亚等东欧国家也已经调整政策,积极呼应服务全球化潮流。我们与第二批积极参与服务全球化的国家比较,某些方面也有相对不足之处。如果说国际服务外包代表的服务全球化是"一个新时代的黎明"(Vashistha and Vashistha,2005, p.251),我们确实需要尽快改变相对增长势头不足的态势,避免在新一轮服务全球化浪潮中面临被边缘化的风险。

专栏 11-4

中东欧承接的国际服务外包业务快速增长

布拉格正在成为记账、数据处理,甚至是研发等白领工作的离岸外包中心。捷克共和国以及波兰、匈牙利、斯洛伐克等其他中欧国家正在满足跨国公司和它们本身的需求。在美国加强与印度等国外包联系的同时,西欧目前则更多地转向它们的后院,将中东欧一些都市打造成为欧洲的班加罗尔。美国公司也在跟进。在最近数年中,IBM、戴尔、摩根斯坦利等企业开始向东欧发包,或帮助其他美国公司这样做。虽然东欧只是全球外包市场的很小一部分,但Gartner负责外包的分析师布朗预计,在未来4年中,东欧外包市场的增长速度将超过全球其他市场,到2010年,东欧市场的增长速度将达到近30%,而全球市场的增长速度是25%。

东欧和中欧的与众不同之处是它们的城市能够提供即使是班加罗尔也不能比拟的优势:受过良好教育、能够使用多种语言的人才。另一方面西欧公司受到了一些重要领域劳动力短缺的压力,这促使它们转

---

① 如2006年全球最大的服装零售商盖普公司(GapInc)将其IT业务外包给蓝色巨人IBM,IBM则将这一部分业务分配给它在巴西建立的分公司。埃森哲、IBM等服务外包巨头都看好巴西,认为巴西将成为拉美主要的服务外包中心。分析师甚至乐观地预测,到2010年巴西将获得100亿美元的国际外包业务(GOR,2007/4,pp.24—25)。

向自己的东部邻居来缓和这种压力。随着中东欧与西部经济一体化进程的加快,外包业务在迅速地增长。KPMG 华沙分公司的主管 Miroslaw Proppe 说:"是的,这里有一种趋势,它在数年前就已经开始了。这种趋势的出现并不是因为这里的劳动力成本低,而是因为年轻的波兰大学生的潜力。"

德国的 Commerzbank 在布拉格进行数据处理工作,西门子则将会计、研发外包到了布拉格。飞利浦在华沙有一个服务中心。去年夏季,摩根斯坦利宣布其在布达佩斯开设了一家商业服务和技术中心。摩根斯坦利的发言人弗拉塞说,摩根斯坦利在布达佩斯雇佣了约 200 人,当完全投入运营时,员工数量将增长到 450 人左右。他说,选择布达佩斯的原因是这里有高素质的人才。

中欧在外包市场上的吸引力不仅局限于低成本的高素质人才。而且,中、东欧的国家仍然是世界上尚未开发的服务和消费者产品市场。但毫无疑问的是,中东欧地区的低工资对西欧公司有吸引力。匈牙利和捷克共和国从事同样工作的员工薪酬只有西欧国家的 1/4,斯洛伐克员工的薪酬则只相当于西欧地区的 1/5。此外,政府还提供了简单的税收结构和办公室建设补贴等优惠措施。

与印度、菲律宾等其他争夺外包市场的地区只说英语不同的是,埃森哲中欧业务部门的员工使用多种语言,使得客户可以选择会说英语、法语、德语、俄语和当地语言的员工。负责埃森哲在奥地利业务的奥地利人 Andrew Grech 表示,关键的是语言,其他因素还有稳定的政治和经济环境。

外包工作岗位的增长有助于遏制中东欧的劳动力到西欧去找工作,同时有助于降低东欧地区的失业率。近年,捷克共和国的失业率从 7.8% 降低到 7.1%,波兰的失业率由 20.2% 降低到了 13.4%,斯洛伐克由 19.7% 降低到了 11.6%。然而,匈牙利是一个特殊的例子:虽然外包工作岗位强劲增加,失业率却有所上升,主要原因是政府裁减了公共领域的大量工作岗位。埃森哲没有披露它在匈牙利的员工总数,但在一幢 18 层的大楼中,它占了 13 层。在邻近的一幢大楼中它还占了 2 层。埃森哲还计划在另一幢在建的大楼中再租赁几层。埃森哲还进入了捷克共和国和罗马尼亚。

随着中欧高素质人才存量利用程度的增加,许多企业开始将目光瞄准了乌克兰。由于中欧许多国家已经加入欧盟，因此移民的难度已经大大减小，但大多数西欧国家仍然为移民设置了障碍，因此人们不是到西欧找工作，而是工作岗位流向了东欧。2004 年当 SAP 决定将会计和个人服务迁移到布拉格时，只要付出相当于 1 名德国员工的薪酬就能雇佣到 5 名当地员工，现在，这一比例已经缩减到了 3.5:1，但是，SAP 仍然在扩大这里的业务，计划到年底时将这里的员工数量由目前的约 350 人提高到 450 人。

外包浪潮引起了西欧白领工人和工会的不满。2005 年，当联合利华宣布，将西欧的会计、计算机、个人服务外包到东欧时，企业员工呼吁德国劳工组织的领导人罢工一天，他们担心公司会因此裁减 4 000 个工作岗位。去年，联合利华将部分业务外包给了 IBM 和埃森哲，并向工会组织保证，裁员将通过自愿和自然流失方式进行。

参考资料：《东欧——全球新锐离岸外包中心》，见《全球外包资讯》2007 年 6 月。

11-3 简短的结语

经过过去十多年的逐步发展，我国承接国际服务外包已经取得了初步成就，表现为承接国际服务外包业务已达到一定规模，形成了一批初步具备承接较大规模国际服务外包业务能力、在某些特定市场上具有较强国际竞争力的本土企业；在一批城市和地区把承接服务外包确定为优先发展的产业之一，并在政策上给予各种优惠鼓励；政府主管部门、地方政府、业内机构和企业合作，推广服务外包的活动日趋活跃。

虽然，我国参与国际服务外包已取得初步成绩，然而现实的发展水平无论与我国参与国际制造业产品内分工的深度比较，还是与承接国际服务外包比较成功的印度等国比较，都存在相对不足和落后。这一行业在一段时期呈现的"乐观预期与现实表现反差的现象"提示，如果我们不能有针对性地分析原因、采取对策从而尽快改变相对增长势头不足的态势，我们有可能面临在新一轮服务全球化浪潮中被边缘化的风险。

第 12 章 我国承接国际服务外包相对落后的根源和政策调整探讨

上面回顾了我国承接国际服务外包认识的简史,概括我国这一行业发展取得的成绩,侧重考察我国在这一领域发展存在的相对落后问题。影响一国参与国际服务外包有哪些基本因素?我国承接国际服务外包相对落后的原因何在?如何促进我国这一行业更快、更好地发展?这些构成本章讨论的主题。首先,通过一个图形框架讨论影响一国承接国际服务外包竞争力的基本决定因素,然后分别从基础设施、人才条件、政策安排等方面分析影响我国这一行业发展的原因,最后提出发展承接国际服务外包的几点政策建议。

12-1 承接国际服务外包能力的基本决定因素

图 12-1 概括了本书对当代国际服务外包的具体表现、决定因素以及经济功能的理解,为探讨我国承接国际服务外包相对落后的根源提供了分析思路。服务外包被分为两大类。一是软件和计算机信息服务外包(ITO),包括生产的特定环节如编程和调试、计算机系统集成、计算机主机托管和维护、IT 网络技术设计等内容;二是商务流程外包或依托 IT 技术的流程外包(BPO 和 ITES),包括财务会计、人力资源、售后服务、呼叫中心等不同领域的服务外包。不同服务外包离岸化程度有所不同,不过绝大部分有可能实行国际外包。

图 12-1 上部方条框显示,外包深化能够推动分工深化和效率提升。经济学分析认为,劳动分工与贸易交换是推动人类经济进步的最重要因素,以当代国际服务外包为代表的生产方式变革是这一普遍经济规

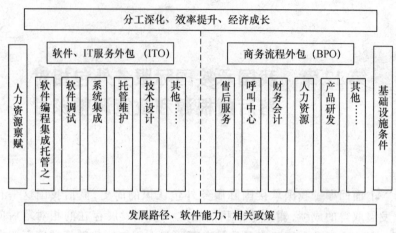

图 12-1 当代国际服务外包构成、意义和决定因素

律的最新体现。经济效率提升又反转推动制约因素改进,带动国际服务外包进一步发展。分工深化、细化和普遍化的原因与结果相互作用,推动人类经济活动方式生生不息地演化进步。我国与其他国家的发展经验表明,积极参与全球化分工是后进国家寻求快速发展的必由之路。服务业全球化与此前制造业全球化一样,对发展中国家选择提出历史性机遇和挑战。因而,我们需要从发展战略层面认识承接国际服务外包的意义,在呼应和推动服务全球化方面力争有更大作为。

软件研发生产对服务外包具有两位一体的特殊功能。一方面,软件作为一种特殊产品,其生产过程本身可以通过国际服务外包实现产品内分工,因而构成国际服务外包的重要对象和推动因素。另一方面,软件设计和生产,与各种 IT 服务以及流程服务外包相互交织,构成整体服务外包能力最重要的技术支持因素。这与电子行业在制造业全球性产品内分工生产方式演变中的特殊地位有类似之处:电子零部件由于运输成本低和模块化生产、工序之间要素投入组合差异大等方面原因,特别适合于采用产品内国际分工生产方式。电子业革命性的发展推动了远距离信息传递成本大幅下降到几近"距离死亡"境界,与其他条件相配合对其他制造业产品内的分工发挥了关键推动作用。因而,无论从国际服务外包发展的历史进程看,还是从现实国际服务外包的格局看,一国软件业参与国际服务外包能力的提升与整体国际服务发展存在密切联系。

如果把软件生产看作是国际服务外包的具体对象而不强调软件能力作为外生因素,如果不考虑区位和文化等外生因素,影响一国参与国际服务外包竞争力的因素大体可分为三类。[①] 一是右边竖条框表示了服务外包发展需要的基础设施条件,包括基础电信、人员商务旅行等硬件基础设施。二是图形左边竖条框表示服务外包的发展对于人力资源条件的依赖,其中包括不同外包活动需要的技术人才、语言人才、管理人才和企业家人才,特定素质劳动力的国际相对价格水平,是决定承接国际服务外包国别比较优势的基本因素之一。三是底部方框表示的政策因素以及整体经济发展路径的影响。下面依次考察和讨论。

12-2 发展路径、基础设施和人力资源因素

首先,从整体经济发展的路径角度看,我国当代体制转型和经济起飞从推动农业快速增长起步,随后一段较长时期制造业作为最主要的可贸易部门在改革开放环境中高速增长,在一定阶段通过对人才、资金和其他资源的"虹吸"效应使得发展国际服务外包行业面临较高的机会成本约束。对比之下,印度较晚实行自由化和全球化体制改革,在制造业等传统可贸易部门尚未全面起飞之前,倾注全国人才和政策资源鼓励软件和服务外包,从而使这一行业在印度的发展较之其他国家鹤立鸡群。我国制造业等部门的强劲发展势头客观上增加了开拓国际服务外包市场的机会成本,这一整体经济发展路径的特点对承接国际服务外包的相对后进现象应具有一定程度的解释作用。

其次,从相关基础设施条件角度看,当代服务外包建立在当代IT技术基础上,对相关基础设施的建设条件有较大依赖;另外承接服务外包需要相当密集的商务旅行,因而国际商务旅行的基础设施和便利性也是必要条件。我国由于制造业以及整个经济较早开放发展,在硬件电信设施以及航空、道路、旅店等基础设施方面发展较快,全国整体水平应高于印度、菲律宾等参与国际服务外包表现较好的国家。对此,我

[①] 具体因素自然可以有不同分类。如有研究人员把相关因素分为五类:成本节省、突出业务重点、改进质量、增加速度、增加业务模式灵活性等(Vashistha and Vashistha, 2005, p. 20)。

们可以通过若干指标数据的比较加以观察。

图 12-2 反映了中印两国民航客运周转量的数据。印度从 1985 年 149 亿人公里增长到 2002 年 275 亿人公里;我国 1985 年同一指标值为 117 亿人公里,比印度当年水平还要低;但是 2004 年增长到 1 269 亿人公里,是同年印度指标值的 4.6 倍;2006 年我国民航客运量进一步增长到 2 341 亿人公里。

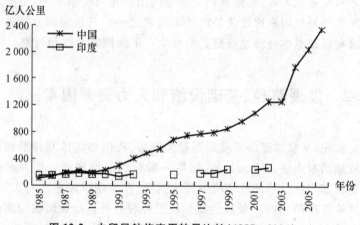

图 12-2 中印民航旅客周转量比较(1985—2006)

数据来源:中国 1989—2005 数据来自《中国统计年鉴(2006)》第 633、659 页;中国 2006 年数据来自《中国统计摘要(2007)》;中国 1985—1988 年和印度 1980—2002 年数据来自《国际统计年鉴(1995)》和《国际统计年鉴(2002)》。

图 12-3 反映了中国高速公路里程和高档酒店数量的增长。高速公路从 1988 年不到 100 公里,增长到 1997 年 4 800 公里,2006 年快速增长到 4.5 万公里,成为仅次于美国的第二个高速公路里程最长的国家。四星级酒店从 1993 年的 110 家增长到 1997 年的 281 家,过去十年间快速增长到 2006 年的 1 213 家。

图 12-4 反映了中国电话用户和光缆长度的增长。我国光缆长度 20 世纪 80 年代末不到 2 000 公里,经过不到 20 年发展近年超过 70 万公里。我国固定和移动电话用户数分别从 1989 年的 568 万户和 1 万户,增长到 2006 年的 3.7 亿和 4.6 亿户。在有可比数据的 2004 年,中

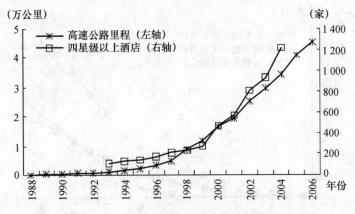

图 12-3　中国高速公路里程和高档酒店数量

数据来源:高速公路 1988—2005 年数据见《中国统计年鉴(2006)》第 632 页;2006 年数据见《中国统计摘要(2007)》;1993—1999 年四星级及以上酒店数据来自历年《中国饮食服务年鉴》;2000—2004 年数据来自历年国家旅游局《中国星级饭店统计公报》。

国移动电话普及率为每百人 25.9 部,印度同一指标值为 4.4 部。①

图 12-5 反映了中印两国利用互联网的普及程度。2000 年中国每千人中上网人数为 17.4 人,印度同年为 5.4 人;2004 年中国每千人中上网人数增长为 72.5 人,印度增长为 32.4 人。从上述数据观察,我国在参与国际服务外包的硬件条件方面显然具有不同程度的相对优势。②

不过观察这方面因素的影响需要注意两点。一是承接国际服务外包的企业通常集中分布在特定聚集区内,因而即便是全国整体基础设施发展较为落后的国家,也可能通过在特定区域的大力投资较快超越这一因素的约束,因而我国这方面整体比较良好的条件对承接服务外

---

① 印度数据见《国际统计年鉴(2004)》。
② "中国在商业硬环境建设上已卓有成效,但不足之处在于发展水平的地区不平衡,主要集中在沿海发达地区,如上海等已经完全具备成为服务外包中心所需的基础设施条件,而内地尤其是西北部仍有待大幅提高"(朱晓明等,2006b,第 53 页)。Vashistha and Vashistha (2005,p.56) 对我国的评价是"在主要 IT 中心城市如北京和上海基础设施非常好,在二线城市基础设施正在大规模修建之中",该书第一版在 2005 年出版,利用资料属于几年前的情况,目前情况应有所改善。

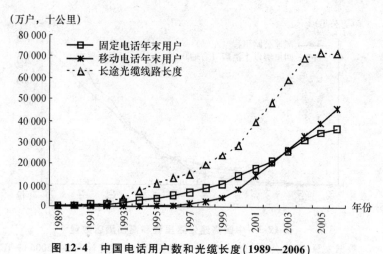

图 12-4 中国电话用户数和光缆长度(1989—2006)

数据来源:1989—2005 年数据来自《中国统计年鉴(2006)》第 664—667 页;2006 年数据来自《中国统计摘要(2007)》。

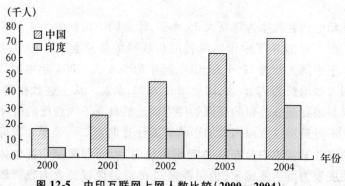

图 12-5 中印互联网上网人数比较(2000—2004)

数据来源:历年《国际统计年鉴》。

包的积极作用比较有限。① 二是受体制和政策因素影响,我国电信网络的国际联结和信息传输能力相对不足②,国际大容量数据传输速度很

---

① 如有观察人士甚至认为,印度班加罗尔服务外包企业享有的电信基础设施甚至比美国硅谷还好(Vashistha and Vashistha, 2005, p.56)。

② 据业内人士反映,这类局限表现在境外出口管道、卫星联结管制、带宽容量大小等不同方面。

慢,企业应对网路意外中断的能力脆弱。另外,我国电信资费过高,近年有所改善,然而国际通信资费仍然偏高,由于电信资费在服务外包企业的成本结构中占据显著份额,所以,资费过高对企业国际竞争力具有不利影响。

再次,从相关人才资源条件角度看,一般认为专业人才资源和素质方面的局限是我国参与国际服务外包的重要制约因素。对这个问题可以从总量和结构两个角度观察。首先,以大学生人数作为人才培养总量指标作粗略观察,图12-6反映了中印两国这一指标的比较数据。印度高校的在校人数长期高于中国。1970年我国仍处于"文革"阶段,大学生人数仅5万人,同年印度大学生人数为290万;1985年我国大学生人数恢复增长到170万人,仍远远低于印度同年的447万人;2000年我国为556万人,仍远远低于印度同年的1 046万人。

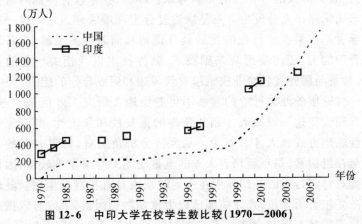

图12-6 中印大学在校学生数比较(1970—2006)

数据来源:中国1970年和1980年大学生数据来自《国际统计年鉴(1998)》;1985—2005年数据来自《中国统计年鉴(2006)》;2006年数据来自《中国统计摘要(2007)》。印度1970—1995年数据来自《国际统计年鉴(1998)》;1996年数据来自《国际统计年鉴(2001)》;2000—2004年系将2002—2007年《国际统计年鉴》提供的"年中人口数"和"大学生入学比率"折算而得,折算方法是将1990年二者乘积和当年大学生数比较计算出比例值,并假设该比例值在2000—2004年仍然适用。

总起来看,印度传统上对高等教育较为重视,投入较多。我国改革以前,受极左路线和"文化大革命"影响高等教育发展很慢,改革开放后对高等教育重视程度提升,但在一段较长时期,总体相对规模仍比不上印度。不过,这一比较情况随着我国高校规模近年快速扩张而发生了实质性变化。2004年我国大学生在校人数增长到1 334万人,印度同一指标为1 238万人,我国这一指标值第一次超过印度。2006年我国大学生人数进一步增长到1 739万人。

我国这一领域人才条件的局限更多表现在人才储备和供给与行业发展需求的结构不平衡方面。依据业内人士的意见和一般观察,人才资源结构的制约作用主要有三方面表现。一是从业人员缺乏熟练的英语能力。承接美欧等外包业务要求从业人员普遍具备利用英语和发包国语言进行工作的能力,提供语音服务更要求一线操作员的英语和其他外语口语纯熟。① 二是缺乏具备与职位对口技能的人才。例如,承接IT和流程服务外包的从业人员,需要基础科学技术知识、软件编程调试能力、有关对象的行业一般知识等综合训练,我国教育体制对这方面的需求尚未作出充分反应。三是缺乏复合型高端管理人才。这一行业的领导者不仅需要对行业的发展具有真切和前瞻性的见解,具备现代企业管理能力,还需要通晓基础技术、软件技术以及相关行业的业务属性,具备与国外发包企业决策层有效沟通和促成合作的能力。

讨论服务外包行业的发展不可避免地要研究人才问题。对此,既要看到改变这一领域人才制约条件的重要性和紧迫性,同时也要避免线性思维方式和人才悲观论。从经济分析角度看,特定时点的人才资源是存量因素,每年新培养人才的流量变动对存量影响较慢,因而人才结构对特定行业的制约作用在一定时期内具有相对外生性。随着近年服务外包有所增长,人才瓶颈已成为重要制约因素,采取有效措施解决这一问题具有重要意义。不过在讨论行业长期发展问题时需要看到,人才资源在较长时期仍是可能对市场需求和价格信号作出反应和变动

---

① 印度呼叫中心的员工通常要经过几十个小时"语言中性化(accent neutralization)"的训练,以消除印度地方口音,使美国等国本土客户感觉不到与他对话的是一个外国人,经过这一环节培训后就可以上岗(刘重,2006);我国要培训一位外语呼叫员工可能需要几千个小时。反过来看,业内人士普遍肯定我国承接日本软件服务外包以及香港银行业务外包与一些城市有关的语言人才优势有关。"大连相对充足的日语人才供给使之成为服务于日本消费者的理想选择。""在广州,我们很容易以更低的成本找到一位合格的说广东话的本地人来为我们的香港消费者服务。""大连飞往日本的航班只需3小时,往汉城只需2小时,往北京只需1小时。其自身地理位置非常有优势。""广州和深圳临近香港的地理位置使得其为运作管理提供后勤更加容易。"(见科尔尼董事赖淑珠2004年商务部服务外包培训班讲演资料)

的内生因素。如果相关政策的调整促进我国比较优势得以比较充分地发挥,承接国际服务外包行业的发展就能够产生足够强度的需求并表现为相应的人才报价,人才的瓶颈制约应能通过教育系统调整、企业内部培训和劳动者学习等不同途径加以应对和缓解。

目前企业对于培训熟练员工发挥了关键作用。一般较大的企业要对新招收员工进行3—6个月的先行培训,随后再进行半年左右的岗位实地训练,个别企业如大连东软已建立了企业人才培训学院。在此基础上我国企业对日韩承接国际服务外包取得了显著成绩,承接美国主流市场大型服务外包业务也有所斩获,这些从一个侧面说明人才资源约束不是绝对的。我国制造业开放发展的经验显示,一个生机勃勃的成长性行业本身就是最好的人才培养大学校,目前支撑我国制造业发展的数千万熟练工人是在行业发展中逐步培养起来的,不是在我们选择开放方针之初就充分具备的。观察印度经验,该国IT-BPO出口部门经过近20年发展,近年雇佣了100多万员工。如果我国存在行业发展与人才培养的良性互动关系,十几年培养出上百万具有英语和外语能力的适用人才应是可能的。

同时需要看到,我国与这一领域领先国家的差距不仅在人才、语言能力等初始条件方面,而且表现在我们对这一新生产方式特征属性的理解以及重要性认识的差距方面,表现在我们对相关政策调整行动相对滞后的方面。需要对认识和政策滞后因素进行必要分析,才能对现实问题的根源有比较全面的理解,进而采取切实有效的行动改变目前相对落后的状况。

12-3 相关政策调整滞后的表现及其作用分析

外包作为市场交易活动同时也是市场竞争活动,外包行业的发展过程同时也是发包企业间、接包企业间、发包与接包企业间竞争的展开过程。承接国际服务外包场合,不同国家企业的相对竞争力不仅受到企业特质性因素的影响,而且受到上述基础设施、人才条件等经济社会条件的影响,尤其还受到政策相关性因素的制约。从国际比较角度观察,承接国际服务外包表现比较出色的国家,大都实行了比较自由化甚至优惠性的政策。与自身对服务外包认识的演变过程相联系,我国对有关承接服务外包的政策存在阶段性调整滞后,对服务外包行业发展对相对落后也有重要解释作用。对此可以从以下几方面观察。

12-3-1 相关电信管制政策调整滞后

我国电信体制和政策的某些局限及其调整滞后不利于我国企业在这一领域提升国际竞争力。一些国际服务外包业务如呼叫中心、IDC等确实需要利用电信网络信息传输平台开展业务,然而其本质上属于新型现代外向型服务业,与主要针对本土市场的电信增值业务存在本质区别。依据我国电信管制政策的有关规定,仍然把这些业务看作电信增值业务,按照国家有关规定实行严格许可和审批制管理。业内人士认为,这方面政策调整滞后不利于国际服务外包业特别是商务流程外包的大规模发展。①

与电信增值业务的理解方式相联系,我国有关外商直接投资政策也存在调整滞后问题。印度等国对参与软件服务外包业务的外商直接投资实行鼓励政策,大型外包企业的数据网甚至可以直接联结国际通讯卫星,有利于外资企业大规模进入以与本国企业形成竞合关系,并推动整体服务外包能力提升。由于我国目前对电信传输和在线作业管理的管制比较严格,电信增值业务的分类定义把外包服务的部分业务涵盖进来,因而不允许已成立合资企业经营此类业务;外资在我国设立离岸外包企业不仅要申请经营许可,还要有合资比例规定,实际抬高了离岸外包企业的进入门槛,不利于跨国公司在国内建立的在线服务提供中心的基础设施建设。② 我国制造业开放经验说明,本土企业与外资企业的互动竞争对于推动行业发展具有关键影响,我国对承接国际服务外包的外商直接投资企业不仅没有特殊鼓励政策,有关政策客观上还有限制和排斥作用,这显然不利于这一行业发展。

12-3-2 相关行业协会职能的改革滞后

考察印度软件和服务外包行业的发展经验,任何人都会对"印度全

---

① 刘积仁(2006)的有关讨论和呼吁。
② 朱晓明等(2006b,第81页)与刘积仁(2006)的有关评论和论述。

国企业联合会（CII）"和"印度全国软件和服务企业协会（NASSCOM）"的职能定位和活动功效留下深刻印象。NASSCOM作为印度软件服务行业的自治管理机构，在研究行业国内外形势、规划行业发展前景、与政府部门对话沟通、寻求政策支持、促进业内人士交流和培训人才等方面发挥了不可替代的职能，对行业发展起到积极推动作用。

相比之下，我国以原先政府行政机构为基础建立的有关行业协会，虽然在推动行业发展方面做了不少有益工作，然而由于历史、体制、运行机制等方面因素的制约，不同程度地存在服务意识以及能力不足等问题，如何更好发挥行业协会对一个新兴行业成长的培育和促进功能仍有待探讨。行业协会如何更好地转型是我国市场经济环境下中间组织培育成长的一个具有普遍性的问题，在服务外包这一新兴行业表现得比较明显。与行业协会应有功能的弱化甚至虚置状态相联系，政府主管部门的官员直接参与制定行业发展规划，确定行业发展指标，分配行业发展资金，直至进行企业资格认定和软件产品登记，做了很多本应由行业自治协会应当承担的工作，反而有时出现事倍功半的情况。官员"挑选赢家"（pick-up of the winners）还可能引发企业的寻租行为，同样不利于行业发展。

12-3-3 相关人才培养政策的调整滞后

印度在人才培养方面不仅扶持印度理工学院（IIT）这样的教育机构培养行业精英和高端人才，还鼓励国家信息技术学院（NIIT）这样的民办教育机构通过国内外办学，大批量培养国际服务外包需要的普通人才，在良好政策框架下教育机构与业内组织互动配合，在满足行业发展的人才需要方面发挥了重要作用。

专栏 12-1

IIT 与 NIIT——印度 IT 人才培养的"两条腿"

提起印度在外包和 IT 行业的人才优势，人们自然会联想到闻名遐迩的印度理工学院(Indian Institute of Technology, IIT)的贡献。美国哥伦比亚广播公司的"60分钟"节目曾经用一整集时间来介绍 IIT, 评论说"把哈佛大学、麻省理工学院和普林斯顿大学加起来, 就是它在印度的地位"。美国《商业周刊》则认为 IIT 的毕业生是"印度史上最热门的出口产品"。

IIT 的产生直接源自印度第一任总理贾瓦哈拉尔·尼赫鲁的个人理念和判断。1947 年印度独立后,尼赫鲁预见在印度现代化进程中科技将扮演重要角色,指派一个专门委员会研究成立一所按照国际标准设置、以麻省理工学院为蓝本的高科技学院,并在印度东西南北各设分校。结果,印度政府决定建立 IIT, 并在印度不同地区设立了 7 个校区。

与印度其他学校不同的是, IIT 在教学对象、教学方法和资源投入方面完全按照精英教育模式设计。七个校区每年共招 4 000 多名新生, 印度上千万中学生要挤进这扇窄门, 就只能通过一个管道——参加联合入学考试(JEE)。IIT 入学考试的竞争程度可能举世无双:每年超过 30 万名成绩优异的中学生报考 JEE, 录取率不到 2%, 比哈佛大学 13%的录取率低得多。虽然财务资源从国际标准看并不高, 但是印度政府把绝大部分理工学院补助投入给这所学校, 因而 IIT 在印度相对资源的优厚程度是其他教育机构难以望其项背的。笔者访问印度时从 IIT 毕业生那里了解到, 研究生阶段每个学生都有单人宿舍。IIT 近乎"斯巴达式"的教育模式中, 高度强调学生的理论训练和实务能力兼备, 学生毕业前要修满 180 个学分, 其中必须有 20 个基础科学学分;每 5 个星期举行一次全校性大考, 成绩全校排名。从大一开始, 每学期都要修 6 门理工课程以及两三门实验课;在学校的安排下, 所有学生至少要到一家企业实习。虽然对于 IIT 的教育方法是否过于死板的问题尚存在争议, 但是毕业生的基础扎实并受到各界欢迎。

对于印度来说, IIT 承载了比一般教育机构重得多的期许: "IIT 最重要的任务, 就是成为印度的骄傲。"印度对 IIT 持续大规模投入半个世纪后, 终于在经济发展领域得到巨大回报。2003 年, IIT 在美国硅谷庆祝建校 50 周年, 比尔·盖茨盛赞它是具有全球影响力、"令人不可思议"的学校, 并称它使计算机产业受益匪浅。硅谷是 IIT 教育的最大受益者, 据美国加州大学伯克利分校教授萨克森·尼恩研究统计, 硅谷 2 000 家新创公司中 40%由印度人创立, 创始人大部分从 IIT 毕业。印度 IT 和软件外包的创业者和高管人员更是大量出自 IIT。IIT 这个精英教育机构在高端人才的储备和积累方面的效应在软件服务外包上终于发力或"产业化",从而使当年战略理念的商业和经济效果惊人地释放出来。

IIT 的培养对象是精英人才,然而任何一个大国全局性行业发展的同时还需要更大批量中低端普通专业人才的投入,印度外包和 IT 行业人才优势的教育基础,还在于有"印度国家信息学院"(The National Institute of Information Technology,NIIT)这样贴近草根、定位于大批培养普通人才的机构,从而使人才培养形成两条腿奔跑的局面。

NIIT 于 1981 年由印度企业家 Rajendra S. Pawar 和 Vijay K. Thadani 合作建立,他们都是 IIT 毕业生,但是建立 NIIT 是为致力于印度的普及性 IT 技术教育。NIIT 1982 年在孟买、德里、Madras 三地设立教育中心,1983 年在班加罗尔设立教育中心,引入企业培训项目(corporate training program);1984 年开始 IT 咨询业务;1987 年在 Hydrabada 等地设立教育中心,并开始在各邦与大城市设立特许加盟教育中心,对所有 NIIT 培训人员提供 NIITian 品牌身份;1989 年建立 NIIT Limited 有限公司;1991 年在美国建立第一个外国中心;1992 年国外收入为 5 000 万卢比,1993 年上市并成为微软主要培训合作伙伴;1999 年成为微软亚洲最佳培训伙伴。据说,印度每三个软件专业人士中就有一位是其毕业生。

NIIT 基本定位于普及型和应用型的 IT 教育和培训,号称教育培训的对象是没有受过计算机专业教育的、缺乏软件开发实际经验的学员,通过培训课程后,达到和超过大学软件专业毕业工作一年的技术人员水平,能胜任软件企业各项常规工作。NIIT 的课程以其新颖、全面、实用的特点赢得业内企业普遍欢迎,每年使几十万年轻人成功转入 IT 行业。北京中关村软件园高级顾问程举先生告诉笔者,他有一次在 NIIT 的帮助下访问印度软件外包企业,每到一个企业都有该校校友热情接待,特别方便。NIIT 现已扩展到美洲、欧洲、亚洲、中东、非洲、澳洲等 30 个国家,并且成功地把课堂授课与网上学习模式结合起来。

通过培育新型教育体制,应对发展软件服务外包面临的人才瓶颈,不可避免地要面临和处理高端精英人才与普通技能员工培养、政府参与与市场机制、领导人判断与企业家能力、国家拨款与民间融资等一系列复杂关系和政策设计的问题。IIT 与 NIIT 当然不是印度故事的全部,外国的具体做法也未必都适合我国国情,然而比较这两个具有印度特色的教育机构的历史、定位及其互补关系,对于我们破解如何大规模培养贴近经济发展现实人才的主题应当具有启示意义。如果我们善于学习借鉴,总能够从"他山之石"中"拿来"一些对我们有用的"攻玉之器"。

我国在出台针对性解决这一行业人才瓶颈的政策方面也比较滞后。以这一行业迫切需要具备英语能力和其他技能的普通人才而言,虽然不同类型学校在招生和扩充专业方面作出了一定程度的响应,然而在如何通过有效政策调整、推动相关人才的培养方面仍有很多工作需要开展。

12-3-4 相关税收优惠政策调整滞后

这一点与印度等国的经验比较有明显表现。印度 1991 年开始对软件与 IT 服务企业长期实行大力度税收优惠政策,包括免除企业所得税、采购国内投入品流转税、进口资本品关税等,优惠对象企业的范围后来扩大到承接商务流程外包企业,实施平台方面从早期软件园推广到近年经济特区,目前印度朝野讨论 2009 年以后继续实施这类优惠政策的问题。税收优惠政策对引导印度国内资源向服务外包出口部门倾斜,对充分发挥其语言和人力资源比较优势起到关键推动作用。

专栏 12-2

印度鼓励软件和服务外包税收优惠政策述评

从软件研发生产国际化开始,逐步发展到后来大规模的 IT 和商务流程外包,印度作为发展中大国比较完整地参与了这一服务全球化的全部进程。印度经验表明,优惠税收等多方面的政策支持对发展软件和服务外包具有关键意义。国内有关讨论普遍肯定和重视印度税收优惠政策的作用,不过对有关政策的具体内容和演变情况较少有专门考察和说明。

本专栏通过收集整理相关资料,对印度鼓励软件和服务外包税收的优惠政策进行了初步梳理和描述。从中可见,印度20世纪90年代初开始对软件和相关服务实行税收优惠政策,经过随后十多年在优惠企业对象和政策实施框架方面的不断发展调整,已经形成包括间接税和直接税的大力度减免优惠政策体系。税收优惠政策与其他措施相互配合,加上印度人力资源和英语能力方面的禀赋优势,推动了印度成为承接全球服务外包的领先国家。因而,仅仅把英语能力禀赋条件看作印度经验的全部,就好比仅仅把劳动力成本较低看作我国制造业发展经验的全部一样,可能未必全面和适当。

1991年印度软件企业联合会成功地说服印度政府,对印度软件出口实行免除企业所得税政策,这被认为是推动印度软件以及后来服务外包发展的最重要措施之一,也是启动随后十多年相关优惠税收政策调整进程的里程碑事件(NASSCOM,2006)。由于参与软件生产全球化体系,本身要求对软件和IT硬件等资本、货物投入品的进口实行自由化政策以降低交易成本,随后印度政府还把软件进口关税税率从114%的高位水平逐步降到零关税,对IT硬件设备进口免除关税,对后来引入的服务税也予以免除。

需要注意的是,20世纪90年代初印度软件产业很少有独立品牌或自主知识产权的产品,基本经济内容是利用国内不可贸易要素为国外软件开发和品牌企业提供低端外包服务,因而虽然该政策内容的表述是"软件出口的利润免除所得税"(income tax exemption from profits of software exports),然而这里的出口对象从一开始就主要不是独立的"软件产品",而是具有产品内分工性质的"承接软件外包服务"。印度行业协会与印度政府对软件定义采取了务实态度,把本国具有阶段性比较优势的经济活动作为政策扶持重点,构成印度这一行业成功发展的关键条件,并随着企业和行业发展逐步造就了印度在软件以及软件服务、BPO领域的世界一流品牌企业,后来逐步在某些服务外包领域的软件细分市场上创造出具有国际竞争力的软件产品。这一过程与我国制造业从简单组装等加工贸易起步,逐步延伸到零部件制造,进一步发展出品牌产品和自主知识产权产品的成长路径异曲同工,对理解当代经济落后大国探索开放发展模式提供了具有启示意义的案例。

1998年印度总理办公室委托专题研究组完成"印度信息技术行动计划"(Information Technology Action Plans of India)。其中软件部分提出108项计划,在继续此前软件税收政策的基础上,把优惠政策对象范围扩大到"信息服务出口"(IT service exports),并对软件和IT投资允许两年内100%加快折旧(National Task Force,1998)。

印度对服务外包的税收优惠还表现在特殊区域生产集聚区的有关政策上。如印度软件技术园区对园内企业实行11项优惠政策,其中5条涉及税收优惠政策:① 依据电信法10A条款实施的所得税假日(income tax holiday as per section 10A of the IT Act);② 资本设备关税100%豁免(100% customs duty exemption on imports of capital equipments);③ 对采购国内投入品免除100%货物税(100% excise duty exemption on indigenous items procurement);④ 对采购国内投入品返还100%中央销售税(central sales tax reimbursement on indigenous items procurement);⑤ 对资本货物给予五年期100%折旧(100% depreciation on capital goods over a period of five years, STPI)。

2000年开始实施的以鼓励"出口导向增长"(export-led growth)为目标的经济特区政策(special economic zone scheme)标志印度鼓励承接服务外包的税收政策达到一个新高度。印度政府于2000年4月颁布了这一政策,目标表述为:"通过提供免除税负的商品和服务,一体化出口生产基础设施,高效、快速、一站式批准机制以及政策激励组合,吸引外国和本国企业进行出口导向增长的投资。"经济特区建立主体(SEZ developer)可由中央政府、邦政府或者企业、个人共同或单独举办。特区经营活动范围可以包括"商品制造或提供服务或既制造商品也提供服务,以及提供保税、仓储功能"。企业对象和经营范围的界定完全包含了承接国际服务外包服务提供商及其经营活动的内容。

经济特区举办方(SEZ developer)和运营企业(SEZ units)享有广泛的税收优惠。在间接税方面,举办方和运营企业都享有包括免除进出口关税,免除国内采购商品货物税,免除服务税等优惠。在直接税方面,对特区举办方和运营企业给予不同方式优惠。对特区内运营企业前5年免除企业所得税,随后五年按50%减半征收,并且此后依据具体情况还可以有进一步优惠;另外资产转让免征资本获益税(capital gains tax)。对特区举办方,在特区建立后15年内提供任意选择的连续10年免征100%利润所得税的优惠(NASSCOM, 2006)。

参考资料:NASSCOM, *Government Policies*, downloaded from the website of NASSCOM, updated on 30 Mar, 2006; National Task Force on Information Technology and Software Development Constituted under the Authority of the Office of the Prime Minister, *Information Technology Action Plan—India*: *Part 1 Software*, July 4, 1998; STPI, *Software Technology Parks of India*, http://www.stpp.soft.net/stpscheme.htm.

我国在承接国际服务外包的税收政策方面几乎没有特殊优惠。我国现行政策的大体框架,是在有关企业达到软件企业认定前提下,才能享有"对增值税一般纳税人销售其自行开发生产的软件产品,按17%的法定税率征收增值税,对实际税负超过3%的部分即征即退"以及对"在我国境内新创办的软件企业经认定后,自获利年度起,享受企业所得税'两免三减半'等优惠政策"①。可见软件外包企业一定要先争取获得软件生产企业认证,然后才能享有比较有限的税收政策优惠;对不从事软件生产的IT外包服务以及承接商务流程服务外包的企业,严格来说则不能享有税收优惠。②

需要指出,部门性大力度优惠政策虽能刺激特定行业较快发展,然

---

① 参见国务院(2002)。
② 媒体报道执行47号文件面临的问题时涉及这方面情况。"上海一些软件企业跑到当地税务局要求按照政策退税时,工作人员会抱出一大叠文件告诉我,这些都是税收方面的优惠政策。具体应按哪一条执行他们也不清楚,要求企业自己把相关的文件找出来。"A公司的王经理这样告诉记者。另一家软件公司向记者反映,对于国务院信息化办公室的政策,有关税务部门要么不知道,要么知道了也不遵照执行。原因是,税务部门有完成税收指标的任务。即使顺利执行的政策也随时有"翻案"的可能。专做软件外包的徐家汇软件园B公司的中方负责人回忆说:1993年公司正式开展业务时,由于产品100%出口,B公司可以享受国家出口退税的优惠政策。但是1998年6月,公司突然收到政府的一纸公函,要求企业补缴前几年所有的营业税和增值税。"当时我们一下就傻了。经过多次交涉,终于争取到从1998年1月开始补缴。"据该负责人介绍,可能因为B公司是委托开发商,没有自主知识产权,并不是国家重点扶植的软件自行开发商,所以没有享受到什么优惠。"优惠政策主要就是免税。我们现在完全按照生产型企业交纳所有税款,没有什么优待。"退税速度更是各软件企业普遍遇到的问题。"拿到退税最少要等半年,有时要等一年多。"上海市一位税务官员承认了这种情况的存在。他经手的2001年应退税直到2002年10月才下来。信息产业部软件处处长陈英接受记者电话采访时说,任何产业规律都是剩下少数经营好的企业,淘汰大多数小规模公司,而企业反映的情况是政策执行中出现的问题,并不是国家政策有问题(《21世纪经济报道》文章:《国务院47号文执行之痛,软件业投资黑洞何时能填》,转引自新华网,2002-12-30)。

而也可能会由于产业政策的扭曲效应对整体经济运行效率带来消极影响。如果说在封闭经济走向开放转型的早期阶段，采取这类政策对较快从局部打破旧体制均衡具有操作意义和积极效果，在我国目前已建立社会主义市场经济体制基本框架的背景下，对部门性特殊优惠税收政策需要采取更加审慎的立场。从这一角度看，我们不必完全模仿印度的做法，而应着眼自身优势条件，主要通过减少干预扭曲与利用市场力量推动这一行业的发展。不过，考虑承接国际服务外包多方面的积极意义及其国际竞争含义，也考虑印度等国大力度的优惠政策以及我国这一领域相对落后的背景，适度实行税收优惠也具有某种务实性与合理性。

2006年年底财政部等四部委发布鼓励技术先进型服务企业试点的文件，对这类企业提供从2006年7月1日起"暂减按15%的税率征收企业所得税"；"合理的工资支出可以在企业所得税税前扣除"；"当年提取并实际使用的职工教育经费，在不超过当年企业工资总额2.5%以内的部分，可以据实在企业所得税税前扣除"（财政部等，2006）。文件规定"技术先进型服务企业"的范围包括从事软件、IT以及商务流程外包业务的企业，因而是鼓励承接国际服务外包税收政策调整的新举措。虽然把"技术先进"作为优惠对象企业主要识别标准是否适当在理论上还可以进一步探讨[①]，基于上述有关部门性优惠政策的综合考虑，应当肯定这一政策调整具有积极意义与合理性。

12-3-5 政策调整滞后影响概括性评论

综上所述，我国一段时期对承接国际服务外包确实存在认识和政策调整滞后问题，这对这一领域目前相对落后的局面具有一定解释作用。表12-1概括比较了我国与印度在涉及承接国际服务外包政策和体制方面的差异，作为对上述观察结果的一个扼要小结。

[①] 承接国际服务外包有助于发展服务业和调整经济结构，有助于后WTO时代提升对外开放水平，有助于创造外向型、无污染或少污染工作岗位。另外，承接国际服务外包具有国际竞争含义，我国企业因为其他国家实行的高强度优惠政策而面临不利竞争局面。鉴于"技术先进"概念可能不便全面反映这些经济属性以及环境特点，可以考虑能否把承接国际服务外包看作一个相对独立和特殊的外向型现代服务部门并适当提供优惠税收政策支持。

表 12-1　中国与印度有关承接国际服务外包问题的认识和政策比较

主要方面	印度	中国
行业整体认识	从 20 世纪 90 年代初把这一行业作为重点发展行业,予以鼓励和推动。	近年开始重视这一行业对经济发展的战略意义。
优惠税收政策	1991 年开始对承接软件和 IT 服务外包的企业实行 20 年内免除所得税以及设备进口关税,后来软件园和经济特区政策进一步扩大和完善优惠税收政策。	没有专门的税收优惠政策。最近政府有关部门进行政策试点,在"技术先进型服务企业"名义下对这类企业按 15% 优惠税率征收所得税。
外商投资政策	实行鼓励外商投资这一领域的自由化政策。	电信增值业务管制框架下对外商直接投资需要审批监管,合资企业外方投资份额受到限制,已有合资企业不能从事这一领域的业务。
知识产权保护	针对这一行业特点进行立法,保护数据安全和降低发包方企业风险。	目前尚没有针对这一行业的需要所进行的立法活动和结果。
人才培养政策	在英语和技术人才良好禀赋条件的基础上,鼓励 NIIT 进行人才培训,克服传统学历教育局限,加强企业与教育系统的联系。	主要通过企业为市场提供人才,进行内部培训获得适用人才,目前尚没有应这一行业的人才需要而采取的集体行动。
行业协会功能	NASSCOM 在行业规划、政府沟通、推动政策、公关管理、国际市场营销等方面发挥积极有效的功能。	有关行业协会侧重推动国内软件生产发展,对承接国际服务外包的重视不够;在治理结构以及为企业提供服务的意识和能力方面存在局限。

参考资料:参见本文有关部分的讨论内容。

"平坦世界"的时代条件意味着国际竞争程度大幅提升,因而对上述政策调整滞后的影响需要从国际竞争相对关系上进行理解。对服务外包理论的分析提示,相关制度和政策安排直接或间接进入承接国际服务外包的广义交易成本,从而影响企业相对的国际竞争力。给定其他国家实行大力度鼓励政策,我们如果按兵不动或者反应不力,我国企业的相对竞争力以及行业发展客观上会受到负面影响。个别企业无法通过自身努力降低这类由国家政策决定的相对交易成本,这构成国际服务发包企业"先选国家,后选企业"行为方式的背景,也说明政策调整是我国发展承接国际服务外包的必要条件。

最后用前面设计的产品内分工框架解释这一关系。图12-7 改造了图9-1 的分析框架以示意中印两国的政策差异对承接国际服务外包相对竞争力影响的比较关系。假定中国与印度各自独立面临国际服务外包发包业务的机会,对右边纵轴表示的中国来说,国际服务外包的边际收益线向左下方倾斜。依据第9 章的相关讨论,早先历史时期由于技术和制度原因的制约导致交易成本太高因而使国际服务外包不具有经济合理性,这一约束用中印两国共享边际成本 MC_0 表示。过去近20 年的技术革命和体制演变使得边际成本线下降并推动国际服务外包发展起来。印度政策调整较早,力度较大,边际成本线大幅下降到 MC_i,因而均衡点为 E_i^*,均衡意义上能够承接较多国际服务外包,用 $O_I E_i$ 表示。我国由于政策调整滞后等因素影响,边际成本仅小幅下降到 MC_c,均衡点为 E_c^*,承接国际服务外包上限仅为 $O_c E_c$。如果考虑印度与中国对国际服务外包存在的竞争关系,实际承接国际服务外包的差距可能更大。

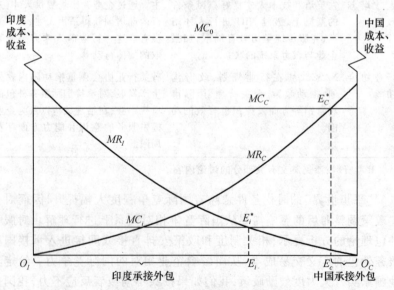

图12-7 中印两国政策差异对承接国际服务外包的影响

12-4　促进我国承接国际服务外包的政策建议

当代服务外包是产品内分工原理对服务业生产方式以及其他行业的生产性服务投入进行重组和变革的产物,由此派生的服务流程国际转移正在推动形成服务全球化新潮流。随着国际服务外包成效的显现以及印度等国承接国际服务外包的能力出现瓶颈,加上发达国家的发包企业分散风险的战略考量,近年出现国际服务外包进一步发展和重新布局的形势,为我们改变这一领域的相对落后状态提供了难得机遇。我们应把承接国际服务外包与促进国内服务业发展的目标结合起来,与我国扩大就业和经济结构调整的目标结合起来,用当年参与制造业国际分工的理念和行动呼应服务全球化新浪潮。

科学理解承接国际服务外包涉及发展制造业以及区域发展战略关系等问题。制造业的大发展对建立现代物质生产能力和基础设施,对于为大批农村劳动力转移、提供现代就业机会和促进经济结构转型都具有不可替代的意义,对中国这样大国经济的成长尤其是一个必经阶段。今后,我国制造业(包括通过加工贸易实现的外向型制造业)需要进一步发展,在发展中提升结构并有效地应对和解决环保、生态、资源等方面的挑战性问题。承接国际服务外包有助于提高生产性服务流程效率,将对发展、提升制造业产生积极作用,因而二者总体具有相互促进而不是排斥关系。另外,还要更好地认识承接服务外包经济活动在区位分布与空间聚集方面的特征属性和内在规律,注意避免过多地区蜂拥而起、大量投资造成的资源浪费。

针对承接国际服务外包的经济属性以及我国在这一领域的发展现状和问题,从减少管制扭曲、培育市场力量、兼顾溢出效应、着眼国际竞争等多方位角度考虑,建议实行以下具体措施。

第一,把承接国际服务外包看作外向型现代服务部门,取消从电信增值管制角度对这一行业实行的许可和审批手续。建立国际服务外包企业专网,提升企业间跨地区大容量数据传递的能力。进一步深化电信体制改革,放宽市场准入,引入竞争机制,改进管制政策,通过合理降低电信资费减少承接国际服务外包的成本以及其他的企业运营成本。

第二,建议鼓励国外大型跨国公司来我国设立国际服务外包提供中心或服务基地,建议降低承接国际服务外包领域外商直接投资的政策门槛,把承接国际服务外包列入国家鼓励外商直接投资的行业目录。建议商务部把鼓励承接国际服务外包外资企业基础设施和政策优惠条件作为整体投资环境推介内容。

第三,改进和完善相关立法和执法。研究承接国际服务外包业务流程涉及新的知识产权关系,总结我国业内实践经验并借鉴相关国际经验,改进和完善知识产权立法,降低承接国际服务外包交易成本。对承接国际服务外包涉及新的业务合作形式和关系,包括合同标的、交付方式、产品质量等方面的新内容,加快完善与国际商业惯例相适应的法律规章建设。

第四,在政府有关部门的指导下,建立真正由业内企业主导和企业家自行管理的国际服务外包行业协会。鼓励新协会在规划行业发展、与政府和公众沟通对话、建立行业数据库、定期举办各类交易会和推介会等方面承担全方位的职能。建议把建立国际服务外包协会作为社会主义市场经济环境下,转变政府职能和培育行业中间组织的行业试点。

第五,考虑承接国际服务外包具有国际竞争性质以及印度等先行国家早已实行大力度税收优惠政策的背景,建议在一定时期对我国承接国际服务外包业务的企业实行优惠税收政策,包括对承接国际服务外包业务的收入免征营业税等流转税,对承接国际服务外包业务的企业降低企业所得税,对其研发费用实行税前抵扣等。

第六,鼓励大学和各类职业学校大力培养不同层次既懂软件和相关技术又具备外语能力的人才。采取有力措施提升我国基层中小学外语教员的水平和能力,解决我国内地英语教学水平低、公民外语普及率低的问题。建议利用目前国家财力和外汇储备比较充裕的条件,每年派遣大批县、乡级基层学校的外语教员到国外培训,通过一代人的努力使我国外语教学水平得到显著提高。

第七,重视和加强对国际服务外包的统计工作。由于国际服务外包是新生事物,正规统计相对薄弱甚或完全阙如,目前有关数据主要来源于业内咨询公司的研究估计,质量难免存在较多问题。建议政府统计部门、行业协会和学术界相互合作,在深入研究国际服务外包的概念和科学设计相关指标体系的基础上开展常规统计工作,为观察这一行业的发展以及政府管理提供数量信息和科学依据。

12-5　简短的结语

我国承接国际服务外包发展相对落后的现象,大体可以从以下几方面得到说明。从大背景考虑,我国制造业发展的阶段性成功,在一定时期通过对资源的竞争在客观上对发展国际服务外包构成压力。我国英语人才相对缺乏对软件服务外包特别是以语音为基础的服务外包带来不利影响。我国在电信管制、行业协会、人才培养、优惠措施等方面的政策调整滞后,对这一行业的相对落后具有重要解释作用。

我国经济起飞正处于工业化和城市化中期快速成长的阶段,制造业需要提升结构和进一步增长,服务业更是面临加快发展的紧迫任务。如何通过促进国内和国际服务外包推动生产型服务业发展并与制造业更高阶段的成长形成良性互动,是影响我国经济发展前景的具有全局意义的议程。针对承接国际服务外包的经济属性以及我国这一领域的发展现状和问题,根据减少管制扭曲、培育市场力量、兼顾溢出效应、着眼国际竞争的思路进行政策调整。

参考文献

财政部、国家税务总局、商务部、科技部,财税[2006]147号:《关于在苏州工业园区进行鼓励技术先进型服务企业发展试点工作有关政策问题的通知》2006年12月31日。

丁敏、曹伟:《对金融领域业务外包的冷思考》,《特区经济》2005年1月25日。

托马斯·弗里德曼:《世界是平的——21世纪简史》,何帆等译,湖南科学技术出版社2006年版。

贡苏康、周玮:《以外促内是中国软件产业发展现实途径》,《中国电子报》2006年12月14日。

郭金尧:《金融BPO的中国机会》,《IT经理世界》2003年11月20日,第57—59页。

郭士纳:《谁说大象不能跳舞?——IBM董事长郭士纳自传》中译本,中信出版社2006年版。

国务院:《关于印发鼓励软件产业和集成电路产业发展若干政策的通知》,国务院[2000]18号文件。

国务院:《振兴软件产业行动纲要(2002年至2005年)》,国办发[2002]47号文件。

国务院:《关于加快发展服务业的若干意见》,国发[2007]7号文件,2007年3月19日。

洪刚:《外包定义与国际市场》,《IT服务外包》2007年4月总第16期,第7—11页。

科尔尼:《科尔尼2004年离岸业务所在地吸引力指数》,见conference documents for "The Outsourcing World Summit Conference and Exposition", organized by Michael F. Corbett & Associates, Ltd., Feb. 24—26, 2003, Desert Springs Marriott Resort & Spa, Palm Desert

California, USA.

柯武刚、史漫飞:《制度经济学——社会秩序与公共政策》,韩朝华译,商务出版社2000年版。

GOR:《服务外包咨询》(Global Outsourcing Resources),北京博思商通资讯有限公司编辑印发的不定期文刊。

冀勇庆:《中国外包抢滩美国》,《IT经理世界》2007年第8期,第20—24页。

赖淑珠:《跨国公司服务外包的行业趋势及中国的发展机遇》,商务部服务外包培训班讲演资料,2004年12月。

李元旭:《银行业务外包问题初析》,《国际金融研究》2000年第12期。

李子惠、李志强:《当前全球服务外包的发展趋势与对策》,《国际经济合作》2004年第11期。

联合国等:《国民经济核算体系(1993)》,中国国家统计局国民经济核算司翻译中译本,中国统计出版社1995年版。

林毅夫等:《外包与不确定环境的最优资本投资》,《经济学季刊》2004,4(1):119—138。

刘华文:《服务外包竞争战略——基于中国跨国公司的研究》,《广东商学院学报》2006年第2期。

刘积仁:《中国不能坐失BPO良机》,《全球外包咨讯》2006年第6期。

刘重:《我国企业承接国际服务外包的问题与对策》,《研究与探索》2006年第4期。

卢锋(2004a):《产品内分工:一个分析框架》,北京大学中国经济研究中心《中文讨论稿》No.C2004005,2004年5月28日。

卢锋(2004b):《产品内分工》,《经济学季刊》2004,4(1):55—82。

卢锋(2007a):《服务外包经济学分析:产品内分工视角——兼论我国承接国际服务外包问题》,北京大学中国经济研究中心《中文讨论稿》No.C200701,2007年7月10日。

卢锋(2007b):《当代服务外包的经济学观察——产品内分工的分析视角》,《世界经济》2007(8):22—35。

卢锋(2007c):《我国承接国际服务外包问题研究》,《经济研究》

2007(9):49—61。

克里斯托弗·洛夫洛克:《服务营销》(第三版),中国人民大学出版社2001年中文版。

安格斯·麦迪逊:《世界经济千年史》"中文版前言",北京大学出版社2004年版。

NASSCOM:《2007年战略报告与回顾——印度IT-BPO(基于IT技术的业务流程外包)产业的年度报告与回顾》,中文翻译本,2007年2月。

商务部外资司:《软件与服务外包业务统计规范》、《软件与服务外包企业基本情况表》、《软件与服务外包企业经营状况统计表》,商务部商字统进[2006]55号文,2006年8月23日。

沈彤(2007a):《服务外包应考虑零税政策》,《中国经济周刊》2007年1月8日。

沈彤(2007b):《促进我国服务业发展的十点建议》,《中国财经报》2007年4月24日。

孙云琦、章红:《从人民银行西安辖区两个案例看中央隐含部分金融服务外包业务的外包》,《当代经济科学》2003年第5期。

谭立文、田笔飞:《世界主要外包参与国的外包政策及其对我国的启示》,《管理现代化》2006年第1期。

田晓军:《银行业务外包对我国商业银行经营的启示》,《城市金融论坛》1999年第6期。

王喜庆:《金融服务外包风险及其对策》,《华东经济管理》2005年第5期。

王粤:《服务贸易——自由化与竞争力》,中国人民大学出版社2002年版。

王悦承:《中国软件与IT外包产业以印度为镜》,《中国计算机报》2006年3月6日。

信息产业部电子信息产品管理司:《在国务院18号文件颁布三周年之际》2003年5月21日,《赛迪网讯》2004年12月29日于网上下载。

杨圣明:《关于服务外包问题》,《中国社会科学院研究生院学报》2006(6):23—28。

曾松等:《服务外包:商务部服务外包培训班学习资料》2004年12月,北京。

詹晓宁、邢后媛:《服务外包:发展趋势与承接战略》,《国际经济合作》2005年第4期。

周之英:《现代软件工程:管理技术篇》,科学出版社2002年版。

朱晓明、周波、黄峰等(2006a):《转移与承接——把握服务外包发展新机遇》,上海交通大学出版社2006年版。

朱晓明、潘龙清、黄峰等(2006b):《服务外包——把握现代服务业发展新机遇》,上海交通大学出版社2006年版。

Andrews, Edmund L., Democrats Criticize Bush Over Job Exports, *New York Times*, February 11, p. A26. Cited from Bhagwati, Panagariya and Srinivasan (2004).

Atul Vashistha and Avinash Vashistha, The Offshore Nation: The Rise of Services Globalization, Tata McGraw-Hill, 2005.

Berry, Leonard L., Service Marketing is Different, *Business*, May-June, 1980.

Besanko, David, David Dranove and Mark Shanley, *Economics of Strategy*, John Wiley & Sons, Inc., 1996.

Bhagwati, Jagdish, Panagariya Arvind and T. N. Srinivasan, The Muddles Over Outsourcing, *Journal of Economic Perspectives*, 2004, 18 (4): 93—114.

Cairncross, Frances, *The Death of Distance: How the Communication Revolution Will Change Our Lives*, Harvard Business School Press, 1997.

Cooper, Richard N., The United States As an Open Economy, in Hafer R. W., ed. *How Open Is the U. S. Economy*, Lexington Books, 1986, pp. 3—24.

Dedrick, Jason and Kraemer, Kenneth L., Information Technology in India: The Quest for Self-Reliance, *Asian Survey*, 1993, 33(5): 463—392.

Gartner, Business Process Outsourcing at the Crossroads: Market Trends, A Gartner Report by Rebecca Scholl, Jan. 31, 2002.

Hanna, Nagy, Exploiting Information Technology for Development: A

Case Study of India, *World Bank Discussing Paper*, 246, July 1994.

International Monetary Fund, *Balance of Payments Manual*, 1993.

International Monetary Fund, Statistics Department, *Revision of the Balance of Payments Manual, Fifth Edition*, April, 2004.

Kalakumari, T., Business Process Outsourcing in India, in S. Nakkiran and D John Franklin, ed. *Business Process Outsourcing: Concept, Current Trends, Management, Future Challenges*, Deep & Deep Publications Pvt. Ltd., New Delhi, 2005, pp. 69—72.

Klepper, Robert and Wendell O. Jones, *Outsourcing Information Technology, System & Services*, Prentice Hall PTR. 1998. 转引自中译本《信息技术、系统与服务的外包》,电子工业出版社2003年版。

Lu Feng, China's Software Sector: A Different Model with the India's, Presentation at "The Conference on the China Miracle", organized by CII, New Delhi, 23—24, Mar. 2005.

Lynn, Shostack G., Breaking Free from Product Marketing, *Journal of Marketing*, April, 1997.

Mankiw, N. Gregory, Kristin J. Forbes and Harvey S. Rosen, Testimony Before the Joint Economic Committee, U. S. Congress: "The Economic Report of the President", Feburary 10, Available at http:/www. whitehouse. gov/cea/economic_report_20040210. html, Cited from Bhagwati, Panagariya and Srinivasan, 2004.

Corbett, Michael (2004a), Dispelling the Myths about Outsourcing, *Fortune*, May 31, 2004.

Corbett, Michael (2004b), *The Outsourcing Revolution: Why It Makes Sense and How to Do It Right*, Dearborn Trade Publishing, A Kaplan Professional Company, 2004.

NASSCOM, Government Policies, downloaded from the website of NASSCOM, updated on 30 Mar, 2006.

National Task Force on Information Technology and Software Development constituted under the authority of the Office of the Prime Minister of India, Information Technology Action Plan—India: Part 1 Software, July 4, 1998.

Pindyck, Robert S. and Rubinfeld, Daniel L., *Microeconomics*, Fifth edition, Prentice-Hall, 2001, p. 301.

Qu Zhonghua and Brocklehurst, Michael, What Will It Take for China to Become a Competitive Force in Offshore Outsourcing? An Analysis of the Role of Transaction Costs in Supplier Selection, *Journal of Information Technology*, 2003, 18: 53—57.

Sengupta, Snigdha, Shelley Singh and Nelson Vinod Moses, *BPO Industry Report: World's Back Office Comes of Age*, ABP Pvt. Ltd. Delhi, India, 2006.

Stone, L., Business Process Outsourcing Benefits BP and Accenture, Gartner, Case Studies, CS-18-0145, A Research Note, 16 September 2002.

STPI, Software Technology Parks of India, (D. I. T. Ministry of Communication & Information Technology, Government of India, http://www.stpp.soft.net).

United Nations, World Trade Organization et al., Manual on Statistics of International Trade in Service, United Nations, Department of Economic and Social Affairs, Statistics Division, Statistical Papers, Series M No. 86, 2002.

United Nations Conference on Trade and Development, *World Investment Report 2004: The Shifts Towards Service*, United Nations, New York and Geneva, 2004.

United States International Trade Commission (USITC), Production sharing: Use of U. S. Components and Materials in Foreign Assembly Operations, 1991—1994, *USITC Publication*, 2966, May 1996.

附录　我国软件与服务外包出口数量规模估计

软件出口、软件研发服务外包、服务外包是相互联系的概念。由于服务外包是新兴现象,目前对这些概念还缺少严格清晰和普遍接受的定义,更缺乏连续系统的统计数据。第四章说明,采用 BOP 与 WTO 对服务贸易的不同定义,国际服务外包的对象范围和统计数量会有显著的差别。本附录采用 BOP 定义方法,依据我国海关和国际收支平衡表中有关服务贸易的数据以及其他来源资料,对我国截至 2005 年的软件出口和服务外包出口的数量规模提出估计和推测。

（1）海关货物贸易统计"软件出口"的指标定义和数据

据海关总署统计部门官员提供的信息,我国软件出口包括 98030010、98030020、98030030、98030090 四个 8 位数 HS 编码税号产品,有时也包括 85243920。表 1 反映了这几种软件品 2000—2005 年的出口数据,从

表 1　我国海关软件出口数据（2000—2005）　　　　万美元

海关税号	出口对象名称	2005	2004	2003	2002	2001	2000
98030010	出口计算机系统软件	7 320	3 657	2 170	1 268	554	490
98030020	出口计算机支撑软件	1 775	1 161	204	417	487	218
98030030	出口计算机应用软件	49 032	25 624	4 245	2 835	3 578	5 820
98030090	其他出口计算机软件	7 307	4 234	553	747	1 865	646
85243920	其他已录制的 8471 所列机器用激光盘	10 195	13 121	16 654	14 318	8 940	3 954
总计		75 628	47 795	23 826	19 585	15 424	11 128

资料来源:中国海关总署统计处。

中可见,2005年四类软件出口加上"其他已录制的8 471所列机器用激光盘"出口总共为7.56亿美元,不包括"激光盘"的四类软件出口只有6.55亿美元。

(2)服务贸易统计中软件和计算机服务出口的指标定义和数据

服务贸易项目中可能包括软件服务出口内容。例如,在服务贸易子项目"其他各类服务"中包括"计算机和信息服务",其中有"软件安装"、"按客户要求设计、开发和编制程序系统"。另外,"其他各类服务"的子项目"其他商业服务"包含的"其他商业专业和技术服务"中,有"研究和开发服务,包括居民和非居民之间进行的与新产品和新工艺的基本研究、应用研究和实验开发有关的服务交易。原则上,自然科学、社会科学和人文科学的活动都包括在内。代表技术进步的操作系统的开发也包括在内"①。

笔者2005年1月13日请教国家外汇管理局国际收支司的统计制度处官员,得知我国所有软件服务贸易均列入"计算机和信息服务"四位编码的统计项下,不过受到数据可获得性的限制无法观察这一项目内部更为细分的内容。表2的数据显示,"计算机和信息服务"出口从2001年4.61亿美元增长到2005年的18.4亿美元,同期进口从3.45亿美元增长到16.23亿美元。

表2 我国计算机与信息服务贸易(2001—2005)   亿美元

年份	差额	贷方	借方
2001	1.17	4.61	3.45
2002	-4.95	6.38	11.33
2003	0.66	11.02	10.36
2004	3.84	16.37	12.53
2005	2.18	18.40	16.23

资料来源:历年国际收支平衡表。

(3)信息产业部等主管部门的估计

信息产业部和原外经贸部、国家税务总局、海关总署、国家统计局、

---

① 国际基金货币组织:《国际收支手册》(第五版)中译本,中国金融出版社1993年版,第64—65页。

国家外汇管理局等六部门就落实2000年18号文件有关出口政策的问题进行了研究,走访了有关行业协会和企业,于2000年12月制定了《关于软件出口有关问题的通知》。同时,信息产业部和原国家计委、原外经贸部联合推动国家软件出口基地的建设。信息产业部电子信息产品管理司2003年5月21日发表了题为"在国务院18号文件颁布三周年之际"的报告,提到我国"软件行业出口额从2000年4亿美元增加到2002年15亿美元,年平均增长93.6%"[①]。

(4) 业内专家和媒体人士的相关估计

2004年12月在北京召开的商务部"首期服务外包项目管理培训"会上,一些业内专家对我国IT和商务流程外包的规模提出估计和预测。美国科尔尼(A. T. Kearney)公司董事赖淑珠(Vivien Lai)女士估计,目前(2003—2004年)中国IT服务外包市场为4亿美元左右,商务流程外包市场为2亿美元左右,未来几年各以40%和20%—30%的速度增长。2008年IT服务外包将上升到25亿美元,流程服务外包将增长到6亿美元。[②]

IDC China 副总裁兼业务发展总监万宁先生估计,IT服务市场是中国IT市场中增长最快的领域,IDC预计其市场容量将从2003年的44亿美元增长到2007年的113亿美元,2002—2007年年均增长率为25.2%。外包服务市场占2003年整体IT服务市场的8.3%,预计该比例2007年将达到17.2%,是2003年的两倍多。[③] 这表明,IT服务外包从2003年的3.65亿美元上升到2007年的19.4亿美元。

一篇比较中印软件出口的评论文章指出,印度的GDP只有中国的1/3,但是软件行业产值却与中国不相上下。如果说到软件出口,印度则远远超过中国。2003年,中国的软件出口额为20亿美元,主要目的地是日本;印度的软件出口额高达77亿美元,其中一半以上被美国公司采购。[④]

---

① 信息产业部:《在国务院18号文件颁布三周年之际》(信息产业部电子信息产品管理司,2003年5月21日;2004年12月29日从网上下载)。
② 赖淑珠:《中国发展服务外包的需求和供给因素》,2004年商务部"首期服务外包项目管理培训"班讲演资料第42—44页、52—57页,2004年12月9日。
③ 万宁:《外包服务:中国厂商的市场机遇和竞争战略》,2004年商务部"首期服务外包项目管理培训"班讲演资料第26页,2004年12月9日。
④ 冀勇庆:《印度软件业的启示》,《IT经理世界》2004年12月5日。

综上所述,有关服务外包以及软件出口不同渠道的数据差别较大。本文采用官方统计部门有关四类软件产品出口以及"计算机和信息服务"贸易的数据,加上业内人士对承接商务流程外包估计的数据作为本文定量估测的初步依据。

引用文献

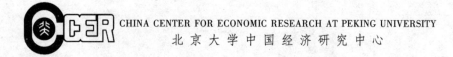

服务业国际大转移的机遇和挑战
——我国承接国际服务外包政策研讨会

会议时间:2007年5月27日(星期日)上午
会议地点:北京大学中国经济研究中心万众楼二楼
赠发资料:卢锋研究报告《服务外包经济学分析:产品内分工视角
——兼论我国承接国际服务外包政策调整问题》

会议议程

9:00—9:05 北京大学中国经济研究中心主任林毅夫教授致欢迎辞

上半场
  主持人:林毅夫教授
9:05—9:45 卢锋教授汇报部分研究结果
09:45—10:45 有关部门领导指示和评论:
       商务部高虎城副部长
       国务院政策研究室江小涓副主任

　　　　　发改委产业政策司刘治司长
茶歇　10:45—11:00
下半场
主持人：卢锋教授
11:00—11:40 专家评论发言：
　　　　　国家发改委对外经济研究所张燕生所长
　　　　　国务院发展研究中心对外经济部张小济部长
11:40—12:40 软件园区和企业代表评论发言：
　　　　　大连软件园负责人杨冬先生
　　　　　西安软件园负责人王自更先生
　　　　　东软公司负责人方发和先生
　　　　　北京博思商通资讯负责人曾松先生

北京大学中国经济研究中心

简 报

2007年第28期（总第665期）　　　　　2007年6月7日

"我国承接国际服务外包政策研讨会"简报之一

　　2007年5月27日，北京大学中国经济研究中心举办了"服务业国际转移的机遇和挑战——我国承接国际服务外包政策研讨会"。分四期简报报道这次研讨会内容。本期简报报道卢锋教授汇报的专题研究的部分结果。

我国承接国际服务外包问题研究[①]

卢　锋

　　非常感谢各位领导、各位专家、各位企业家来中心参加这次研讨会。当代服务外包跨国发展正在推动新一轮服务全球化浪潮，承接国际服务外包对促进我国服务业发展、扩大就业以及提升对外开放水平具有积极意义。我国"十一五"规划和国务院2007年7号文件都提出要鼓励承接国际服务外包的问题。我们研究侧重从经济学"产品内分工"视角分析当代国际服务外包的特征属性，考察我国这一领域目前相对后进的现状和根源，探讨承接国际服务外包所需的政策调整问题。

---

① 这是一份题为《服务外包经济学分析：产品内分工视角——兼论我国承接国际服务外包问题》的专题研究报告的压缩稿。

下面从四个方面汇报部分研究结果。

1. "承接国际服务外包"的概念内涵与发生机制

外包指企业或其他组织在维持某种产出前提下,把过去自我从事的投入性活动或工作通过合约方式转移给外部厂商完成。如果转移对象是制造加工零部件或某种组装、总装活动则属于制造外包,如果对象是服务品生产投入活动或者制造业内部生产性服务流程活动则属于服务外包。服务外包依据发包与承包企业的空间和国别分布关系,进一步分为国内与国际服务外包。依据国际收支账户对服务贸易的定义,如果发包方与接包方是同属某国的企业则属于国内外包或业内所谓"在岸外包"(onshore outsourcing);如发包方与接包方是不同国家的企业,则从发包方角度看是"离岸外包"(offshore outsourcing),对接包方来说则可以称作"到岸外包"(inshore outsourcing),总称国际服务外包[①]。承接国际服务外包指承担国外发包企业委托的服务流程业务。由于比较优势规律等因素作用,我国企业现阶段较多作为接包方参与国际服务外包。

服务外包作为劳动分工深化的现象虽早已有之,晚近20年服务外包展现出多方面的特征属性,成为当代经济全球化的新趋势。当代服务外包的特点可以从以下几方面观察。一是软件和IT服务外包引领潮流,二是商务流程外包推波助澜并有后来居上之势,三是服务外包出现离岸化或国际化趋势,四是各类以承接服务外包作为核心竞争力的大型跨国企业脱颖而出,五是利用服务外包对各国发展战略层面的意义已逐步展现,六是服务外包跨国发展成为经济全球化和国际经贸关系争论的新热点问题。

可以通过比较分析临界水平上一个特定服务流程工序从企业分离出去所带来的边际收益与成本去理解当代国际服务外包的发生原理。从经济学和管理学角度观察,特定服务流程从企业分离出去的利益来源大体可归纳为以下几类:通过比较优势和规模经济效应带来成本降低利益,通过经验经济带来的学习效应和利益,通过改变成本结构增强

---

① 如何把商业存在(FAT)看作服务贸易的一种类型并由此探讨国际服务外包对象的范围则需要对这一定义加以修改,相关问题有待专题研究。

应变灵活性的利益,通过生产系统网络化带来的竞争优势利益。服务外包的派生成本大体被经济学广义的交易成本概念所涵盖,主要包括信息传递成本、商务旅行和运输成本,与信息外泄以及合作方潜在机会主义行为相联系的风险成本,其他协调跨越国境经济活动的制度性交易费用等。外包虽然能够为发包企业降低生产成本和内部组织成本,却以广义交易成本的上升为代价。

服务外包的潜在收益和成本平衡点决定了经济合理性意义上外包的广度和深度,当代服务外包兴起的根本原因在于相关技术和制度条件的演变通过大幅度降低外包边际成本而显著改变了上述平衡点位置。一是当代信息技术普及运用与信息传递"距离死亡"状态的出现大幅降低了远距离信息交流成本。二是当代各类运输成本因为技术进步和效率提升而降低,尤其是旅客航空旅行成本的大幅度下降对服务外包国际化具有关键意义。三是当代多边贸易规则自由化进程的推进,各国发展战略开放取向的调整,降低了国际服务外包的制度费用。四是当代市场竞争更为激烈和战略互动关系更为强化的环境演变特点,使得企业对服务外包降低成本的机遇更为敏感,而需求多样化和复杂化的趋势则促使企业通过服务外包和灵活应变以谋求竞争优势。

2. 我国承接国际服务外包的现状和问题

我国企业承接国际服务外包已取得多方面成绩。一是承接国际服务外包相关业务达到一定规模。依据国际收支账户的统计口径,2005年我国计算机和信息服务出口18亿美元,进口16亿美元,顺差2亿美元;海关统计软件出口约7亿美元,承接国际商务流程外包(BPO)估计约为3亿—4亿美元。二是已形成一批初步具备一定国际服务外包业务能力、在某些特定市场具有较强国际竞争力的国内企业。三是随着跨国公司在我国业务规模的扩大,同时受到我国快速增长的国内市场吸引,已在我国建立一批承接服务外包业务的分公司、基地和研发中心。四是一批城市把服务外包作为重点发展产业,政府部门、地方政府、业内机构合作展开的服务外包推介、培训和研讨活动日趋活跃。

虽已取得初步成绩,我国参与国际服务外包与这一领域的先行国家比较仍存在相对落后问题。一是从软件出口和承接国际服务外包的市场规模看,不及印度软件和服务外包出口的1/10,也落后于爱尔兰、菲律宾等国。二是从承接国际服务外包的内容构成看,在发展潜力较大的商务流程外包领域目前还仅有少数成功案例。三是从承接国际服务外包区域的分布看,主要来自日、韩等邻国的发包业务,在欧美等全球主流市场整体的竞争能力比较弱。四是从企业规模和素质角度看,国内企业与其他领先国家还有较大差距。五是从跨国公司投资角度看,来华设立分支机构主要是受到我国国内业务吸引即属于"寻求市场"型服务业投资,把我国作为承接国际服务外包中心的"寻求效率"型服务投资的比较少。

世纪之交我国访问印度的高层官员和业内人士大都认为我国服务外包业与印度存在 5—10 年的差距,乐观估计差距只有两年。三年前一些业内权威人士认为我国 3—5 年内将在全球信息技术服务外包市场中扮演重要角色,在非语音业务流程外包方面有能力与印度竞争。这些乐观估计都有道理,然而与实际情况存在某种反差。如印度承接国际服务外包从 2001/2002 财年的 62 亿美元增长到 2005/2006 财年约 240 亿美元,2010 年预计增长到 600 亿美元。经过十几年开放竞争的历练,印度企业已开始在某些细分市场上创造出具有国际竞争力的软件产品,并开始在其他国家投资建立承接国际服务外包业务的基地。我们虽有明显进步,然而与印度的相对差距可能并未缩小。

还需要关注其他一些发展中国家近年大力发展承接国际服务外包业务并已有不俗表现。菲律宾承接国际客服中心外包已成为印度重要的竞争对手,该国 2006 年承接国际外包收入达到 36.3 亿美元,菲政府正在积极鼓励企业扩大财会、软件、医疗、动画制作等复杂度较高部门外包业务,预计 2010 年外包业务收入将增长到 124 亿美元。巴西也着力发展国际商务流程外包,近年承接外包规模增长到 5 亿美元左右,业内人士认为 2007 年巴西将进一步被国际外包市场认可。另外俄罗斯、马来西亚、一些东欧国家也正在调整政策呼应服务全球化浪潮。与这些国家比较,我国在某些方面有相对不足之处。我们需要加快发展,避免在新一轮服务全球化浪潮中面临被边缘化处境。

3. 我国承接国际服务外包相对落后的原因

可以把影响一国承接国际服务外包相对竞争力的因素分为几种类别:硬件基础设施、人力资源、发展路径、制度和政策因素。首先从电信以及与商务旅行相关的基础设施角度看,我国与其他主要承接国际服务外包的国家比较具有相对优势。不过承接国际服务外包的企业通常集中分布在特定聚集区内,即便是整体基础设施发展较为落后的国家,也可能通过在特定区域大力投资,较快超越这一因素约束,因而我国这方面的整体良好条件对承接服务外包的积极作用比较有限。另外,在电信基础条件方面我国也存在不利因素。业内人士反映,我国电信网络的国际联结和信息传输能力相对不足,国际大容量数据传输速度较慢,企业应对网路意外中断的能力脆弱。另外,我国电信资费一度偏高对企业竞争力也有不利影响。

其次,从相关人才资源条件看,我国与印度等国比较处于相对弱势,表现为从业人员英语能力较低,满足行业需要的技能人才不足,复合型高端管理人才更为缺乏,改善这方面的瓶颈约束具有重要意义。不过,讨论行业长期成长表现时需要看到,人才资源在较长时期仍是可能对市场需求和价格信号作出反应的内生变量。如果相关政策的调整促进我国比较优势得以比较充分的发挥,承接国际服务外包行业发展能够产生足够强度的需求并表现为相应的人才报价,人才瓶颈制约应能通过教育系统调整、企业内部培训和劳动者学习等不同途径加以应对和缓解。

再次,从整体经济发展路径角度看,我国制造业等部门的强劲发展势头客观上增加了开拓国际服务外包市场的机会成本。我国当代体制转型和经济起飞从改革推动农业快速增长起步,在随后一段较长时期,制造业作为最主要的可贸易部门在改革开放环境中高速增长,一定阶段通过对人才、资金和其他资源的"虹吸"效应使得发展国际服务外包行业面临较高机会成本的约束。对比之下,印度较晚实行自由化和全球化体制改革,在制造业等传统可贸易部门尚未全面起飞之前,倾注全国人才和政策资源鼓励软件和服务外包,从而使这一行业的发展较之其他国家鹤立鸡群。可见,我国整体经济发展路径的特点也具有一定程度的解释作用。

最后,需要讨论我们对这一行业的认识和相关政策因素的影响。我国有关这一问题的认识大体可分三阶段。一是20世纪90年代,有关部门和少数企业开始就借鉴印度经验和承接软件外包进行探索,然而这一问题尚未进入决策层优先考虑的层面。二是世纪之交,鼓励软件产业发展成为国家优先目标,18号和47号文件对我国软件业的发展发挥了重要推动作用,不过承接软件和国际服务外包仍未引起足够重视。三是晚近三四年间,决策层与学术界的有关认识发生实质性突破,并在"十一五"规划和7号文件中得到明确阐述。从这一过程看,我国对有关承接国际服务外包的认识在一段时期相对滞后,相关政策调整也有滞后表现。

一是有关电信管制政策调整滞后。承接国际服务外包的一些重要业务如呼叫中心、IDC等需要利用电信网络的信息传输平台开展业务,然而本质上属于外向型现代服务业,不同于主要针对本土市场的电信增值业务。依据我国电信管制政策的有关规定,这些业务被看作是电信增值业务并实行许可和审批管理制度,业内人士认为这方面政策调整的滞后不利于承接国际服务外包业务的大规模发展。与此相联系,有关政策不允许已成立的合资企业经营国际服务外包业务,外资在我国设立离岸外包企业不仅要申请经营许可,还要有合资比例规定,这不利于跨国公司在我国建立在线服务提供中心并进行相关的基础设施投资。

二是相关行业协会职能改革滞后。"印度全国软件和服务企业协会"(NASSCOM)作为行业自治管理机构对行业的发展发挥了重要推动作用。我国与政府机构对口建立的有关行业协会,虽然在推动行业发展方面做了不少有益工作,然而不同程度地存在服务意识和能力不足问题,如何更好发挥行业协会对一个新兴行业成长的促进功能仍有待探讨。与行业协会应有功能的弱化或虚置状态相联系,政府主管部门对行业的直接管理和干预较多,有时又出现越俎代庖和事倍功半的情况。这些都涉及市场经济环境下如何更好界定政府、中间组织与企业的职能等深层改革问题。

三是有关人才培养政策的调整滞后。印度在人才培养方面不仅扶持印度理工学院这样的教育机构培养行业精英和高端人才,还鼓励国家信息技术学院这样的民办教育机构大批量培养国际服务外包所需要的普通人才,在良好的政策框架下教育机构与业内组织互动配合,在满足行业发展需要的人才方面发挥了重要作用。我国在出台针对性解决这一行业人才瓶颈的政策方面也比较滞后。以这一行业迫切需要具备英语能力和其他技能的普通人才而言,虽然不同类型的学校在招生和扩充专业方面作出了一定程度的响应,然而在如何通过有效的政策调整推动相关人才培养方面,仍有很多工作需要开展。

四是相关税收优惠政策的调整滞后。这一点与印度等国比较表现明显。印度1991年开始对软件与IT服务企业实行20年税收优惠政策,包括免除企业所得税、进口资本品关税、采购国内投入品流转税等,享受优惠的企业范围后来扩大到承接商务流程外包的企业,实施平台从早期软件园推广到近年的经济特区,目前仍在讨论2009年以后继续实施优惠政策的问题。我国规定软件生产企业可享有增值税超过3%的部分即征即退,新创办的软件企业自获利年度起享有企业所得税"两免三减半"等优惠政策,但严格来说,对专门承接信息技术和商务流程服务外包企业没有税收优惠政策。

需要指出,部门性大力度优惠政策虽能刺激特定行业较快发展,然而也可能会由于产业政策的扭曲效应对整体经济运行效率产生消极影响。在我国目前已建立社会主义市场经济体制基本框架的背景下,对部门性的特殊优惠税收政策需要采取审慎立场。从这一角度看,我们不必完全模仿印度的做法,而应着眼自身优势条件,主要通过减少干预扭曲与利用市场力量推动这一行业发展。不过,考虑到承接国际服务外包多方面的积极意义及其国际竞争含义,也考虑印度等国大力度的优惠政策以及我国在这一领域相对落后的背景,适度实行税收优惠也具有某种务实性与合理性。

2006年年底财政部等四部局发布了鼓励技术先进型服务企业试点的文件,对这类企业提供"暂减按15的税率征收企业所得税"、"合理的工资支出可以在企业所得税税前扣除"等税收优惠。文件规定"技术先进型服务企业"的范围包括从事软件、IT以及商务流程外包业务的企业,因而是鼓励承接国际服务外包的税收政策调整的新举措。虽然把"技术先进"作为优惠对象的主要识别标准是否适当在理论上还可以进一步探讨,但基于上述有关部门性优惠政策的综合考虑,应肯定这一政策的调整具有积极意义与合理性。

4. 发展我国承接国际服务外包业务的措施和建议

当代服务外包是产品内分工原理对服务业生产方式以及其他行业生产性服务的投入进行重组和变革的产物,由此派生的服务流程国际转移正在推动形成服务全球化的新潮流。随着国际服务外包成效的显现以及印度等国承接国际服务外包的能力出现瓶颈,加上发达国家发包企业分散风险的战略考量,近年出现了国际服务外包进一步发展和重新布局的形势,为我们改变这一领域的相对落后状态提供了难得的机遇。我们应把承接国际服务外包与促进国内服务业发展的目标结合起来,与我国扩大就业和经济结构调整的目标结合起来,用当年参与制造业国际分工的理念和行动呼应服务全球化的新浪潮。

科学理解承接国际服务外包涉及与发展制造业以及区域发展战略的关系等问题。制造业的大发展对建立现代物质生产能力和基础设施,对于为大批农村劳动力转移提供现代就业和促进经济结构转型都具有不可替代的意义,对中国这样的大国经济的成长尤其是一个必经阶段。今后我国制造业(包括通过加工贸易实现的外向型制造业)需要进一步发展,在发展中提升结构并应对和解决环保、生态、资源等方面的挑战。承接国际服务外包有助于提高生产性服务流程的效率,将对发展、提升制造业产生积极作用,因而二者总体呈相互促进而非排斥关系。另外,还要更好地认识承接服务外包的经济活动在区位分布与空间聚集方面的特征属性和内在规律,注意避免过多地区蜂拥而起、大量投资造成的资源浪费。

针对承接国际服务外包的经济属性以及我国在这一领域的发展现状和问题,从减少管制扭曲、培育市场力量、兼顾溢出效应、着眼国际竞争等多角度考虑,建议实行以下具体措施。

第一,把承接国际服务外包看作外向型现代服务部门,取消从电信增值管制角度对这一行业实行的许可和审批手续。建立国际服务外包企业专网,提升企业间跨地区大容量传递数据的能力。进一步深化电信体制改革,放宽市场准入,引入竞争机制,改进管制政策,通过合理降低电信资费,减少承接国际服务外包以及其他企业的运营成本。

第二,建议鼓励国外大型跨国公司来我国设立国际服务外包提供中心或服务基地,建议降低承接国际服务外包领域的外商直接投资的门槛,把承接国际服务外包列入国家鼓励外商直接投资行业的目录。建议商务部把有关鼓励承接国际服务外包政策优惠条件作为整体投资环境推介内容。

第三,改进和完善相关立法和执法。研究承接国际服务外包业务流程涉及的新知识产权关系，总结我国业内实践经验并借鉴相关国际经验，改进和完善知识产权立法，降低承接国际服务外包的交易成本。针对承接国际服务外包涉及的新业务合作形式和关系，包括合同标的、交付方式、产品质量等，加快完善与国际商业惯例相适应的法律规章建设。

第四，在政府有关部门指导下，建立真正由业内企业主导和企业家自行管理的国际服务外包行业协会。鼓励新协会在规划行业发展、与政府和公众沟通对话、建立行业数据库、定期举办各类交易会和推介会等方面承担全方位的职能。建议把建立国际服务外包协会作为社会主义市场经济环境下，转变政府职能和培育行业中间组织的试点。

第五，考虑承接国际服务外包具有国际竞争性质以及印度等先行国家早已实行大力度税收优惠政策等背景，建议在一定时期对我国承接国际服务外包实行特殊优惠税收政策，包括对承接国际服务外包业务的收入免征营业税等流转税，对承接国际服务外包的企业降低企业所得税，对其研发费用实行税前抵扣等。

第六，鼓励大学和各类职业学校大力培养不同层次的既懂软件和相关技术又具备外语能力的人才。采取有力措施提升我国基层中小学外语教员的水平，解决我国内地英语教学水平低、公民外语普及率低的问题。建议利用目前国家财力和外汇储备比较充裕的条件，每年派遣大批包括县、乡级基层学校的外语教员到国外培训，通过一代人的努力使我国外语教学水平得到显著提高。

第七，重视和加强对国际服务外包的统计工作。由于国际服务外包是新生事物，正规统计相对薄弱甚或完全阙如，目前有关数据主要来源于业内咨询公司的研究估计，质量难免存在较多问题。建议政府统计部门、行业协会和学术界相互合作，在研究国际服务外包的概念和指标体系的基础上开展常规统计，为观察这一行业的发展以及政府管理提供科学依据。

北京大学中国经济研究中心

简 报

2007年第29期(总第666期)　　　2007年6月7日

"我国承接国际服务外包政策研讨会"简报之二

2007年5月27日,北京大学中国经济研究中心举行了"服务业国际转移的机遇和挑战——我国承接国际服务外包政策研讨会"。分四期简报报道这次研讨会的内容。本期简报摘要报道国家商务部高虎城副部长和国务院政策研究室江小涓副主任的指示和评论。

商务部高虎城副部长:

非常高兴接到林教授邀请,再次到北大中国经济研究中心与大家交流。我印象中十几年来中心在林教授领导下始终在关注和研究一些新兴经济现象,关注中国经济发展特别是对外经济领域的发展趋势。这次我也非常高兴看到卢锋教授花了很长时间研究服务外包问题。假如说有一批先驱研究人员和一些政府相关人员很早就在关注这一领域的话,那么能够形成大家比较统一的认识也不过是最近三四年的事。从经济理论角度说,服务外包和其他产业外包受到类似规律的支配,其基本原理好像没有根本性突破,也不应该有新的突破。如报告中分析的,服务业外包的发展也是受到成本与效益比较的基本经济规律支配。我感到欣慰的是这是一个比较实用的报告,对当前国际服务外包业与中国服务外包业进行了比较,对我们发展中的现状以及应该采取的措施进行了深入分析。相比以前成果,我认为这个报告比较全面,视野比较宽,谈的问题比较有深度。

接到林教授邀请后,我跟商务部有关同志作了一些研究,准备了一个发言。大体上是在这些年来方方面面工作形成的共识和对国家政策的一些提炼。我愿意从这个角度给大家点一点题目。让大家了解作为负责这方面工作的国务院职能部门之一,我们对这个问题的看法、评价以及下一步要采取的措施。

1. 全球服务外包业的发展现状

20世纪90年代以来,外包成为经济全球化的一个重要内容,我们认为这是一个潮流。近几年来,服务外包发展比较快,以IT业作为基础,国际离岸服务外包的发展更为迅速,在服务外包和产业外包当中,现在我们所关注和重视的是以IT产业为中心的一些领域,实际上涉及的领域不止这些。比如,我们在化学和医药领域服务外包的发展情况可能还没有引起足够重视。

服务外包之所以会成为一个引人注目的新潮流,根本原因在于成本与效益平衡关系的变化为其提供了基础。2005年全球服务外包市场的规模达到6 000多亿美元,2006年达到8 600亿美元,这些还不是已经定型的统计,不同来源的数据有一些差距,但是大体上差不太多。联合国贸发会议预测未来几年全球的外包市场每年将以30%—40%的速度增长,2007年的市场规模将达到1.2万亿美元。美国相关的咨询机构也估计2007年全球离岸外包业务将增长到500亿—600亿美元。

在这个领域中,表现比较突出的是印度、爱尔兰、以色列、菲律宾,它们比较早地抓住国际软件业发展的契机,大力承接了来自欧美的软件服务外包,迅速发展成为软件大国,并且形成了国际上比较著名的软件外包的接包服务中心。根据美国一些公司估计,到2008年,印度软件产业产值将达到850亿美元,其中外包出口估计将达到500亿美元。印度国家软件协会预测,到2008年仅全球计算机用户电话服务中心即话务中心这个领域,就将为印度提供110万个就业机会和210亿—240亿美元收入。爱尔兰2004年的软件与信息服务业销售额达到500亿欧元,其中也是80%以上出口。菲律宾2006年外包业务达到36亿美元,比2005年增长了72%,创造了26万个就业机会。菲律宾外包业发展之快,很大程度上得益于它是亚洲英语最好的国家,这与美军长期驻留、天主教信仰、学校教育等因素相关。语言是很重要的问题。大家可能知道互联网最早的雏形产生于欧洲,在20世纪80年代初,欧洲企业的会计、报税包括海关统计全部都已经网络化了,虽然这和今天比还有一定差距,但是已经相当发达了。但到了90年代初期,欧洲纷纷将自己当年花费巨资建设的网络废掉,进入互联网。这个问题牵涉很多因素,其中一个因素就是文化。

2. 我国发展服务外包的意义和机遇

经过20多年的改革开放,我国制造业的发展已经取得了举世瞩目的成就,我们也注意到由于资源和环境制约,我国粗放式发展模式的弊端和不可持续性正在日益显现。换句话说,我们的发展有两方面内容。一是我国必须发展其他产业,二是工业和制造业也必须转变增长方式。我讲机遇和意义着重强调的是第一点,就是应该注重和发展其他的产业。因此,加快服务业的发展,推进经济结构的转型升级已经成为我国经济发展当前面临的迫切任务。大力发展服务外包,不断提高国际服务产业转移的规模和水平,是新的形势下转变经济增长方式、转变外贸增长方式,特别是提高利用外资质量和拓宽利用外资的领域、化解就业压力、推进我国产业结构从根本上调整的一个最佳路径。商务部这几年花了很大力气在利用外资方面推进服务外包。

发展服务外包的很多优势与我们在产业方面利用外资的优势是一样的,比如说我们的社会、经济发展的速度、劳动的成本等。但是作为发展中国家,我们还有两个很重要优势。第一个是人才优势。尽管在语言上可能存在很多缺陷,但是我们的基础非常雄厚,劳动力的质量相当高。换句话说,只要稍加培训,我们的软件企业作为接包企业的发展丝毫不会比其他国家差,这是一个很大的优势。第二个优势是硬件。目前,我们讲得很多的是IT产业,中国这些年的硬件投资不错,硬件应用的程度、范围包括先进程度都是世界一流的。从应用上说,中国在某些方面还领先于其他国家,这都为我们创造了发展这方面业务的条件。事实上,这几年这方面有一个很好的例证,就是我们和日本、韩国的合作。由于编程与文化、思维等都有关系,而我们和日韩的文化有相似性,地域比较接近,所以接受起来也比较快一点。但是,欧美方面的发展就弱一点,而恰恰欧洲与美国是需求最大的区域。

服务外包的意义包括扩大就业、转变增长方式、拓宽开放领域、结构调整等,此处不详细讨论。眼下国外经济界有这么一句话,虽然不严谨,但比较形象,有一定道理:中国是世界工厂,印度是世界办公室,欧美是世界的董事会。这种说法虽然有点简单化,但是却从一个角度说明了我们在分工上所处的位置。我想我们是否能成为董事会还需要假以时日,还需要努力;但是成为另外一个办公室,我认为是完全可以做到的。

3. 我国服务外包的现状与目前存在的问题

近年来,我国十分重视发展服务外包,明确提出要主动承接国际服务业转移,促进现代服务业的发展。研究服务业需要注意一个背景因素,就是我们是从计划经济走过来的,计划经济的显著特点之一就是不重视服务,无论哪个方面的服务都是短缺的。大家回忆一下,当年改革开放时,推开门做生意就能赚钱,极不重视服务。看一看我们的法律建设,如果说过去三十年在工业化道路上,完成了其他国家一百年、两百年甚至更多时间的立法的话,那么我们服务业的立法还比较贫乏。表现之一就是文件多,法律少。以超市为例,我们同样叫沃尔玛、家乐福,但是中国的家乐福与法国和美国的家乐福是不一样的。我们超市的通道不够,结算不够,在管理上还存在很多应该进一步改善的问题。这说明在一定时期,我们注重工业的发展,对服务的规划少,对服务业的立法不大重视。

我们重视服务外包也是近几年的事。2006年,商务部牵头组织并且会同信息产业部、科技部开展了促进服务外包业发展的"千百十工程",力争在"十一五"期间在全国建立10个具有一定国际竞争力的服务外包的城市基地,推动100家国际著名的跨国公司将其外包业务转移到中国,培育1 000家取得国际资质的大中型中国服务外包企业,鼓励全方位承接国际服务外包业务,实现2010年服务外包出口额在2005年9亿美元的基础上翻一番,即18亿美元。力争5年内培训30万—40万承接国际服务外包所需的实用人才,吸纳20万—30万名大学生就业。截至目前,已共同认定深圳、上海、大连等11个城市为服务外包基地城市。这几年,在中央和地方两级政府的大力推动和各企业的努力下,中国企业承接国际服务外包的增势很快。

下面说一下我们和国际上的差距,特别是和印度、菲律宾、爱尔兰等国的差距,我们认为主要是表现在六个方面。

一是对服务业外包的认识程度不够。这是一个新兴行业,在很长的时间内大家的认识还不到位,还没有达到对制造业等其他产业那样更广泛的共识。

二是服务外包承接企业的规模小,服务能力较低。目前印度已经有300多家软件公司通过了ISO9001流程标准国际认证,有上百家企业获得了软件"能力成熟度模型(CMM)"5级认证。中国通过ISO9001标准认证的企业寥寥无几,通过CMM5级认证的企业只有20余家。我国服务外包企业规模小,实力有限。服务外包企业目前还难以支持长期的项目,无法承接来自欧美的软件大单。主要还是从事低附加值、技术含量不高的低端外包服务业务,比如数据输入、简单编程等。换句话说,在服务外包分工方面,我们还是处于下游地位。

三是符合条件的服务外包人才短缺。一是缺乏大量的、具备特定外包要求、较高外语能力、熟悉外包和商业文化的技能型人才,一是缺乏能够带领大型技术团队、承接复杂外包工作的高级管理人才。根据有关方面的调查,中国教育机构的培养模式导致目前只有10%的工科大学毕业生能够胜任国际服务外包业务。现在商务部力主并推动了由政府和行业开展对服务外包技能人才的培训。培训的目标并不是针对某一个行业,而是针对整个服务外包业。换句话说,这些培训是基础的,人才接受培训获得的能力具有某种通用性。

四是投融资渠道少,资金短缺,严重影响了该行业的发展。我们看到,中国的服务外包企业处于成长期,其中相当一部分是股份制企业或者民营企业,资金积累少,申请银行贷款能力较差,投融资方面的困难较大。这也是我国目前服务外包业普遍面临的一个问题。

五是与服务外包相关的政策制定相对落后。已经出台政策包括2000年18号文件、2001年六部委680号文件,然而很多政策如跨国并购管理政策、项目外包税收政策等与国际外包市场发展不太配套,主要表现在:(1)现有法律法规过于笼统、各部门在解释方面没有经过很好的协调而出现解释能力偏差,容易给企业造成困惑。(2)在税收和人才培养方面与印度存在较大差距。我国对软件企业的定义范围比较窄,仅仅是拥有自己软件产品的企业才享有扶持政策,而从事软件咨询、软件培训、软件测试的企业或者中介机构就不能享受这些扶持政策。这限制了我国软件行业以及相关的支持软件行业发展的整体行业发展。(3)对服务外包市场准入的规定过严,制约了企业业务门类和经营范围的扩大。因为一种服务外包产品会产生出其他一系列产品,严格说来,究竟能产生多少我们还在摸索当中。(4)知识产权的保护政策和体系还不够完善,不利于我国服务业的发展和产业结构升级。

六是服务外包的配套设施尚不健全,这包括运行器速度问题、线路问题、费用过高问题等。

4. 我国服务外包发展思路

大体包括十二个方面的内容。

一是加强对全球服务外包发展趋势和他国经验的学习和研究。因为这是一个新兴的行业,本身还在发展当中,但是有些国家走得比较早,发展比较好,有些经验值得我们借鉴。

二是选准服务外包发展的突破口。我们认为当前应该以信息服务外包特别是软件服务外包作为发展重点,尽快提高我国外包企业的规模。未来应将商务流程外包作为主要发展方向,大力承接国内外制造业企业的服务外包,由低端做起,向高端发展。

三是加强对我国重点服务外包企业运营状况的跟踪,从中积累经验。

四是大力开拓欧美市场。

五是加大服务业利用外资力度,积极吸引国际知名服务型企业。

六是加强对国内企业的引导,积极发展外包业务。国内企业由于受传统文化的影响,多数追求"大而全"生产活动,不大习惯于在整个市场当中有效地配置资源,也不大愿意把自己的业务发出去。对此应加强宣传和引导,使其熟悉并且逐渐接受服务外包业务,将不适合自己企业开展的业务发包出去,交给其他企业来做。

七是大力扶持服务外包品牌企业,与"千百十工程"联系在一起。

八是加强服务外包的知识产权保护。

九是加强企业和高校在人才培养方面的合作。商务部也要采取一些措施支持企业和高校合作、联合培养适应市场需要的专业人才。

十是做好服务外包统计工作。有关部门应该加强与服务业企业和服务业行业协会的联系,共同协商和制定切实可行的服务外包统计方法,做好服务外包的统计工作。这是一项基础工作,不仅包括我们常规的统计工作,还包括海关统计工作。

十一是推进服务外包数据库建设,使企业能够做到资讯、经验等方面信息共享。

十二是加快建立服务外包行业的行业协会。中介组织建设问题在其他行业也存在。就服务外包而言,行业协会应当在技术、标准、人才、政策制定方面发挥综合作用。我们在和有关部门研究这个问题。但是也应当承认,在社会主义市场经济下,政府转变职能形成的中介组织应该发挥什么作用、功能如何完善,还需要进一步探索。目前有些行业协会发展得很不错,但也有一些根本性问题需要我们共同研究和探讨。这么大的一个经济体、这么宽泛的领域、这样迅速发展的经济,在政府转变职能过程中,中介组织的作用不可或缺,但是不能简单地借鉴他国经验,因为我们有很多特殊问题。比如行业组织建设进程中我们是选择自愿制还是"业必入会"。如果是"业必入会",那么就需要立法,企业从诞生之日起就必须加入。如果是自愿制,就意味着中介组织是竞争性的。另外,在中介组织建设过程中地方、中央、行业应该各自发挥何种作用,这都需要在制度安排上结合我国政府转变职能的要求加以探讨。

国务院政策研究室江小涓副主任:

感谢毅夫先生邀请我来参加这样一个重要的课题报告会,不仅听到卢锋教授报告的研究结果,也很幸运地听到高部长对这个问题全面的阐述。北大经济研究中心的活动我只要能来就一定会来,因为中心的研究一直都是既贴近学术前沿,又非常关注现实。卢锋教授署名发表的研究我一定看,他的《产品内分工》是我的博士生不多的必读资料之一。我很高兴今天能来参加这样一个高档次研讨会。下面谈一些我个人的想法。

我对这些问题感兴趣也有三四年时间了。我们正在做一个课题,有二三十人的研究团队,包括日本教授。我们大概已经面访了120多家企业,我本人也看过十几家企业。我知道这个问题是一个很困难的研究领域。我在社科院财贸所工作时就把服务经济作为研究重点之一。我深深体会到制造业问题与服务业问题相当不同。制造业问题比较类似,服务业的行业差异更大,很难从这个行业转到另一个行业,有时基本的框架都用不了。特别是教育、医疗这些带有公共品性质的行业,特殊性和研究困难更多。研究服务贸易又比研究产品贸易困难得多。服务贸易与产品贸易不一样,不一定要有跨境交付,消费者移动可以,自然人移动也可以,所以服务贸易做起来挺困难,再进入到服务外包难度就更大。现在我们大概研究了七八个行业,分报告合在一起大概已超过40万字,每个行业都有其具体情况,比如保险、金融、软件行业,日资企业在华外包、美资企业在华外包,都有不同情况。东西很多,串起来难度很大。

首先是定义问题。认为把业务交给外面企业就是外包,整个产品交出去不叫外包,我对这一点没有异议。但是我们看在国内很多企业没有把业务包出去,比如动漫产业。阿童木是日本一个大企业在中国找了一堆人做的,连独立核算都没有,只是给工人发工资,没有成立企业,但是它是跨境的。这种情况在设计、动漫、文化产品制作中很多,是一个内部企业行为,但是跨境在中国做,算不算外包?这不是个案,这挺多的。如果不算外包,在统计上很大一部分内容就没有包括进来。

还有原先跨国公司在本土做研发与设计,在中国做制造的外包。现在把研发和设计转到中国来,只是把原来在中国的企业又扩了一下,就是把一个企业内部分工调了一下位置,不再出口。另外,过去跨国公司在我国的流通、物流都是自己做,现在包给中国企业做,没有发生跨境,只是中国子公司把一部分业务包给中国企业。总之,形式非常复杂,理解有相当难度。

国际服务贸易的四种形式中有三种与要素流动有关,只有一种是跨境商品或者服务的流动。要素移动算是服务贸易,所以应该算是服务外包。比如跨国公司到中国来,设立服务企业,向中国当地企业提供服务,应该算国际服务外包。如果定义将出口作为一个非常重要的标志,上述两种行为都不能计入,对象口径可能偏窄。一个比较实际的问题是,在印度没有大量制造业,在中国有大量制造业,所以在中国本土这些大量外资制造业向中国的本土企业外包如果在外包定义中不能得到反应,就会有很大一块内容没有涵盖进来。在印度,这不重要,因为它的制造业不够发达,但在我国这一块要大得多。当然,如果只考虑最终产品和服务跨境流动,我们就只取服务贸易的第一种,就用跨境交付来定义服务外包；那也可以，关键是要清楚定义，然后再来看数量。

其次是理论分析的适用性问题。卢教授提出的产品内分工分析框架是我看到的一个很好研究，这份报告的思路是把产品内分工理论运用到服务外包领域，直觉上我也同意。我在与团队成员讨论时，也希望能有一个比较一致的分析框架，但是在理论分析上还是感到有一定问题。林教授做比较优势，比较优势与要素禀赋理论发挥作用有一个假设前提，就是两个国家之间的要素不流动。可是服务贸易中很大一块是讲要素流动，即使是最窄意义上的服务外包也伴随着大量要素流动。理论的基础性前提改变后，运用该模型可能需要作相应调整和修改。我也想直接用，然而觉得有几个过不去的地方。

另外实证经验也不完全支持。我们的实证工作还存在一定问题，但是起码可以证伪。比较优势的解释在制造业中得到较好证实，即制造业中加工贸易比重较大的行业，通常就是劳动密集行业即人均占有净资本量较少的行业。比如机械制造业，人均占有净资本量12万元。12万元以上进入加工贸易的对象几乎没有，最密集对象集中在4万—8万元区段，这就验证了林教授从比较优势角度提出的解释理论。但是在服务业中间，在我们非常有限的案例基础上难以证实，所以从比较优势理论角度解释可能还存在一定问题。

另外从规模经济角度解释的实证证据也不明显。制造业的规模经济建立在产品大体具有同质性的基础上，同样产品单位时间产量的扩大，伴随平均成本下降并产生规模经济。服务业的规模经济不是体现在标准化产量上，而好像是体现在投入能力方面。比如，提供的服务可能非常个性化，然而能力形成可能存在显著规模经济。所以，服务业规模经济与制造业加工贸易体现的规模经济存在差别。我也认同规模经济是一个重要的解释视角，但是觉得还需要更深入分析。

再次是国际比较，我觉得中国和印度比还是存在很多问题，最关键的就是我们国内存在一个庞大的外向型制造业大量吸纳服务外包，生产要素跨境进来了，但是没有再交付出去。考虑到这一块，我们和印度的直接比较就存在问题。我们和印度存在差距，但是未必如现在的统计数据显示得这么大。我们目前国内各行各业，千军万马，也是很活跃的。

上面是一些理论性问题，下面是政策含义问题，我希望研究能增加预测性。所谓预测性,就是要找突破点。高部长找的突破点是软件信息业,另外可能还有其他一些行业。对每个行业逐个分析之外,是否还能提出一套标准来,例如把诸如双方工资率差别、是否需要消费和服务同时在场等因素作为识别标准,从而为企业、行业协会、政府政策等不同层面提供更具有一般意义的分析建议。

  最后是优惠政策问题。我的疑问就是为什么要有优惠政策?为什么市场不行?现在行业发展都要优惠政策。过去制造业是这样,现在服务业也是,最后没有优惠政策的行业可能倒是例外了。这可能也有问题。为什么说市场不能促进资源跨境流动与优化配置?我想要具体讨论。如果政府进行了不适当管制和干预,造成垄断等市场扭曲,确实需要减少政府对市场的干预与扭曲。还有一种是市场失效,需要政府发挥作用。这两种情况还是需要区分一下。另外还有一个与国际上其他国家拉平的问题。不能一般讲,这个行业要发展,政府就要给优惠政策。

(谢亚根据录音整理)

北京大学中国经济研究中心

简 报

2007年第30期(总第667期)　　　　2007年6月7日

"我国承接国际服务外包政策研讨会"简报之三

　　2007年5月27日,北京大学中国经济研究中心举行"服务业国际转移的机遇和挑战——我国承接国际服务外包政策研讨会"。分四期简报报道这次研讨会内容。本期摘要报道发改委产业政策司刘治司长、外管局资本项目司刘光溪司长、发改委外经所张燕生所长、国务院研究中心外经部张小济部长的指示和评论。

发改委刘治司长:
　　我先从发展服务外包的作用和意义上补充几点。第一,发展服务外包可能是促进我国服务业甚至是促进工业发展的一个重要的切入点。刚才提到"7号文件"是我们历时两年多时间参与起草完成的。我们在起草这个文件时也研究了一些问题,比如如何发展我国服务业?如何改变服务业相对落后的现状?加快服务业的发展要从哪些方面切入?在"7号文件"中我们强调生产性服务即面向生产的服务业,其主要特点是污染小,有利于产业结构转变。"7号文件"中有关生产性服务的内容中描述的是"大力发展面向生产的服务业,促进现代制造业与服务业有机融合、互动发展。细化、深化专业分工,鼓励生产制造企业改造现有业务流程,推进业务外包"。从产品内分工角度看,就是要把生产企业中服务流程部分分离出去。另外,我们对工业提出几个目标,包括增加值在"十一五"期间要增加三个百分点,就业增加四个百分点,服务贸易到2010年要增加到4 000亿美元,大概每年要增加20%。"7号文件"认为承接国际服务外包是实现以上目标的重要切入点。

第二,发展服务外包的确是我国转变外贸增长方式的重要内容。可以回忆一下改革开放后我国制造业发展的情况。从某种程度上讲,制造业发展也是先从加工贸易开始,然后带领整个制造业的发展,所以我们的"世界工厂"并不是凭空产生的,而是先进行来料加工,承接制造业加工的一部分,当时可能是劳动最密集、技术比较简单的部分。我们认为服务贸易发展也可以从承接服务外包这一点起步。我国服务业发展比较落后,与发展中国家差10个百分点,与发达国家差得更多,如何通过承接服务外包赶上去是一个很现实的问题。我国贸易总体来讲是顺差,但服务贸易是逆差,大约为100亿美元,服务贸易占整个贸易10%左右,所以服务贸易发展的潜力比较大,承接服务外包是实现这种转变的一个最重要方面。

第三,从整个国民经济增长方式转变的角度看,发展服务外包也是一个重要方面。从去年开始国家发改委一直在呼吁"节能减排",节能减排是我们促进经济增长转变的重要内容,在国务院报告中也提出"一抓三促",促进节能减排,促进增长方式转变,促进结构调整。服务外包恰恰能满足这方面的要求,比如能耗少(比如IT产业基本上没有什么能耗)、污染少,符合我们整个经济增长方式转变的要求。我们节能减排的任务很重,去年没有完成,今年虽然没有作完整统计,但第一季度的表现并不乐观,耗电量的增速比较大。所以,要完成"十一五"计划的目标(节能20%,减排10%),要扎扎实实推动和促进承接服务外包的发展。

下面从政策措施角度谈几点看法。我们现在正在按"7号文件"的要求,组织各部门制定配套政策措施。"7号文件"提出了一些原则性的要求,绝大部分内容仍需要细化,需要具体政策措施来支撑,形成一个发展服务业的完整政策体系。我们已经向国务院汇报了各个部门应该承担的工作,应该由哪些部门来具体牵头和制定法规措施。对于服务外包,我们也在做一个专门会议安排,正如我刚才所提到的,它是一个重要的切入点,具有方方面面的意义。

我们现在要做的工作包括:(1)如何促使现有生产企业把它的服务业部分分离出来,这个要从税收特别是返税上理顺,并不一定要给优惠政策。比如物流,企业为什么要有自己的运输队而不愿利用企业外专业物流公司?一个重要原因是在企业内部做可以抵扣进项税,在外则不可以。所以我们与税务总局等部门联合进行试点,探索如何通过完善税收制度促进企业把现代物流这一部分分离出来。(2)放松管制,特别是对国外一些IT、金融、财会以及一些教育培训行业等要进一步扩大开放。(3)"7号文件"提出针对民营企业要有公平的待遇,对外资开放的要对民营开放,对本地区开放的对本地区外的也要开放,要从体制上进行更深一步改革,特别是对外开放要进一步扩大。

外管局刘光溪司长:

中心这份报告确实下了功夫,体现了几个特点。首先是系统性。从经济学原理角度进行了比较系统的分析,并结合国内外实践进行了分析。我们投资处处长马少波负责的工作与服务外包有关系,他也认为该报告是国内相关领域在这一问题学术和政策研究方面的重要成果。还有一个特点就是有比较,在市场经济中生存需要比较。一般研究报告的结论无非是近期看弊大于利,中期看利弊相抵,长期看利大于弊,典型的八股文,我一律不看。大家可以看到,这份报告给我们提供了具体附件,告诉我们具体情况怎样。比如爱尔兰人口只有三四百万,发展软件效果很显著;而印度在很多方面是不如我们的,它十亿人口,搞软件搞得再好也只是一小点。再比如印度的班加罗尔,其基础设施和管理等方面比我们差得多,因此从比较中我们要看到自己的长处和短处,我们可能差就差在人才这一方面,印度、爱尔兰等在语言人才方面有优势,但归根结底还是劳动力成本优势。我还是认为服务外包可能是边缘性服务产业,不应抬得太高。全面比较使这份报告有一定说服力。

接下来从我个人角度提出几个需要反思的问题。我认为服务外包也和其他产业发展一样,是干出来的,然而不是说货物贸易就不再重要了。美国有96年贸易顺差,我们还早着呢。是不是说我们这几年的外商直接投资出现了一些问题就应该降一降?我们现在面临的是发展带来的高级问题(high class issues),没有发展就没有这些问题。是不是因为我们是制造业基地就应该发展服务业?服务业和制造业发展是两码事,不能混为一谈。

我们要进行产业结构调整,但这并不是说因为我们服务业目前在整个国民经济中占比较低就要大力发展服务业,或者因为节能减排等原因就要大力发展服务外包。引用厉以宁教授的观点,重化工和装备制造业还是我们的根本。美国制造业占比是比我们低,但他们水平很高,够我们学很长时间。外商直接投资、产业转移进来的主要还集中在日用消费品部类,像装备制造业、高精密仪器等我们还有很大差距。需要特别注意的是美国的农业和制造业很发达,服务业的发达是建立在前两者基础之上的。我们要集中发展为生产所提供的服务业,不宜片面强调提高服务业的比例等目标。

我们要实现科学发展观和经济增长方式、贸易增长方式的转变,这些都很重要,也和服务外包有联系。然而外包(outsourcing)不过是对外寻求必要的技术援助和人员服务,不应夸大服务外包的重要性。另外,我们是否已经具备发展的条件,这个要看具体的情况。

为什么要有优惠政策?我认为在今后的发展中给予优惠政策应该慎而又慎,应该并且可以利用市场发挥资源配置的基础作用。有人抱怨,必须提供优惠政策,否则不能公平竞争。我们的改革就是把以前扭曲的东西治理过来,把对商品和要素的扭曲纠正过来,而不是做本应该由市场做的事情。今后政策的重点在于降低交易成本,至于投入成本等交给企业家去考虑。对于服务外包,有些地区已经做了很多的工作,但这个问题归根结底还是认识高度问题,企业家要扎扎实实地干。理论分析最重要的作用就是促使决策层在国家层面上作出更加适合发展的制度环境(包括公平)决策。这应是一篇好报告的根本出发点,也是本报告的特点。

发改委外经所张燕生所长:

我非常同意在座的各位对这份报告的肯定,我想谈我的三个观点。第一,如何看待服务业外包?服务业外包最重要的我认为还是由基本的供求关系决定的。现在我们讲全球失衡,全球失衡是什么格局呢?美国、英国是货物贸易的最大逆差国,日本、德国、韩国、中国是最大的顺差国。但是若从服务贸易的角度看,我们会非常明显地发现,三大顺差经济体的排名分别是美国、英国和中国香港,三大服务贸易逆差经济体分别是日本、德国和韩国,中国服务贸易很少。从中我们可以发现,日本和德国仍然是世界上净的产品提供者,美国和英国是净的服务提供者。再来看服务贸易外包,服务外包导致的结果是什么?为什么软件是服务外包的主要部分呢?第一,是因为 IT 革命,IT 革命产生的是新经济推动的对服务特别是与 IT 相关的服务的巨大的需求,这是一个全球性的需求,具有很大的规模效应。第二,确实产生了新的服务,新的服务发展的结果是,成本成为制约其发展的最重要因素。第三,全球化的开放为世界范围内服务的配置创造了条件。

从供给的角度来看,服务贸易对人员的素质要求比较高,规则和秩序比较好,尤其是财产权和知识产权的保护,因此全球化的综合的供给能力是很重要的。印度是最大的供给者,为什么不是中国?这是由服务业独特的需求和供给因素决定的,中国在这方面没有比较优势,而印度以及以色列、爱尔兰、菲律宾都占据了相应的服务区段,并且有相应的成本和资源等优势,所以有了较快的发展。因此,前面的各位领导和专家都提出了很好的问题,我们要问,下一轮的需求和创新会怎样?在 IT 方面中国落后,那是不是中国在下一轮必定还落后于印度?中国能不能在下一轮的供给(生物、医药)中占据一席之地以满足特定的需求浪潮?需要正视的是,在生物、医药方面,印度目前是大大领先于我们。因此,研究服务外包不能简单化,中国如何才能捕捉住未来发展的机会是很重要的问题。

第二,服务发展大体分四个阶段:第一个阶段是前店后厂,实际上是把资本品的研发、设计、关键零部件的生产配置在境外,仅仅把最简单的劳动密集型的工序和环节放到境内来做,在这一方面,卢老师作了很深入细致的关于工序分工的研究。第二个阶段就是资本品的研发设计仍然在境外,境内开始制造一些零部件、部分关键设备,逐渐形成生产能力。第三个阶段是资本品研发和设计仍然在境外,开始形成贸易采购、综合物流、售后服务和全球维修的服务链条。第四个阶段就是我们现在所谈的服务业外包的问题,就是把属于服务的部分纳入到全球化的跨国公司的体系内部。我们现在的重点是第三阶段,开始考虑、探索和准备第四个阶段,外包可以讲是我们下一个阶段的重点。

我也承认需要好的政策,但是实际发现我们现在有很多的好政策,但政策的有效性存在问题。比如,我们最近对 2004 年 27 万家企业进行了摸底,有研发行为的外资企业为 3 300 多家(共 5.7 万家),而中国认定的开发区内和区外的高新技术企业总共400多家,占比很低。很多名为高新技术的企业实际上并没有研发行为,却同样享受了税收减免等优惠政策。再比如,我国海关统计的高新技术进口的比例是3%,出口的比例是29.9%,美国现在说中国已经是技术的出口大国,中国成为美国在技术上竞争的重要威胁。但是实际对数据的研究发现,很多都是有问题的,对于技术进出口管制的有效性非常差。因此,谈到政策,我们说,政策是重要的,但政策有效性更为重要,在制定政策的时候要考虑怎么能够保证政策按着目标走,这也是我们发展服务外包过程中应该注意的问题。

  第三,我始终认为引进来和走出去都是手段而非目的,服务外包也是如此,我们的目的是引进一个外部压力,刺激国内服务业的发展,通过主要发展生产性服务业加快我们发挥"干中学"的效应,提高我们制造业的竞争力。从实施措施角度看,要吸收发展制造业的教训,不能单纯为发展外包而发展外包,要重视促进内外资的优势互补,充分利用交流的平台,公平竞争,不能厚此薄彼。我也同意前面所讲的要纠正现有的扭曲,充分发挥市场的作用,如果仅仅是引进技术而没有本土化创新,也是不可行的。此外,要形成一个多元化的市场体系,比如大连可能更多的是和日本韩国加强联系,深圳和香港增加联系等,充分利用各自的优势,形成一个高效的服务网络。

国务院发展研究中心外经部张小济部长:

  我的问题是服务外包到底和制造业、加工贸易一样是一个一般性问题,还是有更特殊的意义?印度通过承接服务外包是不是能够从长远方面在更核心领域里得到更多东西?从短期来看,承接服务外包是一个无污染、解决就业的新领域,中国很需要。如果能够证明服务外包比劳动密集型加工贸易对中国的长远发展更好,在将来的全球化中我国介入这一领域,能够得到一个更长远的二三十年以后的重大利益,领导人才可能把这件事情作为一个战略,否则它只是更大领域中的一部分。

  证明这一点是一个挑战,这份报告还没有证明这一点。如果除了解决就业和增加收入以外,印度通过服务外包在未来二三十年的长远发展中,能够突然把中国甩在后面,甚至延伸到制造业,印度在做制造业时,效率会成倍地提高,一下子把我们现在传统的做法完全颠覆,那将是一个很大挑战。否则我们看到的数据处理中心,也只不过是一个劳动密集型工作。我们可能没有看到印度和欧美之间的交流,印度人在欧美的服务业大公司里能够比中国人更多接触到管理的核心。关键是要更长远地考虑它,二三十年以后会怎么样。

我们正在与印方共同研究中印自由贸易区问题。比较后发现在最优势领域里中国并不输于印度。实际上目前印度已经有大量企业到中国来,现在主要是做培训。很多大学里都有印度人联合办的培训中心,他们把软件拿过来,我们了解是怎么做的。印度人觉得这个领域是他的优势,希望我们向他们开放。

欧美大公司现在大量外包,外包给它带来很大的好处。外包实际上是发包人赚大钱,印度人赚小钱。现在欧美那些大公司的管理软件都不敢自己做,拼命花钱请专门公司做。IBM 有这么大的市场因为美国大公司都互相竞请最好的公司做。他们发现带来的好处太大了,不只是降低成本,更重要的是管理效率大大提高,不只是用一个印度人或用一个美国人那么简单。如果将全球外包市场看作一个整体,不考虑国际承接这些概念,那么美国本土外包量更大,印度只是一小块。

大家在寻求什么,除了制造业的发展以外,大家更多地从管理、服务里追求效率。形势的紧迫性可能要再描述一下,不仅是简单地降低服务成本,决策层还应该有更深的认识。发改委主要围绕着生产性服务,中日韩三国服务自贸区主要也是谈论相互开放制造业相关的服务业。因为亚洲都是以制造业立国,现在的格局已经是这样了,所以第一需求就是与制造业相关的服务业。对于物流,大家都说我们现在的潜力还很大,如果仓库减少一些,码头耽误时间减少一些,成本可以大大降低,效率可以大大提高。简单拿数字一算,效益都是巨大的,大家都明白。但是服务外包领域,是瓶颈式问题或是更长远问题仍有待研究。

另外一个问题是中国是不是什么都要做,我们不能给人一个印象,中国人非要把印度人手里这一块也抢过来,或者跟在后面也要学。可能有些事情能分一点,但是我们目标也不能是既要做"工厂",又要做"办公室",最后还要做"董事长",什么都做。中国因为是大国,所以很容易有这种想法,小国想都不会去想这种事。我们还是应该更开放地去想,从比较优势来讲,我们最大的利益是什么,最中心的任务是什么。

如果我们非要在这个领域做，我们的目的不仅仅是在短期增加一个劳动力出口的市场，还要看有没有更长远的影响。实现知识经济或者全球化以后，制造业最后的竞争关键环节恐怕会转变。都说世界是平的，印度的劳动力成本比我们低，恐怕将来的决胜要在一个新的方面，如果忽然发现印度人在这个新的领域还是走在我们前面，同时成本上又比我们低，那就麻烦了。不过，至少现在还没很直接地看到这一点。

最后对于政策法规，印度的整个体制比我们差得远。他们的政府甚至都不敢谈"自由贸易"这个词。印度人在别的方面都很保守，有很多管制，但是在服务外包这个领域却是完全开绿灯，它在这方面的优惠政策，恰恰弥补了其他方面的不足。当年我们为什么给外资优惠政策，因为计划经济产品的调拨价格很低，不给税收优惠，外资不会进来。印度现在也是为了矫正扭曲，不得不采取的办法，我们是不是一定要学？

更重要的是很多管制以及法律的不健全。发包企业很强调安全，比如银行的服务中心，如果出了问题，整个系统可能要瘫痪。我去看过，印度的基础设施并不好，外国公司要花钱建立自己独立的备用电源，万一停电也不会间断。我问他们为什么选择印度，他们说印度的法律比中国好，中国法律没有安全感。这方面差距太大了，不仅仅是一部法的问题。这个系统里涉及很多安全问题，我们法律上很模糊，没有一个清晰的感觉，不能保证外包业务的安全性。我们最大的挑战恐怕在这里。可能跟日本、韩国的服务贸易相对好一些，他们在这方面不像欧美抠得那么严。欧美如果觉得法律体系不足以保障，根本不敢干。

各部门都可以写一些文件、出台一些原则性的政策建议，但这恐怕不足以解决跨国公司的问题。我愿意多听听企业在接单时来自对方的要求，一定要有更针对性的东西。中国人在大的原则上都可以讲得无以复加地高，但到具体事情上就不落实，特别是法律上老不落实，总是临时出一个政策，临时出一个指导性意见，国务院发一个文件。这些不管用，跨国公司来了首先带一个律师来看法律在哪里。第一位是法律上的保障，然后是基础设施，最后才是优惠政策弥补缺陷。

（董兵兵、刘鎏根据录音整理）

北京大学中国经济研究中心

简 报

2007 年第 31 期(总第 668 期)　　　2007 年 6 月 7 日

"我国承接国际服务外包政策研讨会"简报之四

　　2007 年 5 月 27 日,北京大学中国经济研究中心举办了"服务业国际转移的机遇和挑战——我国承接国际服务外包政策研讨会"。分四期简报报道这次研讨会内容。本期报道四位业内资深人士的评论。

大连软件园负责人杨冬先生：

　　中心这份报告是我目前所看到的国内从经济学理论层面研究服务外包的最好的一份报告。第一,理论探讨有新意。报告从产品内分工理论角度对服务外包进行了分析,我觉得非常有道理。比如大连有一家简柏特公司,专门做 BPO 业务,它有一个专门部门对公司业务流程进行解剖,通过解剖鉴定会提炼出来某一个业务流程是否适合外包,然后会设计一套方案,实际上是以产品内分工的分析思路作为工具。第二,分析思路非常清晰,对一些问题的分析、对主要制约因素的提炼,都非常简洁,非常到位。比如通讯的问题,政府经常强调中国的通讯设施非常好,实际上问题是非常严重的,包括资费、稳定性以及国际交互方面对我们企业的影响非常大。第三,这份报告通俗易懂,去年我们配合商务部提供了很多建议,觉得说清楚这件事情是比较难的,但是我感到这份报告通俗易懂。

　　结合报告对服务外包问题的分析,我介绍一下大连在这一领域发展的情况。2000年以前,大连企业早已用自发朴素的方式开展服务外包业务。2000年大连申报"软件产业国际化示范城市",为此市政府组织成立了一个863课题组进行专门研究,结果确定大连把发展软件出口作为一个战略目标。我们当时提出要把大连做成中日产业合作战略的门户,大连成为第一个主动引导软件出口发展的城市,吸引了一大批日本企业,大连本地外包企业也从自发经营纳入一个系统性快速发展的轨道。另外,国内很多其他优秀软件公司也把他们对日出口的业务放在大连,形成大连目前的发展规模。

经过这几年的积累,我们开始吸引一些欧美跨国公司把日本业务放到大连,2003年6月吴仪副总理到大连考察,高度评价和大力支持了大连的实践。当时还没有清晰的服务外包概念。2003年年底,商务部和发改委共同评定了六家软件出口基地,大连当时排在第一位。大连2004年提出要做IT外包中心,引起了很大轰动。在此之前,大连做服务外包遭到很多非议,包括一些院士、专家、学者都持否定态度。不过大连一直坚持做,从2003—2004年开始进入快速发展时期,吸纳了大量企业。去年,商务部提出的"千百十工程"具有里程碑意义,对这个行业的拉动作用非常明显。在此之前,我们做了很多努力,包括与信产部等部门的推动都没有结果。

现在大连的发展非常好,去年一年就引进了六家世界500强企业,现在370家企业中75%是外资企业,其中日资企业占了30%,29家世界500强企业在园区内设置了软件和全球研发、全球运营中心。这些企业的规模发展很快,很多企业在两三年里就发展到一两千人规模。这样一个发展速度可能是生产自主软件产品的企业今后一二十年都无法做到的。而且,现在已经有7家超过2 000人的专门作外包的企业,如IBM、惠普已经有2 000人,他们今年的目标是再增加一倍。

刚才张部长谈到需要研究为什么要发展这个产业的问题,我们觉得这个产业将来是吸纳大学毕业生的重要产业,其他产业很难做到。从这个角度看,无论对创建和谐社会还是解决产业结构提升问题都很有意义。我们希望有更深入的理论研究,今天的报告说明学术界已开始把这一现象提升到一个最高的层面来研究。

最后我想提几个建议,看看在政策设计上能否有更深入的研究。第一,江主任提到的定义问题,从我们对这个行业的经验来看,可以从业务最终产品的交割对象来划分。从最终产品的交割对象来看有三种类型：一种是纯粹境外的，只要交割对象是境外的，就是这一类。第二种是 China-to-China，已经进入中国的服务外包的机构，可以再把它的一部分业务转包给中国其他企业，实际上是用外汇交易，最终成果也是服务于国外的。第三种是服务外包企业做国内的服务外包项目，比如惠普做国家开发银行的服务外包，是用人民币来结算的，从大的方面来看也属于服务贸易。

但我个人认为真正能够改变出口结构的应该是前两种，前两种应该首先进行政策扶持，前两种如果解决得好，就刚好满足了商务部提出的"千百十工程"，"百"靠工资把业务转移过来，"千"是中国外包企业的提高，然后在实际成熟的时候，再来扶持和推动纯粹的国内外包业务，这可能更符合大的方向。从这个角度看，今天的报告把服务外包作为一个特殊经济形态来探讨其政策非常有意义，与制造业的来料加工相比，服务外包确实是一种特殊类型。

第二，从政策设计方面讲，为什么支持这个产业，它和来料加工相比到底有什么推动作用？业内有些说法，从国内增加值来看，服务外包是来料加工的 20 倍，印度 200 亿美金软件的出口给国内创造的增加值相当于中国制造业 4 000 亿美金创造的价值。单位 GDP 能耗方面到底能给我们带来什么样的价值？从税收角度来说，在印度要花很贵的钱住很差的宾馆，给软件企业免除的税收可能从其他服务业创造的价值体现出来。免除一项而增加另一项，这和经济创造的总价值到底是什么样的关系都需要研究。我们看到印度从政府能够操控的层面给企业免税，但是其他方面的成本都是挺高的。

第三，对跨国公司的政策。以前的 18 号文件和 47 号文件，更多的是对国内企业而言的。比如 Oracle 在印度有近 2 万人，但在中国只有 1 000 人；EDS 在印度和菲律宾有几万人，在中国才刚刚开始做。很多东西在制约它的发展。大连的简柏特公司全球 28 000 人，中国只有 2 000 人，已经是中国最大的一家 BPO 外资企业了。这些跨国公司在印度都很大，好几万人的规模，我们觉得自己的企业成长到几万人的规模好像才有价值，实际上从拉动就业、创造价值的角度来讲，跨国公司在中国的发展一样有价值。政策研究在这两方面应该兼顾起来，不能够厚此薄彼,否则跨国公司会给我们提意见,说不去征求他们的意见。

西安软件园负责人王自更先生:

前几天卢锋教授到西安做有关服务外包的调研,通过交流我们感到收获很大,这次专程来参加这次研讨会。大家对服务外包,特别是对基于IT的服务外包的发展认识越来越深刻,西安对这个问题也越来越重视,因为内陆城市相对于沿海城市,发展服务外包的意义更大一些。因为在制造业大发展的过程中,我们不占区位优势,不占政策开放优势,面对服务业国际转移的大趋势,我们认为大力发展IT服务外包是我们千载难逢的好机会。这个行业没有地理位置的特殊要求,内陆地区和沿海地区在同一条起跑线上,这个行业需要更多的是人力资源,这也恰恰是西安的一个优势,西安在校生有80万,每年毕业生有20万。

西安市当地政府包括我们高新区,也非常重视产业发展,今年4月份先后出台了很多政策。作为一线人员,我们更关注如何来做这一块,怎么能够促使IT服务外包企业更好地发展。商务部已经提出来"千百十工程",在全国认定了11个服务外包基地城市,西安也是其中之一。

我们到日本办推介活动以及我们接洽美国客户经验告诉我们,外国发包方企业最关心的就是信息安全。这方面如果光靠地方政府出台一些措施是不够的,可能效率很低。从地方来说,各地出台了很多政策。刚才大家提到要不要优惠政策。我们体会还是需要有政策。有了政策,可以加快进程。从国家和国家之间来讲,从区域竞争来讲,往往也有这些方面的要求。事实上各地为引进企业,采取了不少措施来满足这些需求。既然大家都面临同样的问题,那么国家出台一些措施可能更有利于承接国外跨国公司业务的转移,地方再结合一些具体举措,效果可能更好一些。

到底是支持跨国公司还是培养当地企业?我认为这两方面是相辅相成的关系。西安从事服务外包的企业有八十家左右,其中五十家左右从事对日本的外包,二十多家从事对欧美的外包。还有一些企业做国内业务,比如联想和神州数码做国内业务,但是西安这些企业的规模都比较小。这个行业突出的是要靠规模才能取得比较好的收益。有外国公司进来会培养一批人出来,对培养当地企业也非常有好处,我也觉得应该是两方面都要兼顾。

东软公司负责人方发和先生：

我讲几点看法。第一是服务外包的必然性。主要是服务从过去的个性化走向工业化（service industrialization），所有过去制造业的特征在服务业都体现出来。第一是成本，产品的利润越来越薄，成本是一个很重要的方面。第二，二次工业革命之后，服务业走向流程化、标准化、专业化的方向。第三，服务业对质量、对客户满意度更加敏感和重视。所以发展服务外包不能和制造业分开，二者有共同的特质。

现在有一个误区，认为外包初期的技术含量很低，没有创新。事实上，印度通过发展外包，提高了管理水平，与发达国家有了更为紧密的结合。刚才张部长也说到不只是解决就业，从更长远角度看，在战略上有更重要的意义。

我在来之前看到5月22日普华永道做了一份最新调研报告，采访了美国的这些CEO，目前有87%认为外包是一种必然性。刚刚谈到重要的一点，中国不只是承包国，还是很大的一个发包国。虽然目前的企业对发包的认识还不是很成熟，借助发达国家的企业老总的看法，就是要做核心的业务，把别人做的更好的非核心的发包出去。在中国推动服务外包时，必须兼顾到中国是一个重要发包国家，政策上鼓励中国企业多利用外包作为竞争策略的内容之一。

第二是中印比较的问题。在世纪之交很多媒体认为，中国三五年之间会超过印度。生产性服务业外包在中国有较大优势。比如BPO里面有一块研发外包，去年Duke大学的调研结果显示，全球研发外包中国占41%，印度占22%。这是我们的一个优势，与我国制造业比较发达有关。过去这些公司把制造分包出来，现在把研发分包出来。东软去年第一次做超过1亿美元的外包业务，其中60%和产品研发外包有关。全球五大手机制造商四个都是我们的客户。中国需要在这一基础上发展。

外包是一个大趋势。东软目前是第一家超过万人的本土公司，去年产值超过1亿美元。承接的外包业务以日本为主，因为在东北，有地缘优势。Forrester的John C. McCarthy在5月22日发布了一个报告，标题是 *China's Diminishing Off-shore Role*，中国的服务外包的走势实际上在相对消退，这对我们是一个警示。

目前阶段，我们站在本土企业角度来看，还需要有一些扶持政策，主要是在两方面。一是人才,现在并不愁没有生意做,而是我们没有可以接活的人,高端的复合型人才是比较欠缺的,尤其是对欧美的业务。中国有2 500所大专院校,1 600万在校学生,我们的人才不缺,但把人才变成"人财",需要政府架一个很好的平台,需要企业和学校合作,培养大批专业人才。并且还要很快行动,在较短时间有改进,商业世界是分秒必争的。要想吸引更多海外软件外包专业人员回来,可以实行一些优惠政策,比如个人税收优惠。

  第二个方面是可以帮助这些企业走出去。去年我们花了不少精力,在海外市场上作了大力度的宣传,今年被评为全球外包100强,亚太10强首位。这里需要很多市场方面的投入。作为一个公司,这方面压力很大。鼓励政策对推动一个中国品牌是非常有必要的。我们需要多鼓吹中国有足够的条件来做中国的服务。中国不仅是"世界工厂",还是"世界办公室"。我也同意政策鼓励跨国企业进入中国,跨国企业在印度人员的成长和中国人员的成长是不成比例的。外国企业的增加会给本土企业带来一些压力,但从总体来看增加竞争对于行业发展是好事情。

北京博思商通资讯负责人曾松先生:

  我简单讲几个问题。如果我们不去重视服务外包,是不是有可能边缘化?现在全球在谈论知识经济,服务外包是知识经济的一个表现方式。谈到交易,外包是一个交易行为。服务外包是一个世界的趋势,如果我们不去认识,可能会被边缘化。

  服务外包产业很大,与制造业联系紧密。最早从电子制造服务(EMS)开始,如朗讯、波导、海尔在发展过程中涉及了很多电子制造服务。制造业从OEM和ODM到现在更多谈论的EMS,加起来这个产业确实很大。很多开发软件没办法算软件产值,因为往往已经包含在有形产品里走出去了,很难算。Pindyck新版的《微观经济学》介绍了高尔夫球杆案例,设计、生产、原材料、销售、广告等环节连接了八个国家,不知道这个产品是哪个国家的,这正是全球化的经济现象。

  如果不做,我们会落后,因而涉及政策问题。政策实际上是让我们跟上甚至赶超全球化发展的形势。围绕这样一个目的制定政策,实际上就是要提供较好的发展环境。商务部前不久在大庆开了一个会。大庆作为资源型城市需要转型,将来石油用完了怎么办?麦肯锡有一个英国专家说大庆可以转向做石油领域的服务外包。这些问题都可以进一步研究,寻求对我们有利的发展机遇。

(刘鎏根据录音整理)

服务外包相关报道之1

 2007年4月30日 A11版

中国应支持国际服务外包业

记者：王 婷 吕 蓁

"要对承接国际服务外包某些关键环节提供必要资助；放宽服务外包领域外商直接投资政策门槛，把承接国际服务外包列入国家鼓励外商直接投资行业目录；进一步完善与承接国际服务外包相关的知识产权保护立法和执法。"这是日前北京大学中国经济研究中心卢锋教授在"CCER中国经济观察"第九次报告会上对发展国际服务外包提出的观点。

他的另外几条建议还包括，高度认识外包业的重要性；对承接国际服务外包企业实行大力度优惠政策；建立真正由业内企业主导和管理的服务外包行业协会；鼓励大学和职业学校培养不同层次既懂软件又具备语言素质的人才；大批派遣基层英文教员和其他外教人员到国外培训；规范电信垄断企业的行为以及加强和改进对软件信息服务和流程服务的外包设计。

所谓国际服务外包，是指服务品生产过程的部分流程或制造品生产中的劳务流程从特定企业内部转到海外完成的行为。一般多分布在软件和计算机服务外包、商务流程外包等方面。

在今年3月国务院颁布了7号文件（即《关于加快发展服务业的若干意见》）中，就提到要把承接国际服务外包作为扩大服务贸易的重点，利用我国人力资源丰富的优势，积极承接信息管理、数据处理、财会核算、技术研发、工业设计等国际服务外包业务。

卢锋认为，当前服务外包业具有比较优势效应、规模经济效应、经

验经济效应和结构"瘦身"效应，目前，全世界范围内这项业务都具有不断发展的前景。

赛迪顾问最新发布的一份市场研究报告显示，2006年，中国软件外包服务市场规模高达14.3亿美元，同比增长55.4%。该公司预测，到2010年，中国软件外包市场将达到70.3亿美元，占全球软件外包市场的8.4%。比较著名的中国企业包括东软、海辉等。

但是，由于我国电信部门的高度垄断和资费过高、缺乏足够的人才和语言能力，加上国家过去对承接服务外包认识的阶段性滞后等，导致近年来我国软件业发展虽快，软件出口目标却难以实现。比如2005年，我国软件出口的目标为50亿美元，但海关统计的四类主要软件的出口只有6.5亿美元。从国际情况来看，我国与印度和爱尔兰第一代明星国家差距在拉大，并有可能落后第二批积极参与的国家，如菲律宾、马来西亚、巴西以及东欧国家。

对此，卢锋提到要发展国际服务外包业应该对承接国际服务外包的外商直接投资企业实行专门鼓励政策，比如税收方面享受软件企业的增值税优惠政策、免征营业税和进口关税等；另外，行业协会和行政管理改革也有待深化。考虑到我国劳动力成本快速上升以及实际汇率升值造成不可贸易投入品价格上升的约束条件，我国要尽快改变在发展承接国际服务外包方面边缘化的风险。

服务外包相关报道之2

中国经济导报 2007年5月16日

国际服务外包政策急需调整

记者：张守营

在今年国务院7号文件里全面阐述了强调加快我国服务业发展的意义、政策方针和措施，第一次在中央经济方针层面把承接国际服务外包作为下阶段扩大开放和促进服务业发展的重点问题提出来。近日，在北京大学举行的"CCER中国经济观察"第九次报告会上，北京大学中国经济研究中心卢锋教授就承接国际服务外包的问题从经济学角度加以观察分析，认为我国整体经济增长强劲，为服务外包的发展提供了巨大的潜在市场；跨国公司在中国的快速发展，对软件和服务外包提出了更迫切的要求；政府强调科学发展观，更加重视发展服务业，明确提出发展承接国际服务外包的方针。应当利用这一时机，通过综合政策调整开创承接国际服务外包的新局面。

"承接国际服务外包"的概念探讨

卢锋认为，外包（outsourcing）一般指特定产品生产的某个或若干工序、环节、区段转移到企业外部完成，是对产品内分工（intra-product specialization）生产方式的一个特定角度表达。服务外包（service outsourcing）的对象是劳务性投入，指服务品生产过程的部分流程或制造品生产中的劳务流程从特定企业内部转到外部完成。如果外包的对象是属于服务业内部的一个区段、环节、流程，则属于服务外包。如果制造业的服务流程如财会管理、人事管理或者售后服务包出去，也叫服务外包。

外包的原结构是由发包方和接包方组成，至少存在两个企业；也可能是多级的发包,一级发包方发给二级发包方,二级发包方再发给三级发包方……最后可以有 n 个环节的外包,将全世界连成一个网络。所以产品内分工、外包、供应链实际上都是同一个现象的不同表述。国际服务外包是服务外包原结构中的发包方和接包方在不同国家,在业内一般被称为 offshore outsourcing,这是从发包方角度来说的。如果是站在接包方的角度来说,也可以称为 inshore outsourcing。

从理论上说,在国际服务外包中,发展中国家既有可能是接包方,也有可能是发包方。但是在现实中,考虑到比较优势,发展中国家更多的是承接服务外包。中国参与国际服务外包的方式主要是承接国际服务外包。服务外包虽然早已存在,但是过去十几年兴起的当代服务外包具有全新特点。当代服务外包一般分成两大类:一类是软件和计算机服务外包(ITOs),另一类是商务流程外包(BPOs),就是把制造业里面原来不能包出去的部分也包出去,把原来不可贸易的部分变成可贸易的。

当代国际服务外包的经济学观察

从经济分析的思路考察,外包或服务外包的兴起,归根到底是成本和利益相对比较力量推动经济分工深化的结果。设想一个完全内置式的生产系统转变为一个高度外包型的生产系统,这一转型过程会使采取这一策略的企业获取新增利益,同时也要支付额外成本。给定技术、制度等外生性因素,利益和成本的比较决定了外包或产品内分工在理论意义上的平衡点。技术和制度等外生条件的改变,则会推动利益和成本相对平衡位置向有利或不利于外包扩大的方向转变。

服务外包的潜在利益来源包括比较优势效应、规模经济效应、经验经济效应、结构"瘦身"效应等。通过外包也会产生额外的成本。这类成本主要包括信息交流成本、人员旅行沟通和协调的成本、信息外泄和对方要挟等风险成本和协调跨境经济活动的制度性成本。20世纪90年代之后,外包能够发展起来的原因主要包括以下几方面:信息技术革命降低了信息传递成本;航空技术的进步降低商务旅行成本;WTO规则和各国政策走向开放降低了跨境经济活动的制度交易成本;市场竞争程度的提升对企业通过外包提高效率产生了更大推动作用。

我国承接国际服务外包的问题和原因

卢锋认为,虽然我国承接国际服务外包取得了初步成绩,然而与一些国家的经验比较,或者与我国制造业参与国际分工的水平比较,总体上来看我们在这一领域目前处于相对落后的局面,如果不能尽快转变有可能面临在正在兴起的服务全球化浪潮中被边缘化的风险。从规模来看,2005年我国计算机信息服务的出口加上流程外包约为20亿美元,只有加工贸易盈余的1%,不到印度的1/10,也落后于爱尔兰、菲律宾等国。从承接外包内容的构成看,主要集中在和制造业强项相联系的软件和IT服务外包方面,在潜力更大的商务流程外包方面只有少数比较成功的案例。从市场结构看,主要是从日本接单,在欧美等全球主流服务外包市场虽有个别成功案例,然而尚未全面进入和打开局面,企业平均规模较小且相对竞争力较低。

我国承接国际服务外包存在的问题背后有一些客观原因。例如,我国与印度等国比较,在适合服务外包的人力资源条件、特别是具有熟练英语能力的人才方面存在不足,对发展国际服务外包具有重要制约作用。另外,我国制造业开放发展较快,对人才和资源吸引在客观上也对承接国际服务外包有不利影响。然而同时也应看到,我们对国际服务外包在一段时期重视不够,有关政策调整相对滞后也对行业发展产生了不利影响。特别是在税收优惠政策、外资准入和鼓励政策、在知识产权保护以及人才培养方面缺乏切实有效措施,也是这一领域相对落后的重要原因之一。

促进发展国际服务外包的政策建议

目前我国服务和软件外包正面临新一轮发展机遇。卢锋认为,我们应当利用这一时机,通过综合的政策调整开创承接国际服务外包的新局面,并对此提出十条政策建议。

一是从开放经济发展全局的层面认识承接服务外包的重要意义。二是比照国际上其他国家的类似政策,对承接国际服务外包的企业实行大力度的优惠政策,包括实行流转税零税率原则、减免企业所得税等。三是放宽服务外包领域外商直接投资的政策门槛,把承接国际服务外包列入国家鼓励外商直接投资行业的目录。四是进一步完善与承接国际服务外包相关的知识产权保护立法和执法。五是对承接国际服务外包的某些关键环节如人员培训、CMM5 资质认证等提供必要资助。六是在有关部门的指导帮助下,建立真正由业内企业主导和管理的服务外包行业协会。七是进一步改革电信体制,规范电信垄断企业行为,通过降低电信资费缓解我国企业在这个成本项目上缺乏国际竞争力的压力。八是鼓励大学和职业学校大力培养不同层次既懂软件又具备语言能力的人才。九是利用我国外汇储备和财力比较充裕的条件,通过在英语师资方面实行"请进来"和"送出去"的方法,切实提高我国普通中小学英语教育水平。十是加强和改进对软件信息服务以及流程服务外包的统计。

服务外包相关报道之3

 2007年5月24日

国际服务外包政策急需调整

作者:卢锋(北京大学中国经济研究中心教授)
(该文2007年5月25日由中评社香港转载)

国务院7号文件全面阐述了加快我国服务业发展的意义、政策方针和措施,第一次在中央经济方针层面把承接国际服务外包作为下阶段扩大开放和促进服务业发展的重点问题提出来。当前,我国承接国际服务外包政策需要作哪些调整呢?

我国参与国际服务外包的方式主要是承接国际服务外包

外包一般指特定产品生产的某个或若干工序、环节、区段转移到企业外部完成,是对产品内分工生产方式的一个特定角度表达。服务外包对象是劳务性投入,指服务品生产过程的部分流程或制造品生产中劳务流程从特定企业内部转移到外部完成。如果外包的对象是属于服务业内部的一个区段、环节、流程,则属于服务外包。如果制造业的服务流程如财会管理、人事管理或者售后服务包出去,也叫服务外包。

外包由发包方和接包方组成,至少存在两个企业;也可能是多级的发包,一级发包方发给二级发包方,二级发包方再发给三级发包方……最后可以有n个环节的外包,将全世界连成一个网络。

服务外包虽然早已存在,但是过去十几年兴起的当代服务外包具有全新特点。当代服务外包一般分成两大类:一类是软件和计算机服务外包,另一类是商务流程外包,就是把制造业里面原来不能包出去的部分也包出去,把原来不可贸易的部分变成可贸易的。

服务外包的潜在利益来源包括比较优势效应、规模经济效应、经验经济效应、结构"瘦身"效应等。通过外包也会产生额外的成本。这类成本主要包括信息交流成本、人员旅行沟通和协调的成本、信息外泄和对方要挟等风险成本和协调跨境经济活动的制度性成本。

从理论上说，在国际服务外包中发展中国家既有可能是接包方，也有可能是发包方。但是在现实中，考虑到比较优势，发展中国家更多的是承接服务外包。

我国参与国际服务外包的方式主要是承接国际服务外包。

如果我们不改变承接国际服务外包的落后局面，在全球化浪潮中就有可能被边缘化

虽然我国承接国际服务外包取得了初步成绩，然而与一些发展中国家比较，或者与我国制造业参与国际分工的水平比较，总体上来看我们在这一领域目前处于相对落后的局面，如果不能尽快转变，有可能面临在服务全球化浪潮中被边缘化的风险。从规模来看，2005年我国计算机信息服务出口加上流程外包约为20亿美元，只有加工贸易盈余的1/100，不到印度的1/10，也落后于爱尔兰、菲律宾等国。从承接外包内容的构成看，主要集中在和制造业强项相联系的软件和IT服务外包方面，在潜力更大的商务流程外包方面只有少数比较成功的案例。从市场结构看，主要从日本接单，在欧美等全球主流服务外包市场虽有个别成功案例，然而尚未全面进入和打开局面。

我国承接国际服务外包存在的问题背后有一些客观原因。例如，我国与印度等国比较，在适合服务外包的人力资源条件特别是具有熟练英语能力的人才方面存在不足，对发展国际服务外包具有重要制约作用。另外，我国制造业开放发展较快，对人才和资源的吸引在客观上也对承接国际服务外包有不利影响。然而，同时也应看到，我们对国际服务外包在一段时期重视不够，有关政策调整相对滞后也对行业发展产生不利影响。特别是在税收优惠政策、外资准入和鼓励政策、知识产权保护以及人才培养方面缺乏切实有效措施，也是这一领域相对落后的重要原因之一。

促进发展国际服务外包的政策建议

目前我国服务和软件外包正面临新一轮的发展机遇。我国整体经济增长强劲,为服务外包发展提供了巨大的潜在市场;跨国公司在中国发展快速,对软件和服务外包提出了更迫切的要求;政府强调科学发展观,更加重视发展服务业,明确提出发展承接国际服务外包的方针。应当利用这一时机,通过综合政策调整开创承接国际服务外包的新局面。对此提出十条政策建议。

  一是从开放经济发展的全局层面认识承接服务外包的重要意义。二是比照国际上其他国家的类似政策,对承接国际服务外包的企业实行大力度优惠政策,包括实行流转税零税率原则、减免企业所得税等。三是放宽服务外包领域外商直接投资的政策门槛,把承接国际服务外包列入国家鼓励外商直接投资行业的目录。四是进一步完善与承接国际服务外包相关的知识产权保护立法和执法。五是对承接国际服务外包的某些关键环节如人员培训、CMM5 资质认证等提供必要资助。六是在有关部门的指导帮助下,建立真正由业内企业主导和管理的服务外包行业协会。七是进一步改革电信体制,规范电信垄断企业行为,通过降低电信资费缓解我国企业在这个成本项目上缺乏国际竞争力的压力。八是鼓励大学和职业学校大力培养不同层次既懂软件又具备语言能力的人才。九是利用我国外汇储备和财力比较充裕的条件,通过在英语师资方面实行"请进来"和"送出去"的方法,切实提高我国普通中小学英语教育水平。十是加强和改进对软件信息服务以及流程服务外包的统计。

服务外包相关报道之 4

第一财经日报 2007 年 5 月 28 日 A3 版

中国服务外包业期盼政策调整尽快到位

记者:孙荣飞

相比印度,差距并未减小。国家发改委官员表示,需要从税收上理顺关系,放松服务业管制。

中国在全球服务外包市场中的地位,并不像几年前那样乐观。国务院几部委已开始紧张调研,筹划应对之策。

边缘化风险

昨日在北京大学举行的"中国承接国际服务外包政策研讨会"上,北大中国经济研究中心教授卢锋表示,印度承接国际服务外包从 2001—2002 年 62 亿美元增长到 2005—2006 年约 240 亿美元,2010 年预计增长到 600 亿美元,而我国 2005 年不到 20 亿美元,不及印度的 1/10。

根据规划,到 2010 年我国服务外包出口额将实现在 2005 年的基础上翻两番,但与印度相比差距并没减小。

同样不乐观的是,其他一些发展中国家近年大力发展承接国际服务外包,并已有不俗表现。

菲律宾承接国际客服中心外包已成为印度重要的竞争对手,该国 2006 年该方面收入达 36.3 亿美元,预计 2010 年将增至 124 亿美元。巴西也着力发展承接国际商务流程外包,近年承接外包规模增长到 5 亿美元。另外,俄罗斯、马来西亚、东欧等国也正在调整政策呼应服务全球化浪潮。

筹划细则

卢锋表示,中国在承接国际服务外包上未能赶上,关键在于包括税收优惠、电信管制等相关政策调整滞后、相关行业协会职能改革滞后和相关人才培养政策调整滞后。

《国务院关于加快发展服务业的若干意见》(7号文件)起草人之一、国家发改委产业政策司司长刘治在此次会议上也表示,7号文件只是原则性要求,绝大部分内容需要细化,服务业还需要有个完整的政策体系。

"目前中央正在组织安排各个部门制定配套措施,6月份国务院将召开会议进行安排部署。"刘治强调,中国需要从税收上理顺关系,以促进物流从企业内部分离出来。另外放松服务业管制,以扩大对内、对外开放程度。

国务院政策研究室副主任江小涓昨日也透露,该研究室针对国际服务外包业务已组成一个20多人的研究团队,与100多家企业进行了面谈调研,并正在起草相关报告。

服务业发展的切入点

承接国际服务外包的价值在哪里?

国务院发展研究中心对外经济部部长张小济强调,需要向有关高层有效传递的信息是,国际服务外包业务不仅是增加一个能提升产值和就业的新部门,意义更在于中国能否在管理和服务的全球化浪潮中站稳脚跟,同时还可以推动其他产业层级和效率的提高。

刘治称,加工贸易促进了中国制造业的崛起,同样,中国发展服务业要从承接国际服务外包入手。

"这是机遇,未来几年全球服务外包市场将会有30%—40%的增长。"商务部副部长高虎城在会上表示。

按照"十一五"时期服务业发展的目标,到2010年,服务业增加值占GDP比重比2005年提高3个百分点,服务业从业人员占全社会从业人员比重比2005年提高4个百分点,服务贸易总额达4000亿美元。

而这三个量化目标有赖于承接国际服务外包这个切入点。为此,去年商务部启动"千百十工程",即在"十一五"期间,全国建设10个具有国际竞争力的服务外包基地城市,推动100家世界著名跨国公司将其服务外包业务转移到中国,培育1 000家获得国际资质的大中型服务外包企业,全方位承接国际(离岸)服务外包业务。

"这工程至少能吸引20万—30万大学生就业。由于目前仅10%的工科大学生适应软件服务外包,商务部将力主推动政府与行业大规模开展培训。"高虎城表示。

服务外包相关报道之5

国际商报 2007年5月30日第1版

政策"燃油"加速服务外包发展

记者：汤 莉

"如果不尽快改变承接国际服务外包的落后局面，中国在新一轮服务全球化的浪潮中可能面临被'边缘化'的风险。"5月27日，在北京大学中国经济研究中心主办的中国承接国际服务外包政策研讨会上，中国经济研究中心教授卢锋强调加快发展我国服务外包业务的紧迫性。

发展明显滞后全球服务外包的业务量正急速扩张，但中国的服务外包业务无论在规模、国际分工层级还是市场结构上，均处于相对落后的局面。

2005年，全球服务外包市场超过6千亿美元，2006年达到了8.6千亿美元。联合国贸发会议估计全球服务外包市场还将以20%—30%的年均增速膨胀，到2008年将突破1万亿美元的规模。而2005年，我国计算机信息服务出口加上流程外包规模约为20亿美元，不及我国加工贸易盈余的2%，不到印度软件和服务外包出口的1/10，也落后于爱尔兰、菲律宾等国。

目前，我国承接服务外包的内容构成主要集中在和制造业强项相联系的软件和IT服务外包方面，在潜力更大的商务流程外包方面，只有少数比较成功的案例。且市场主要集中在日本，尚未全面进入和打开欧美等全球主流服务外包市场。

商务部副部长高虎城在会上坦言，我国在近三四年间才开始重视服务外包的发展，起步较晚。虽然中国在高素质人才和IT产业等软硬件基础上具有比较优势，但不容忽视的是，对这个新兴行业的认识不到位；发展规模小；专业人才短缺；投融资渠道少，企业缺少资金支持；相关政策缺乏；电信资费等配套设施有待完善等问题，仍是中国服务外包发展现阶段需要克服的障碍。

加足政策马力虽然困难重重，但目前我国服务和软件外包正面临新一轮的发展机遇。卢锋认为，我国整体经济增长强劲，为服务外包发展提供了巨大的潜在市场；跨国公司在中国快速发展，对软件和服务外包提出了更迫切的要求。

今年3月，国务院印发了《国务院关于加快发展服务业的若干意见》(7号文件)，第一次在中央经济方针层面把承接国际服务外包作为下阶段扩大开放和促进服务业发展的重点问题……这些都为开创我国承接国际服务外包的新局面奠定了基础，可通过综合政策的调整推动其发展脚步。

国家发改委产业政策司司长刘治在会上透露，国家正着手制定7号文件的相关配套政策，以完善促进服务业发展的政策体系，其中，将针对服务外包制定专门的指导意见，并将进一步放宽管制，扩大服务业的开放，调动外资和民营企业的发展积极性。

2010年出口额翻两番，此前，作为职能管理部门之一，商务部已经开始行动。2006年，商务部实施服务外包的"千百十工程"，计划在"十一五"期间，在全国建设10个具有一定国际竞争力的服务外包基地城市，推动100家世界著名跨国公司将其服务外包业务转移到中国，培育1000家取得国际资质的大中型服务外包企业，全方位承接国际(离岸)服务外包业务，实现2010年服务外包出口额在2005年基础上翻两番的目标。截至目前，大连、西安等11个城市已被认定为中国服务外包基地城市。

高虎城介绍，今后，商务部将进一步加大工作力度，加大对国内企业的引导，扶持品牌企业；引导产业选择电信、软件外包为突破口，提高服务外包发展的层级，并注重商务流程外包的发展；加大引资；推动欧美市场的开拓；加强知识产权保护力度；积极开展专业人才培训；并加强对全球服务外包趋势、他国经验的研究以及对已进入的外资服务外包企业的跟踪；完善统计；推进服务外包的数据库建设；推动行业协会建设等，为中国服务外包的发展加足马力。

服务外包相关报道之 6

第一财经日报 2007 年 8 月 23 日 A8 版

国际服务外包大潮汹涌
中国如何避免边缘化危险

作者：卢　锋（北京大学中国经济研究中心教授）

编者按：当代服务外包是产品内分工原理对服务业生产方式以及其他行业服务性投入流程进行重组和变革的产物，由此推动的服务业国际转移对改写全球经济版图以及发展中国家发展战略选择，都具有重要意义。我国目前承接国际服务外包相对落后，需要用当年参与制造业国际转移的认识理念和紧迫感，实行必要的政策调整以开创承接国际服务外包的新局面。

受国际产业转移本身规律以及我国地缘区位等方面因素的影响，我国当代经济开放成长较早阶段主要伴随承接国际制造业转移的主题展开，对服务外包则是在比较晚近时期逐步提上议事日程的。

从相关政策和国内企业的成长过程看，我国有关服务外包的认识大体可以分为三个阶段。一是 20 世纪 90 年代初步探索的阶段，二是新世纪最初几年侧重发展软件产业和鼓励软件出口的阶段，三是最近几年决策层和较多企业对服务外包重要意义逐步形成共识的阶段。

通过过去十多年的逐步发展，我国承接国际服务外包领域已经取得初步成就，表现为承接国际服务外包业务已达到一定规模；形成一批初步具备承接较大规模国际服务外包业务能力、在某些特定市场上具有较强国际竞争力的本土企业；在一批城市和地区把承接服务外包确定为优先发展产业之一，并在政策上给予各种优惠鼓励；政府主管部门、地方政府、业内机构和企业合作,推广服务外包的活动日趋活跃。

虽然我国参与国际服务外包已取得初步成绩,然而现实发展水平无论与我国参与国际制造业产品内分工的深度比较,还是与承接国际服务外包比较成功的印度等国比较,都存在相对不足和落后问题。这一行业一段时期呈现的"乐观预期与现实表现反差现象"提示,如果我们不能有针对性地分析原因,采取对策,从而尽快改变相对增长势头不足的态势,我们就有可能面临在新一轮服务全球化浪潮中被边缘化的风险。

服务外包作为当代产品内分工和经济全球化新潮流的重要表现,对于发展中国家的经济成长道路和战略选择具有重要意义。我国近30年实行改革开放方针推动经济快速增长,在与外部世界融合的基础上发挥自身比较优势构成经济起飞的重要动力来源。一段时期我国在参与国际制造业产品内分工领域表现出色,然而如何利用服务外包的时代条件促进我国经济持续发展也是具有全局意义的重要实践课题。

2007年国务院发布加快发展服务业的7号文件,指出我国将大力发展国内服务外包与承接国际服务外包。国内和国际两类服务外包相互联系和影响,然而在投入要素组合、发展制约条件以及政策配合方面又各自具有特征属性和差异性要求。

一、开放发展背景与国际服务外包的关系

过去近半个世纪经济全球化潮流演变的阶段特点和一般规律,可以从制造业与服务业离岸外包转移推动国际分工深化和生产方式变革中得到概略观察。美国1964年实行9800税号,鼓励劳动密集型制造业工序向国外转移,标志着当代制造业国际产品内分工和外包的兴起;亚洲四小龙等经济体通过实行外向发展战略,承接制造业工序转移,实现当代制造业产品内分工和外包第一波浪潮。到20世纪七八十年代之交,亚洲四小龙已经成功实现产业阶段性高度化,需要把部分劳动密集型制造业加工工序转移到境外,推动形成了第二波国际制造业产品内分工与外包浪潮。我国利用"文化大革命"后发展战略重新选择与第二波制造业产品内分工重组在时点上大体契合的历史机遇,通过实行经济特区和吸引外资等政策,开辟出与计划经济封闭模式本质不同的开放成长新道路。

就制造业参与国际产品内分工的格局而言,部分地区在很多制造业产品最终组装以及简单零部件生产环节仍保持比较优势的同时,比较发达地区的产业结构开始向某些资金和技术密集度较高的基础零部件甚至关键零部件转移,在某些特定产品和生产区段我国最前沿企业已开始进入培育自主品牌、重视关键技术研发的新阶段,构成近年提出自主创新和发展自主知识产权的技术和产品方针的客观条件。

我国经济开放发展的大势条件对迎接国际服务外包产生不同方向的影响。对外开放政策取得阶段性成功,使我国在意识形态和一般理念层面对服务外包浪潮作出积极反应的阻力大为减少。大批不同类型的国内企业在改革开放环境中成长起来,各类专业人才数量的增长和素质的提升、硬件基础设施条件的实质性改善,都为我国承接国际服务外包提供了有利条件。

我国发展承接国际服务外包也面临不利因素。国际服务外包需要大量软件工程师和英语等外语人才,我国这方面的禀赋条件与某些发展中国家比较相对不足。制造业开放成长率先取得突出成就对推动我国整体经济发展作出贡献,然而这一领域的快速发展带来更多的商业机会及其对各类资源的竞争作用,也在一定阶段对发展承接国际服务外包业务带来较大机会成本。另外我们有一段时期对承接服务外包重要性的认识以及必要的政策调整相对滞后,也对这一领域的发展产生一定程度的影响。

在上述背景下,我国承接国际服务外包虽已获得起步阶段的发展,特别在承接日韩等国服务外包方面取得比较显著的成绩,然而从国际比较视角观察,发展相对滞后,尤其在开拓美欧主流国际市场方面不仅显著落后于印度、爱尔兰等国,与菲律宾、巴西、东欧诸国等第二批近年开始积极参与的发展中国家比较在某些方面也显得竞争力相对不足。由于这一行业存在较强的学习效应和先行者优势(first mover's advantage),对企业和行业关键规模(critical mass)比较敏感,再加上我国劳务和土地等不可贸易的投入成本随着整体经济快速增长以及人民币汇率升值趋势的展开会较快上升,我国在这一行业发展中所面临的内外约束条件会更趋收紧。如果我们不能利用目前国际服务外包市场格局重组的机遇期,通过迅速行动改变被动局面,有可能在新一轮服务全球化浪潮中面临着被边缘化的风险。

二、成绩和问题

我国承接国际服务外包的已有成绩主要表现在以下几个方面。一是相关业务达到一定规模。2005年我国计算机和信息服务出口18亿美元,进口16亿美元,顺差2亿美元。四类软件(系统、支撑、应用和其他)总共出口6.5亿美元。业内人士估计,2005年我国承接国际BPO业务约为3亿—4亿美元。由于尚未建立专门的统计制度和缺乏有关统计数据,现有估计与实际情况可能存在显著偏差,然而上述数据显示我国承接国际服务外包确实已有初步发展。

二是已形成一批初步具备承接较大规模国际服务外包业务能力、在某些特定市场上具有较强国际竞争力的本土企业,如东软、华信、软通动力、海辉、浙大网新、中讯等。最近我国一些软件服务外包企业在北美的业务取得较快增长,有的通过相关并购措施提升了业务能力,显示我国企业开拓北美市场有进步。我国制造业的优秀企业如华为、联想等,或已涉足服务外包领域,或已建构全球范围的研发能力,具有大力发展承接国际服务外包的潜力。另外,跨国公司在我国建立了一批主营或兼营服务外包的企业以及研发中心,为扩大承接国际服务外包业务提供了有利条件。最近,中国软件和服务外包企业集体亮相Gartner组织的美国服务外包年会,在业内引起较大反响。

三是一批城市和地区开始把发展服务外包作为重点发展产业和新增长点。政府有关部门先后分两批命名上海、西安、大连、深圳、成都、北京、杭州、天津、南京、武汉、济南等11个城市为软件和服务外包基地城市。这些城市把承接服务外包作为优先发展的产业之一,并在政策上给予各种优惠鼓励。大连软件园较早实行鼓励政策。最近更多的城市开始实行相关鼓励政策,如武汉2006年年底通过《促进服务外包发展的若干意见》,设立每年1亿元服务外包产业发展专项基金,计划把武汉建成全球服务外包的重要基地。2007年1月天津开发区出台《促进服务外包产业发展的暂行规定》,对该行业企业给予多方面资助。

四是政府主管部门、地方政府、业内机构和企业合作,推广服务外包的活动日趋活跃。2003年10月由贸促会等多家机构举办"首届中美国际项目外包商务发展年会",2004年底商务部举办"服务外包培训班",近年这一领域各类招商、推介、交易、论坛活动不断举行。国内有关企业编印《全球外包咨询》(Global Outsourcing Resource, GOR)、《IT服务外包》等非正式刊物，成为反映服务外包动向的重要中文资料来源。

虽然我国参与国际服务外包已取得初步成绩，然而现实发展水平无论与我国参与国际制造业产品内分工的深度比较，还是与承接国际服务外包比较成功的印度等国比较，都存在相对不足和落后问题。国务院7号文件在充分肯定我国服务业发展成就的同时也指出不容忽视的问题："我国服务业总体上供给不足，结构不合理，服务水平低，竞争力不强，对国民经济发展的贡献率不高，与经济社会加快发展、产业结构调整升级不相适应，与全面建设小康社会和构建社会主义和谐社会的要求不相适应，与经济全球化和全面对外开放的新形势不相适应。"具体到参与国际服务外包，我国的相对落后更为明显。

第一，从软件出口和承接国际服务外包的市场规模看，2005年我国软件出口、计算机信息服务贸易盈余、流程外包三项加总不到20亿美元，不及当年加工贸易盈余的2%，不及印度软件服务外包出口的1/10，也落后于爱尔兰、菲律宾等国承接国际服务外包的水平。

第二，从承接国际服务外包和相关出口内容的构成看，目前主要是软件和IT服务外包方面，而在发展潜力更大的商务流程外包方面目前还仅有少数成功案例。另外，在软件和IT服务出口方面，也在相当程度上得益于我国在硬件设备制造和出口方面的优势，通过自身服务的相对竞争力获得的国际服务外包业务估计规模还要小一些。

第三，从承接国际软件服务外包区域的分布看，我国主要从日本、韩国等邻国承接近岸发包业务(near-shoring business)，在欧美等全球主流市场上仅有较少比较成功的案例，整体竞争能力较弱。在日本、韩国培育起市场竞争力是我国在这一领域重要的优势条件，今后需要巩固和发展，然而日本仅占全球发包市场很小的份额，如软件发包估计仅占全球约5%—10%份额，偏于东亚一隅的格局说明我国承接国际服务外包格局有待拓展。

第四，从企业规模和素质角度看，我国本土企业规模比较小，最大规模的企业不仅不能与IBM等国际巨头相比，即便与印度较大的企业比较也有十几倍甚至更大差距。在获得CMM等行业技术和业务能力认证等基本技术指标方面也显著落后。

第五,从跨国公司来华设立服务提供中心和相关机构的角度看,这类投资主要是受到我国国内"买方市场"因素的吸引,属于"寻求市场"型的服务投资(market-seeking FDI in service);从比较效益角度把我国作为承接国际服务外包中心的"寻求效率"型服务投资(efficiency-seeking FDI in service)的比较少。"寻求市场"型外商服务业投资对我国经济整体发展具有积极意义,因而应继续予以鼓励。然而,上述特征也说明我国现阶段在承接国际服务外包方面仍缺乏国际竞争力。

除上述相对不足外,我们还需要关注该行业一段时期"乐观预期与现实表现反差现象"。世纪之交,我国高层官员和业内人士访问印度,大都认为我们与印度存在5—10年差距,乐观估计差距只有两年。三年前一些业内权威人士认为我国3—5年内将在全球信息技术服务外包市场中扮演重要角色,在非语音业务流程外包方面有能力与印度竞争。总的来看,对我国在这一领域的相对差距,过去一段时期人们倾向于乐观地相信我们会通过较快追赶迅速缩小这一差距。

考虑我国经济整体开放发展的出色表现,提出上述估计不无理由。不过实际情况与上述估计似乎存在反差。印度承接国际服务外包从2001年的62亿美元增长到2005/2006财年的约240亿美元,年递增速度高达40%,今年估计会增长到313亿美元,到2010年将预计增长到600亿美元以上。印度目前占有全球软件外包市场总额的65%以及全球服务外包市场总额的46%。随着十几年承接服务外包的历练,印度企业已开始在发挥本国比较优势的基础上创造出具有国际竞争力的自主知识产权产品,并开始大规模在包括中国在内的其他国家建立以当地市场和转包为战略重点的外部投资。这与我国制造业国际化从简单加工贸易开始,进而生产配套零部件,再发展到近年产品研发、品牌创造以及国外投资,体现了类似的经济逻辑。过去几年我们确有明显进步,然而与印度的相对差距可能并未缩小。

同样值得关注的是,印度以外一批发展中国家近年大力发展承接国际服务外包并已有不俗表现。菲律宾承接国际客服中心外包,已成为印度重要的竞争对手。2001年菲律宾只有2 000人在客服中心上班,2006年已经有20万人在call center就业,增长近百倍。菲政府正在积极扩大对一些复杂行业的投资,如会计、软件、工程和建筑设计、医疗、法律和动画制作等。2006年菲律宾外包业务收入达到36.3亿美元,从业人员为 24.5 万人,其中呼叫中心业务收入为 26.9 亿美元;预计 2010 年外包业务收入将增长到 124 亿美元,从业人员将达到 92.1 万人。

近年许多跨国公司开始向巴西转包服务业务,承接服务外包业务年度规模达到 5 亿美元左右。业内人士认为 2007 年将成为巴西被市场普遍认可的一年。另外,俄罗斯、马来西亚、东欧国家如捷克、匈牙利、保加利亚等也已经调整政策,积极呼应服务全球化潮流。我们与第二批积极参与服务全球化的国家比较,某些方面也有相对不足之处。如果说国际服务外包代表的服务全球化是"一个新时代的黎明",那么我们确实需要尽快改变相对增长势头不足的态势,避免在新一轮服务全球化浪潮中面临被边缘化的风险。

三、促进承接国际服务外包政策的建议

针对承接国际服务外包经济属性以及我国这一领域发展的现状和问题,从减少管制扭曲、培育市场力量、兼顾溢出效应、着眼国际竞争等多方位角度考虑,建议实行以下具体措施。

随着国际服务外包成效的显现以及印度等国承接国际服务外包能力出现瓶颈,加上发达国家发包企业分散风险的战略考量,近年出现国际服务外包进一步发展和重新布局的形势,为我们改变这一领域相对落后的状态提供了难得的机遇。我们应把承接国际服务外包与促进国内服务业发展的目标结合起来,与我国扩大就业和经济结构调整的目标结合起来,用当年参与制造业国际分工的理念和行动呼应服务全球化新浪潮。

针对承接国际服务外包的经济属性以及我国这一领域发展的现状和问题,从减少管制扭曲、培育市场力量、兼顾溢出效应、着眼国际竞争等多方位角度考虑,建议实行以下具体措施。

第一,把承接国际服务外包看作外向型现代服务部门,取消从电信增值管制角度对这一行业实行的许可和审批手续。建立国际服务外包企业专网,提升企业间跨地区大容量的数据传递能力。进一步深化电信体制改革,放宽市场准入,引入竞争机制,改进管制政策,通过合理降低电信资费减少承接国际服务外包以及其他的企业运营成本。

第二,建议鼓励国外大型跨国公司来我国设立国际服务外包提

中心或服务基地,建议降低承接国际服务外包领域外商直接投资的政策门槛,把承接国际服务外包列入国家鼓励外商直接投资的行业目录。建议商务部把鼓励承接国际服务外包的外资企业的基础设施和政策优惠条件作为整体投资环境推介内容。

第三,改进和完善相关立法和执法。研究承接国际服务外包业务流程涉及的新的知识产权关系,总结我国业内实践经验并借鉴相关国际经验,改进和完善知识产权立法,降低承接国际服务外包的交易成本。针对承接国际服务外包涉及的新业务合作形式和关系,包括合同标的、交付方式、产品质量等方面的新内容,加快完善与国际商业惯例相适应的法律规章建设。

第四,在政府有关部门的指导下,建立真正由业内企业主导和企业家自行管理的国际服务外包行业协会。鼓励新协会在规划行业发展、与政府和公众沟通对话、建立行业数据库、定期举办各类交易会和推介会等方面承担全方位职能。建议把建立国际服务外包协会作为社会主义市场经济环境下转变政府职能和培育行业中间组织的行业试点。

第五,考虑承接国际服务外包具有国际竞争性质以及印度等先行国家早已实行大力度税收优惠政策的背景,建议在一定时期内对我国承接国际服务外包实行特殊的优惠税收政策,包括对承接国际服务外包业务的收入免征营业税等流转税,对承接国际服务外包的企业降低企业所得税,对其研发费用实行税前抵扣等。

第六,鼓励大学和各类职业学校大力培养不同层次既懂软件和相关技术又具备外语能力的人才。采取有力措施提升我国基层中小学外语教员的水平和能力,改变我国内地英语教学水平低、公民外语普及率低的现象。建议利用目前国家财力和外汇储备比较充裕的条件,每年大批派遣县、乡级基层学校外语教员到国外培训,通过一代人的努力使我国外语教学状况得到根本改进。

第七,重视和加强对国际服务外包的统计工作。由于国际服务外包是新生事物,正规统计相对薄弱甚或完全阙如,目前有关数据主要来源于业内咨询公司的研究估计,质量难免存在较多问题。建议政府统计部门、行业协会和学术界相互合作,在深入研究国际服务外包概念和科学设计相关指标体系的基础上开展常规统计工作,为观察这一行业的发展以及政府管理提供数量信息和科学依据。

国务院《鼓励软件产业和集成电路产业发展若干政策》

国发［2000］18号
2000年6月25日

为推动我国软件产业和集成电路产业的发展,增强信息产业创新能力和国际竞争力,带动传统产业改造和产品升级换代,进一步促进国民经济持续、快速、健康发展,制定以下政策。

第一章 政策目标

第一条 通过政策引导,鼓励资金、人才等资源投向软件产业和集成电路产业,进一步促进我国信息产业快速发展,力争到2010年使我国软件产业研究开发和生产能力达到或接近国际先进水平。

第二条 鼓励国内企业充分利用国际、国内两种资源,努力开拓两个市场。经过5年到10年的努力,国产软件产品能够满足国内市场大部分需求,并有大量出口;国产集成电路产品能够满足国内市场大部分需求,并有一定数量的出口,同时进一步缩小与发达国家在开发和生产技术上的差距。

第二章 投融资政策

第三条 多方筹措资金,加大对软件产业的投入。

(一)建立软件产业风险投资机制,鼓励对软件产业的风险投资。由国家扶持,成立风险投资公司,设立风险投资基金。初期国家可安排部分种子资金,同时通过社会定向募股和吸收国内外风险投资基金等方式筹措资金。风险投资公司按风险投资的运作规律,以企业化方式运作和管理,其持有的软件企业股份在该软件企业上市交易的当日即可进入市场流通,但风险投资公司为该软件企业发起人的,按有关法律规定办理。

（二）"十五"计划中适当安排一部分预算内基本建设资金，用于软件产业和集成电路产业的基础设施建设和产业化项目。在高等院校、科研院所等科研力量集中的地区，建立若干个由国家扶持的软件园区。国家计委、财政部、科技部、信息产业部在安排年度计划时，应从其掌握的科技发展资金中各拿出一部分，用于支持基础软件开发，或作为软件产业的孵化开办资金。

第四条 为软件企业在国内外上市融资创造条件。

（一）尽快开辟证券市场创业板。软件企业不分所有制性质，凡符合证券市场创业板上市条件的，应优先予以安排。

（二）对具有良好市场前景及人才优势的软件企业，在资产评估中无形资产占净资产的比例可由投资方自行商定。

（三）支持软件企业到境外上市融资。经审核符合境外上市资格的软件企业，均可允许到境外申请上市筹资。

第三章 税收政策

第五条 国家鼓励在我国境内开发生产软件产品。对增值税一般纳税人销售其自行开发生产的软件产品，2010年前按17%的法定税率征收增值税，对实际税负超过3%的部分即征即退，由企业用于研究开发软件产品和扩大再生产。

第六条 在我国境内设立的软件企业可享受企业所得税优惠政策。新创办软件企业经认定后，自获利年度起，享受企业所得税"两免三减半"的优惠政策。

第七条 对国家规划布局内的重点软件企业，当年未享受免税优惠的减按10%的税率征收企业所得税。国家规划布局内的重点软件企业名单由国家计委、信息产业部、外经贸部和国家税务总局共同确定。

第八条 对软件企业进口所需的自用设备，以及按照合同随设备进口的技术（含软件）及配套件、备件，除列入《外商投资项目不予免税的进口商品目录》和《国内投资项目不予免税的进口商品目录》的商品外，均可免征关税和进口环节增值税。

第九条 软件企业人员薪酬和培训费用可按实际发生额在企业所得税税前列支。

第四章 产业技术政策

第十条 支持开发重大共性软件和基础软件。国家科技经费重点支持具有基础性、战略性、前瞻性和重大关键共性软件技术的研究与开发,主要包括操作系统、大型数据库管理系统、网络平台、开发平台、信息安全、嵌入式系统、大型应用软件系统等基础软件和共性软件。属于国家支持的上述软件研究开发项目,应以企业为主,产学研结合,通过公开招标方式,择优选定项目承担者。

第十一条 支持国内企业、科研院所、高等院校与外国企业联合设立研究与开发中心。

第五章 出口政策

第十二条 软件出口纳入中国进出口银行业务范围,并享受优惠利率的信贷支持;同时,国家出口信用保险机构应提供出口信用保险。

第十三条 软件产品年出口额超过100万美元的软件企业,可享有软件自营出口权。

第十四条 海关要为软件的生产开发业务提供便捷的服务。在国家扶持的软件园区内为承接国外客户软件设计与服务而建立研究开发中心时,对用于仿真用户环境的设备采取保税措施。

第十五条 根据重点软件企业参与国际交往的实际需要,对企业高中级管理人员和高中级技术人员简化出入境审批手续,适当延长有效期。具体办法由外交部会同有关部门另行制定。

第十六条 采取适应软件贸易特点的外汇管理办法。根据软件产品交易(含软件外包加工)的特点,对软件产品出口实行不同于其他产品的外贸、海关和外汇管理办法,以适应软件企业从事国际商务活动的需要。

第十七条 鼓励软件出口型企业通过 GB/T 19000-ISO 9000 系列质量保证体系认证和 CMM(能力成熟度模型)认证,其认证费用通过中央外贸发展基金适当予以支持。

第六章 收入分配政策

第十八条 软件企业可依照国家有关法律法规,根据本企业经济效益和社会平均工资,自主决定企业工资总额和工资水平。

第十九条 建立软件企业科技人员收入分配激励机制,鼓励企业对作出突出贡献的科技人员给予重奖。

第二十条 软件企业可允许技术专利和科技成果作价入股,并将该股份给予发明者和贡献者。由本企业形成的科技成果,可根据《中华人民共和国促进科技成果转化法》规定,将过去3年至5年科技成果转化所形成的利润按规定的比例折股分配。群体或个人从企业外带入的专利技术和非专利技术,可直接在企业作价折股分配。

第二十一条 在创业板上市的软件企业,如实行企业内部高级管理人员和技术骨干认股权的,应在招股说明书中详细披露,并按创业板上市规则的要求向证券交易所提供必要的说明材料。上述认股权在公开发行的股份中所占的比例由公司董事会决定。

第七章 人才吸引与培养政策

第二十二条 国家教育部门要根据市场需求进一步扩大软件人才培养规模,并依托高等院校、科研院所建立一批软件人才培养基地。

(一)发挥国内教育资源的优势,在现有高等院校、中等专科学校中扩大软件专业招生规模,多层次培养软件人才。当前要尽快扩大硕士、博士、博士后等高级软件人才的培养规模,鼓励有条件的高等院校设立软件学院;理工科院校的非计算机专业应设置软件应用课程,培养复合型人才。

(二)成人教育和业余教育(电大等)应设立或加强软件专业教学,积极支持企业、科研院所和社会力量开展各种软件技术培训,加强在职员工的知识更新与再教育。在有条件的部门和地区,积极推行现代远程教育。在工程技术人员技术职称评定工作中,应逐步将软件和计算机应用知识纳入考核范围。

(三)由国家外国专家局和教育部共同设立专项基金,支持高层次软件科研人员出国进修,聘请外国软件专家来华讲学和工作。

第二十三条 进入国家扶持的软件园区的软件系统分析员和系统工程师,凡具有中级以上技术职称或有重大发明创造的,由本单位推荐并经有关部门考核合格,应准予本人和配偶及未成年子女在该软件园区所在地落户。

第二十四条 实施全球化人才战略,吸引国内外软件技术人员在国内创办软件企业。国内高等院校、科研院所的科技人员创办软件企业,有关部门应给予一定的资金扶持,在人员流动方面也应放宽条件;国外留学生和外籍人员在国内创办软件企业的,享受国家对软件企业的各项优惠政策。

第八章 采购政策

第二十五条 国家投资的重大工程和重点应用系统,应优先由国内企业承担,在同等性能价格比条件下应优先采用国产软件系统。编制工程预算时,应将软件与技术服务作为单独的预算项目,并确保经费到位。

第二十六条 企事业单位所购软件,凡购置成本达到固定资产标准或构成无形资产的,可以按固定资产或无形资产进行核算,经税务部门批准,其折旧或摊销年限可以适当缩短,最短可为2年。

第二十七条 政府机构购买的软件、涉及国家主权和经济安全的软件,应当采用政府采购的方式进行。

第九章 软件企业认定制度

第二十八条 软件企业的认定标准由信息产业部会同教育部、科技部、国家税务总局等有关部门制定。

第二十九条 软件企业实行年审制度。年审不合格的企业,即取消其软件企业的资格,并不再享受有关优惠政策。

第三十条 软件企业的认定和年审的组织工作由经上级信息产业主管部门授权的地(市)级以上软件行业协会或相关协会具体负责。软件企业的名单由行业协会初选,报经同级信息产业主管部门审核,并会签同级税务部门批准后正式公布。

第三十一条 信息产业部、国家质量技术监督局负责拟定软件产品国家标准。

第十章 知识产权保护

第三十二条 国务院著作权行政管理部门要规范和加强软件著作权登记制度,鼓励软件著作权登记,并依据国家法律对已经登记的软件予以重点保护。

第三十三条 为了保护中外著作权人的合法权益,任何单位在其计算机系统中不得使用未经授权许可的软件产品。

第三十四条 加大打击走私和盗版软件的力度,严厉查处组织制作、生产、销售盗版软件的活动。自2000年下半年起,公安部、信息产业部、国家工商局、国家知识产权局、国家版权局和国家税务总局要定期开展联合打击盗版软件的专项斗争。

第十一章 行业组织和行业管理

第三十五条 各级信息产业主管部门对软件产业实行行业管理和监督。

第三十六条 信息产业主管部门要充分发挥软件行业协会在市场调查、信息交流、咨询评估、行业自律、知识产权保护、资质认定、政策研究等方面的作用,促进软件产业的健康发展。

第三十七条 软件行业协会开展活动所需经费主要由协会成员共同承担,经主管部门申请,财政也可适当予以支持。

第三十八条 软件行业协会必须按照公开、公正、公平的原则,履行其所承担的软件企业认定职能。

第三十九条 将软件产品产值和出口额纳入国家有关统计范围,并在信息产业目录中单独列出。

第十二章 集成电路产业政策

第四十条 鼓励境内外企业在中国境内设立合资和独资的集成电路生产企业,凡符合条件的,有关部门应按程序抓紧审批。

第四十一条 对增值税一般纳税人销售其自产的集成电路产品(含单晶硅片),2010年前按17%的法定税率征收增值税,对实际税负超过6%的部分即征即退,由企业用于研究开发新的集成电路和扩大再生产。

第四十二条 符合下列条件之一的集成电路生产企业,按鼓励外商对能源、交通投资的税收优惠政策执行。

(一)投资额超过80亿元人民币;

(二)集成电路线宽小于0.25微米的。

第四十三条 符合第四十二条规定的生产企业,海关应为其提供通关便利。具体办法由海关总署制定。

第四十四条 符合第四十二条规定的生产企业进口自用生产性原材料、消耗品,免征关税和进口环节增值税。由信息产业部会同国家计委、外经贸部、海关总署等有关部门负责,拟定集成电路免税商品目录,报经国务院批准后执行。

第四十五条 为规避汇率风险,允许符合第四十二条规定的企业将准备用于在中国境内再投资的税后利润以外币方式存入专用账户,由外汇管理部门监管。

第四十六条 集成电路生产企业的生产性设备的折旧年限最短可为3年。

第四十七条 集成电路生产企业引进集成电路技术和成套生产设备,单项进口的集成电路专用设备与仪器,按《外商投资产业指导目录》和《当前国家重点鼓励发展的产业、产品和技术目录》的有关规定办理,免征进口关税和进口环节增值税。

第四十八条 境内集成电路设计企业设计的集成电路,如在境内确实无法生产,可在国外生产芯片,其加工合同(包括规格、数量)经行业主管部门认定后,进口时按优惠暂定税率征收关税。

第四十九条 集成电路企业的认定,由集成电路项目审批部门征求同级税务部门意见后确定。

第五十条 集成电路设计产品视同软件产品,受知识产权方面的法律保护。国家鼓励对集成电路设计产品进行评测和登记。

第五十一条 集成电路设计业视同软件产业,适用软件产业有关政策。

第十三章 附则

第五十二条 凡在我国境内设立的软件企业和集成电路企业,不分所有制性质,均可享受本政策。

第五十三条 本政策自发布之日起实施。

对外贸易经济合作部
信息产业部
国家税务总局
海关总署
国家外汇管理局
国家统计局

《关于软件出口有关问题的通知》

[2000]外经贸技发第680号

各省、自治区、直辖市、计划单列市外经贸委(厅、局)、信息产业厅(局、办)、国家税务局、地方税务局、外汇管理局、统计局、海关总署广东分署、各直属海关、新疆生产建设兵团、各特派员办事处、机电商会:

为落实《国务院关于印发鼓励软件产业和集成电路产业发展若干政策的通知》(国发[2000]18号),鼓励我国企业充分利用国际、国内两种资源,努力开拓两个市场,促进软件出口,现将有关问题通知如下:

一、软件出口有关政策

(一)软件出口是指依照《中华人民共和国对外贸易法》从事对外贸易经营活动的法人和其他组织,采取海关或网上传输方式向境外出口软件产品及提供相关服务,包括:

1. 软件技术的转让或许可;

2. 向用户提供的计算机软件、信息系统或设备中嵌入的软件或在提供计算机信息系统集成、应用服务等技术服务时提供的计算机软件;

3. 信息数据有关的服务交易。包括:数据开发、储存和联网的时间序列、数据处理,制表及按时间(即小时)计算的数据处理服务、代人连续管理有关设备、硬件咨询、软件安装,按客户要求设计、开发和编制程序系统、维修计算机和边缘设备,以及其他软件加工服务;

4. 随设备出口等其他形式的软件出口。

（二）注册资金在100万元人民币以上（含100万元人民币）的软件企业，可享有软件自营出口权。

（三）软件出口企业可向外经贸主管部门申请中小企业和国际市场开拓资金，以扩大软件出口和开拓国际市场。

（四）凡需通过GB/T19000-ISO9000系列质量保证体系认证和CMM（能力成熟度模型）认证的软件出口企业，可向外经贸主管部门申请认证费用资助。GB/T19000-ISO9000系列质量保证体系和CMM的认证费用资助，按照《关于印发中小企业国际市场开拓资金管理（试行）办法的通知》（财企业［2000］467号）执行。

（五）软件出口纳入中国进出口银行业务范围，并享受优惠利率的信贷支持；同时，国家出口信用保险机构应提供出口信用保险。

（六）软件出口企业的软件产品出口后，凡出口退税率未达到征税率的，经国家税务总局核准，可按征税率办理退税。

（七）软件出口企业的经常项目外汇收入可凭有关单证直接到银行办理结汇和入账。对于经出口收汇考核确认为荣誉企业的中资软件自营出口企业，均可开立外汇结算账户，限额为企业上年出口总额的15%。对于年进出口额1 000万美元以上、资本金3 000万人民币以上的中资软件自营出口企业，仍按《关于允许中资企业保留一定限额外汇收入通知》（银发［1997］402号）执行。

（八）符合条件的软件自营出口企业可向对外贸易经济合作部申请在境外设立分支机构。

二、软件出口管理

（一）为落实国家有关软件出口的各项政策措施，结合软件出口的特点，对外贸易经济合作部会同信息产业部、国家外汇管理局、国家税务总局、国家统计局和中国进出口银行在中国电子商务中心的MOFTEC网站上设立专门的《软件出口合同在线登记管理中心》，对软件出口合同实现在线登记管理。

（二）软件出口企业在对外签订软件出口合同后，须在《软件出口合同在线登记管理中心》上履行合同的登记手续，为国家各管理部门对软件出口的协调管理和落实国家有关软件出口政策提供核查依据。

（三）在国家扶持的软件园区内为承接国外客户软件设计与服务

而建立研究开发中心时,海关对用于仿真用户环境的进口设备按暂时进口货物办理海关手续。

(四)国家禁止出口、限制出口的计算机技术和属于国家秘密技术范畴的计算机技术,按《限制出口技术管理办法》和《国家秘密技术出口审查规定》的有关规定执行。

(五)对外贸易经济合作部会同国家统计局、信息产业部和海关总署对软件出口进行统计、分析,并纳入国家有关统计。

(六)中国机电产品进出口商会和中国软件行业协会共同负责协调和维护软件出口的经营秩序。

(七)自觉地遵守国家规定的软件出口企业,可享受国家促进软件产业发展的有关投融资、税收、产业政策、进出口等优惠政策。对虚报软件出口业务、不办理在线登记、有不良行为记录的或经软件协会年审不合格的软件出口企业,不得享受有关优惠政策。触犯国家法规规定的,将追究有关责任。

(八)对通过网络直接传输出口的软件的进出境管理具体办法另行规定。

特此通知

对外贸易经济合作部
信息产业部
国家税务总局
海关总署
国家外汇管理局
国家统计局
二〇〇一年一月四日

国务院《振兴软件产业行动纲要（2002年至2005年）》

国办发［2002］47号
2002年7月24日

软件产业是国民经济和社会发展的基础性、战略性产业。近年来，我国软件产业的政策环境不断改善，增长速度明显加快，软件产业对经济社会发展的作用逐步增强。但总体上看，我国软件产业规模偏小、技术创新能力不强、缺乏国际竞争力。为认真贯彻落实《国务院关于印发鼓励软件产业和集成电路产业发展若干政策的通知》（国发〔2000〕18号，以下简称《通知》），进一步明确发展目标，采取切实有效措施，尽快提高我国软件产业的总体水平和国际竞争力，特制定《振兴软件产业行动纲要（2002年至2005年）》（以下简称《行动纲要》）。

一、指导思想和目标

振兴软件产业指导思想：贯彻"以信息化带动工业化"的方针，以市场为导向，以企业为主体，充分利用国内外两种资源、两个市场，优化产业发展环境，努力满足国内市场需求，积极扩大出口。依靠体制创新和技术创新，加大人才培养力度，推进结构调整，壮大产业规模，提升国际竞争力，逐步形成具有自主知识产权的软件产业体系，实现我国软件产业的跨越式发展。

发展目标：到2005年，软件市场销售额达到2 500亿元，国产软件和服务的国内市场占有率达到60%；软件出口额达到50亿美元；培育一批具有国际竞争力的软件产品，形成若干家销售额超过50亿元的软件骨干企业；软件专业技术人才达到80万，人才结构得到优化；在国民经济和社会发展的关键领域大力发展具有自主知识产权的软件产品和系统。

二、发展思路和工作重点

实现 2005 年软件产业发展目标,要针对我国软件产业发展的制约瓶颈,采取有效措施,把政府的引导、扶持作用与市场在资源配置中的基础性作用结合起来,把满足国内市场需求与积极扩大出口结合起来,把培养人才、完善人才激励机制与引进国外高层次人才结合起来,推进软件产业更快更好地发展。

(一)鼓励应用,内需拉动,促进软件产业发展

发展软件产业必须坚持以应用为主导。我国国内市场潜力巨大,随着信息化进程的不断加快,这一优势将更加明显。在国民经济和社会发展的各个领域广泛应用信息技术,是拉动软件产业发展的重要动力,也是促进软件产业发展的着力点。

充分发挥政府的带头、引导和组织作用。政府部门要率先垂范,带动企事业单位和全社会使用正版软件和国产软件。对使用财政性资金的软件产品和信息化系统工程实施政府采购。通过电子政务、现代远程教育、农业信息化、制造业信息化、数字电视、"数字奥运"等一批国家重大信息化应用工程,组织实施软件产业化示范项目。

通过制定利用信息技术提升传统产业的鼓励政策和技术装备政策,促进传统行业、骨干企业在结构调整和产品升级中积极采用信息技术。在机械、化工、冶金、有色、石油、电力、造船、轻工、纺织、汽车、制药等行业中,选择一批重点企业,建立信息技术应用示范工程和示范生产线。鼓励和引导软件企业与应用行业建立长期合作关系,重点开发大型行业应用软件、行业应用中间件、工业自动化软件、嵌入式软件等产品。

促进服务业大力采用软件产品和服务。金融、旅游、商贸、社区服务等行业要通过采用软件产品和服务,丰富服务内容、提高服务质量。培育和发展文化、娱乐软件市场,用健康向上的娱乐软件占领文化阵地,满足城乡居民不同层次文化生活需求,促进社会主义精神文明建设。

(二)坚持开放,扩大出口,积极参与国际合作与竞争

要充分利用我国加入世界贸易组织的机遇,以更加积极的姿态,扩大开放,大胆吸收和借鉴符合国际惯例的生产经营方式和管理方法,增

强软件产业创新能力和国际竞争力。

完善政策,促进出口。利用国家软件产业基地和其他软件园区的现有条件,建立若干个软件出口基地。实施适合软件交易特点的出口管理办法,为软件企业扩大出口创造条件。支持软件企业承担委托加工项目,逐步提高出口软件的技术含量和附加值,逐步把我国软件出口拓展到应用服务、系统工程承包和自主知识产权的软件产品。推行软件工程过程管理,提高软件产品质量和企业管理水平,增强开拓国际市场的能力。加快软件出口服务体系建设,研究建立与重点市场国家和地区的相关行业组织的信息交换机制,研究分析国际软件市场和技术发展动态,为企业提供市场信息服务。

改善投资环境,加大利用外资力度。吸引海外创业投资基金投资于我国软件产业。鼓励跨国公司在我国设立软件研究开发机构和生产企业。通过与国际著名信息企业合资、合作,壮大我国软件产业规模,培养高层次的系统分析、设计和管理人才,提高我国软件企业的管理水平和出口能力。

把"引进来"和"走出去"结合起来,在鼓励有条件的软件企业对外投资的同时,支持有竞争力的企业跨国经营,到境外设立研究开发、市场营销和服务机构。

(三)深化改革,鼓励竞争,形成一批软件骨干企业

发展壮大软件企业特别是骨干企业,是满足国内市场需求的基础,也是开拓国际市场、提高国际竞争力的关键。要在体制创新、技术创新和市场体系建设等方面,为软件企业发展创造条件。

深化体制改革,整合软件产业资源,形成符合市场经济要求和软件产业发展规律的企业成长机制。充分发挥市场在资源配置中的基础性作用,规范软件行业竞争秩序,打破部门、行业垄断和地区封锁,为企业发展创造良好的市场环境。以行业应用为重点,引导软件企业通过改组、联合、兼并以及上市发行股票等多种方式,发展专业性产品和增值服务,加快形成一批具有行业特色、产业优势、规模效应和品牌形象的龙头企业。支持和发展系统集成、集成电路设计、网络服务、信息系统咨询和维护、外包等信息服务业,逐步完善软件产业体系,培育专业化的软件服务企业。鼓励各行业内的软件开发部门转变经营机制,走社会化、专业化、企业化的发展道路。

加强技术创新和管理创新,增强企业发展后劲。加强产学研用结合,研究开发具有自主知识产权的软件产品与技术,提高软件骨干企业的研究开发能力,力争在关系国民经济命脉和信息安全的关键技术领域取得突破。推行软件开发过程管理、项目管理、人力资源管理,重视标准化和质量体系建设,推广应用软件构件和复用技术,提高企业工程化管理能力,实现软件工业化生产。

(四)面向需求,培养人才,为软件产业发展提供智力支持

要把人才队伍建设,营造用好人才、吸引人才和培养人才的良好环境,作为发展软件产业工作的重中之重。加强制度创新,完善人才激励机制,稳定和扩大高级管理人才队伍,造就一批技术骨干和项目管理人才。面向企业和市场需求,通过学历教育、职业教育、继续教育和培训等多种形式,加快培养软件经营管理人才、国际市场开拓人才、精通行业应用的高级软件人才,改善软件人才结构。大规模培养软件初级编程人员,满足软件工业化生产的需要,扩大就业。加强国际合作,采取多种措施吸引海外高层次人才。

三、主要政策措施

继续全面深入贯彻落实《通知》精神,认真解决制约我国软件产业发展的矛盾和问题,营造良好的发展环境。各有关方面要充分发挥作用,通力合作,加大对软件产业发展的支持力度。

(一)提高企业技术创新能力

以软件产业化为目标,以重大软件技术创新为重点,以骨干企业为主体,建立一批国家软件工程中心,继续加强软件产业基地建设。国家科技经费向软件产业倾斜,重点支持面向产业化的基础性、战略性、前瞻性和重大关键共性软件技术研究开发,主要包括操作系统、大型数据管理系统、网络平台、开发平台、信息安全、嵌入式系统、大型应用软件系统、构件库等基础软件和共性软件。鼓励跨国公司与我国企业、大学、科研机构等联合设立研究开发机构,共同研究开发基础软件、工具软件等方面制约软件产业发展的关键技术。加强软件标准的研究与制订,逐步完善软件标准化体系,重视软件评测工作,促进企业提高质量管理能力。

（二）优先采用国产软件产品和服务

制定政府采购软件产品和服务的目录及标准，政府采购应当采购本国的软件产品和服务。利用财政性资金建设的信息化工程，用于购买软件产品和服务的资金原则上不得低于总投资的30%。国家重大信息化工程实行招标制、工程监理制，承担单位实行资质认证。鼓励企事业单位在信息化建设中，与软件企业合作开发或积极采购国产软件产品和服务。

（三）加大对软件出口的扶持力度

针对软件贸易特点，进一步完善软件出口管理办法，为软件企业出口提供便捷服务。软件出口基地内的软件出口企业可以开立经常项目项下的外汇账户，账户的收入范围为经常项目项下的外汇收入，支出为经常项目项下的外汇支出及经批准的资本项下的外汇支出。支持符合条件的软件出口企业在境外设立研究开发机构、市场营销及服务机构，并在用汇上给予支持。中国进出口银行通过提供出口信贷方式，支持软件产品出口，开拓国际市场。把软件工程国际合作纳入我国同有关国家的双边合作谈判，发挥双边经贸联委会的作用，推动形成软件产业双边合作框架协议。发挥软件行业协会和进出口商会等中介组织的作用，支持软件出口企业在境外开展宣传、推介和参展活动。

（四）落实投融资政策，加大对软件产业的投入

以软件产业为试点，逐步建立健全产权交易市场，实现非上市软件企业的资本流动，吸引社会资本增加对软件产业的投入。通过多种方式拓宽软件产业融资渠道，促进建立软件产业风险投资机制，鼓励对软件产业的风险投资。经审核符合境外上市资格的软件企业，均可允许到境外申请上市筹资。为保证资金来源，"十五"期间，中央财政预算内资金向软件产业的投入不少于40亿元。其中，电子信息产业发展基金、"863"专项经费、国家科技攻关计划经费、产业技术研究与开发资金、科技型中小企业技术创新基金等可用于软件产业发展的资金，通过调整结构，向软件产业倾斜，集中不少于30亿元的资金专项用于软件产业；同时，为了确保软件产业发展目标的实现，体现国家政策的导向和扶持作用，2003年至2005年，中央政府再安排10亿元，专项用于支持软件产业发展。

（五）落实软件税收优惠政策

对增值税一般纳税人销售其自行开发生产的软件产品,按17%的法定税率征收增值税,对实际税负超过3%的部分即征即退,由企业用于研究开发软件产品和扩大再生产。在我国境内新创办的软件企业经认定后,自获利年度起,享受企业所得税"两免三减半"的优惠政策。加快国家规划布局内的重点企业认定,切实保证软件企业所得税退税工作的顺利进行。软件企业人员薪酬和培训费用可按实际发生额在企业所得税税前列支。

（六）整顿软件市场秩序,加强行业管理

认真贯彻落实《中华人民共和国著作权法》和《计算机软件保护条例》,坚决打击软件走私和盗版活动。各级政府和财政拨款事业单位要为购买自用正版软件提供必要的资金支持。发挥行业协会在行业自律和规范市场秩序中的作用,协助政府加强反垄断、反倾销、反盗版工作,制止不正当竞争。加强软件产业统计指标体系研究,尽快建立软件产业统计指标体系,为宏观管理和科学决策提供依据。建立软件产业现状和政策执行情况的定期评估机制,对软件产业运行情况和相关产业政策执行情况进行定期评估,引导软件产业发展。

（七）加速软件人才队伍建设

加快国家示范性软件学院和职业技术学院建设,扩大招生规模,改善办学条件,加强师资队伍、课程和教材建设。积极开展与国外教学机构、国际著名软件企业和国内软件企业的联合办学,多模式、多渠道培养软件人才。做好智力引进工作,重点引进软件高级管理人才、系统分析和设计人才。通过简化出入境审批手续,适当延长有效期等方式,方便企业高中级管理人员和高中级技术人员参与国际交往。大量吸引海外优秀留学人员回国。鼓励国外留学生和外籍人员在国内创办软件企业。

（八）进一步做好《通知》的落实工作

各部门、各地区要认真履行职责,狠抓落实,相互配合,增强合力,推动我国软件产业持续、快速、健康发展。

信息产业部电子信息产品管理司
《在国务院18号文件颁布三周年之际》

2003年5月21日
(2004年12月29日网上下载)

【赛迪网讯】 在国务院领导的亲自指导和组织协调下,信息产业部会同各有关部委共同努力,自1998年信息产业部组建起,用了两年的时间,深入调查,认真研究,积极推动产业政策的拟定工作。2000年6月国务院颁布了《鼓励软件产业和集成电路产业发展的若干政策》(国发[2000]18号,以下简称"18号文件"),从投融资、税收、技术、出口、收入分配、人才、装备及采购、企业认定、知识产权保护、行业管理等多个方面为软件产业提供了良好的政策环境。18号文件是国家鼓励和支持软件产业发展的第一个重要的专项产业政策,是我国软件产业发展史上的重要里程碑。它充分体现了党和国家领导人对软件产业的高度重视以及对振兴我国软件产业的战略决策和坚定决心。三年来,在各有关部委和地方政府的共同努力下,18号文件得到了较好的贯彻落实,有效地推动了我国软件产业的快速发展,也为软件企业营造了一个较为宽松的发展环境并带来了实实在在的优惠,同时为广泛推广信息技术与网络技术的应用,加快实现社会主义现代化和推进国民经济与社会服务信息化建设做出了重要贡献。

18号文件贯彻落实基本情况

国务院18号文件提出了一系列鼓励软件产业发展的政策措施,三年来得到了较好的贯彻落实。信息产业部作为软件行业主管部门,认真学习、深刻领会、坚决贯彻。我们以"联合、服务"为宗旨,积极与国务院各有关部门配合,通过制定各项实施细则,务实推进18号文件各项政策的落实,主要完成了以下工作:

(一) 加大对国务院 18 号文件的宣传、贯彻工作

国务院 18 号文件出台以后,为加大对 18 号文件的宣传与贯彻,根据部领导的指示,信息产业部分别在北京、昆明、昆山召开了全国性软件产业工作会议,会同国家有关部门、组织各地信息产业主管部门、软件行业协会和有关企业的代表,认真学习 18 号文件的精神,共同研究落实 18 号文件的具体措施和办法。同时还利用研讨会、讲习班等多种形式,向软件企业(包括外商投资企业)广泛宣传 18 号文件精神,积极推动贯彻落实工作。

信息产业部领导和部内各司局领导对宣传贯彻 18 号文件都十分重视,充分利用会议、文章、报告和考察等形式,积极宣传 18 号文件精神,指导 18 号文件各项配套政策的制定和落实,对各地出台落实 18 号文件的具体措施给予指导和帮助。

(二) 加强对软件企业及软件产品的认定及登记工作

软件企业认定和软件产品登记是落实 18 号文件各项政策的基础。根据 18 号文件的要求,在反复研讨以及征求各有关部门意见的基础上,信息产业部会同教育部、科技部和国家税务总局共同制定了《软件企业认定标准及管理办法》(试行),并于 2000 年 10 月发布实施。同时信息产业部根据 18 号文件的精神修定了《软件产品管理办法》,并于 2000 年 10 月 27 日以信息产业部部长令的形式颁布实施。

根据信息产业部与教育部、科技部、国税总局联合制定的《软件企业认定标准及管理办法(试行)》以及《软件产品管理办法》的规定,信息产业部进一步组织制定了软件企业和软件产品的认定机构、测试机构的工作程序和行为规范,组织各地信息产业主管部门迅速展开软件认定和软件产品登记工作,为软件企业尽快享受有关优惠政策创造条件。目前,除西藏、青海等软件产业比较薄弱的省区以外,经信息产业部审定和授权,已经在全国 34 个省、自治区、直辖市和计划单列市建立起了以软件行业协会为执行单位、信息产业主管部门和税务部门为监督审批单位的软件企业认定和软件产品登记备案的工作机构,全面铺开落实软件产业政策的日常工作。截止到 2002 年底,全国共认定软件企业 6 282 家,登记软件产品近 10 900 个。全国各地的政策执行情况基本上是好的,已认定的软件企业和登记的软件产品该享受的优惠政策(如税收政策)等基本上得到了落实。

（三）制定了软件出口方面的有关政策

信息产业部和原外经贸部、国家税务总局、海关总署、国家统计局、国家外汇管理局等六部门就落实18号文件有关出口政策的问题进行了认真讨论，走访了有关行业协会和企业，于2000年12月制定出了《关于软件出口有关问题的通知》。同时，信息产业部和原国家计委、原外经贸部联合推动国家软件出口基地建设。所有这些政策都为软件企业出口创造了良好的环境。软件行业出口额从2000年的4亿美元增加到2002年的15亿美元，年平均增长93.6%。

（四）通过制定软件产业发展规划和电子产品投资指南，加强行业管理

1. 制定软件产业发展专项规划和电子信息产品（软件）投资指南

信息产业部根据18号文件和《信息产业"十五"计划纲要》对我国软件产业发展的要求，制定了《"十五"软件产业发展专项规划》。同时，根据数字化、网络化、信息化给我国软件产业带来的历史机遇，为初步建立起包括自主安全操作系统等基础软件、工具软件、应用开发平台、各类应用软件和应用系统以及软件相关服务，门类比较齐全，具有较强竞争力的自主发展的软件产业体系，在认真研究和广泛征求业界专家意见的基础上，编制了"十五"电子信息产品（软件）投资指南。

2. 批准建设11个国家软件产业基地

几年来的实践证明，软件园区及产业基地建设，对发展软件产业的重要作用越来越被大家所认同，地方各级政府也积极推进产业基地的建设，软件园区已逐步成长为我国软件产业发展的核心力量。为了规范我国软件产业基地建设，进一步发挥软件园区在软件产业发展中具有的核心作用、牵引作用和示范作用，信息产业部和原国家计委联合制定了《国家软件产业基地管理办法》，并组织有关专家对全国各地申报的国家软件产业基地进行了评审和实地考察，共同批准了北京、上海、大连、济南、西安、南京、长沙、成都、杭州、广州、珠海等11个重点软件园区作为国家级软件产业基地，同时落实了支持和资助。

3. 认定了一批国家规划布局内的重点软件企业

根据18号文件的规定，对国家规划布局内的重点软件企业按减10%的所得税率征收。为此，原国家计委和信息产业部、原外经贸部和国税总局共同制定了《国家规划布局内的重点软件企业认定管理办

法》。2002年12月经原国家计委、信息产业部、原外经贸部和国家税务总局根据认定条件,在中国软件行业协会所做大量前期工作的基础上,共同确定了106家软件企业(含外商投资企业)为2002年度国家规划布局内的重点软件企业,这些企业包括大型软件企业、行业排头兵和出口导向型企业,有关优惠政策各地税务部门正在积极落实。

(五)努力拓宽软件产业的投融资渠道,加大对软件产业的投入

为了初步建立起自主发展的门类比较齐全、具有较强竞争力的我国软件产业体系,信息产业部除了积极鼓励有条件的骨干软件企业做大做强、上市融资外,还鼓励社会各界和外商提高投资软件产业的积极性。同时信息产业部正在牵头进行《软件产权交易管理办法》的制定工作,目的在于扩大融资渠道,多方筹集资金,积极吸引社会资本加大对软件产业的投入。在资金支持上,除国家财政预算内资金加大对软件产业的支持外,信息产业部在编制"十五"电子信息产品投资指南和年度电子信息产业发展基金指导思想、重点方向和项目指南工作中,均明确要重点向软件产业倾斜,并认真组织了对影响全局的核心软件、工具软件、平台软件及中间件等重大软件项目的招标工作,利用电子信息产业发展基金重点支持了以LIN UX为代表的操作系统软件、自主研发的集成办公软件、中间件软件、电子商务平台软件、电子政务平台软件等关系国家信息化建设和我国软件产业发展的重大产品研发及产业化项目,有效地带动了各级政府和社会对软件产业的大量资金投入,全面支持软件产业的快速发展。

(六)加大软件产业体系建设的基础性工作

1. 在软件统计指标体系方面,信息产业部会同国家统计局组织了大范围的调查研究工作,初步建立了我国软件企业统计指标体系框架,并于2002年1月两部门联合下发了《关于建立我国软件及相关产业综合统计制度的通知》。同时,信息产业部还与原外经贸部、国家统计局、海关总署、国家外汇管理局等部门正在制定《软件出口管理和统计办法》。

2. 积极推进软件企业能力成熟度认定工作。为了提高我国软件企业的管理水平和市场竞争力,促进软件产品出口和国际化发展,信息产业部组织有关专家,在以往多年对CMM研究和推广工作的基础上,研究制定了我国《软件过程能力评估模型》和《软件能力成熟度模型》两

项行业标准,并于2001年12月下发了《关于贯彻软件能力评估标准的通知》,目前该标准已经进入试点阶段。

3. 在软件知识产权保护工作方面,信息产业部自20世纪80年代初就积极研究和拟定软件保护法工作,高度重视对软件知识产权的保护工作。近年来为了大力提倡使用正版软件,各部门都做了很多工作。2002年国家版权局、原国家计委、财政部和信息产业部联合印发了《关于政府部门应带头使用正版软件的通知》,积极推动正版软件市场的健康发展。信息产业部在加强行业管理的同时,指导和组织中国软件行业协会每年向社会推荐一批优秀国产软件产品,受到了业界和广大用户的好评。

4. 在软件人才队伍培养建设方面,教育部于2001年7月下发了《关于试办示范性软件学院的通知》,并首批在清华大学、北京大学、复旦大学、中山大学等35所高校试办了示范性软件学院,这些学院大都在2002年开始招生。在落实引进人才、开展国际交流上,信息产业部与国务院外国专家局正在协商引进国外有关专家事宜。同时,为了表彰为软件产业做出突出贡献的杰出青年人才,2001年信息产业部和共青团中央、全国青联共同评选了首届全国十大软件杰出青年,对鼓励青年人投身软件产业建功立业起到了非常好的作用。目前,我们正在与团中央和全国青联共同组织第二届十大软件杰出青年的评选工作,并与微软公司探讨合建软件网络大学事宜。

5. 在落实软件产业税收政策方面,信息产业部加强与国税总局、财政部的沟通和交流,还具体组织了多次企业座谈会,邀请财政部、国税总局、科技部、中科院等部门与有关企业共同探讨落实税收政策的有关问题。据不完全统计,2001年全国共为软件企业退税20亿元,2002年退税30亿元,软件产业的发展环境得到了很大改善。

6. 在政府采购软件产品方面,信息产业部积极配合原国家计委、财政部、建设部共同制定有关采购政策的实施细则。采购政策是促进我国软件产业发展的重要手段,也是18号文件的一项重要内容,信息产业部组织起草了《软件采购政策实施办法》,提出了具体的适用范围,设计了监督软件采购行为的机制。

7. 在计算机信息系统集成企业的资质和信息系统工程监理管理方面,信息产业部制定了《计算机信息系统集成管理暂行规定》和《信息系统工程监理暂行规定》,为国家的信息化建设和信息系统推广应用工作保驾护航,严格保证了信息化工程的安全和质量,有效规范了市场行为。

综上所述,在国家和地方各有关部门的共同努力下,国务院18号文件得到了较好的落实,并为我国软件产业营造了良好的发展环境,极大地推动了我国软件产业的快速、健康发展。

我国软件产业发展近况

(一) 软件产业规模迅速扩大,产业队伍不断壮大

国务院18号文件为我国软件产业发展创造了一个良好的政策环境,为软件企业营造了一个公平、公正、公开的竞争与发展环境。三年来,我国软件产业以年均30%以上的速度持续增长,这是同期GDP增长的四倍。2000年我国软件产业实现营业收入593亿元,到2002年营业收入已经达到1 100亿元。全国经认定的软件企业达6 000多家,登记软件产品约10 900个,初步形成一批年销售额超亿元的软件骨干企业,如东软、中软、用友等。目前我国软件行业从业人员50多万人,另有约40万软件人员在社会各领域从事与软件应用、研究与教学相关的工作。从事软件研发的专业人员已从1998年13.2万人增长到2000年的18.6万人,目前接近25万人。

(二) 技术创新取得突破,企业竞争力显著提高

在软件创新发展方面取得了显著成就。中软总公司发布的COSIX 64软件产品,是我国第一个符合国际技术标准的64位操作系统,经过近3年的不断改进,该系统已经可以胜任国家有关部门的业务应用。我国在Linux操作系统、集成办公软件、信息安全软件和"金"系列国家重大信息化工程大型应用软件开发等方面也取得了可喜的进展。HOPEN等嵌入式操作系统的推出,为国内数字化3C产品的自主开发和产业化提供了技术基础。在支撑软件方面,国产数据库管理系统也具备了一定的市场竞争力,国产软件工程工具以及软件复用技术和软件的构件化生产技术方面的成果为软件企业提高开发能力提供了条件。我国软件产业的发展始终坚持以市场为主导,面向应用,以解决用户的实际需求为目标和出发点,大力推动软件的应用,高度重视信息服务业建设。20多年来,一大批优秀的国产应用软件在办公自动化、财

税、金融电子化建设等电子政务、企业信息化方面以及国民经济和社会生活中得到广泛应用,成功地为"金卡"、"金税"、"金关"等国家信息化工程开发了运行的应用软件系统,为贯彻落实"以信息化带动工业化,以工业化促进信息化"和大力推广信息技术应用,改造提升传统产业和推动国家信息化建设工作发挥了重要作用。

软件企业的管理水平和工程化能力日益提高,软件企业纷纷开展 CMM 认证和 ISO9000 系列认证,一批软件企业通过了 CMM 的二、三级认证。东软和大连海辉通过了 CMM5 级认证,使中国成为继美国和印度之后的世界上第三个拥有通过 CMM5 级认证企业的国家。

(三)软件出口持续增长,"走出去"步伐明显加快

随着 18 号文件、《关于软件出口有关问题的通知》等政策的逐步落实,各地方政府和各软件园区也先后出台了一些地方性文件,纷纷采取措施鼓励软件出口,推动了我国软件出口的快速发展。2000 年,我国软件出口只有 33 亿元(4 亿美元),2001 年增长到 60 亿元(7.2 亿美元),2002 年又翻了一番,达到 125 亿元(15 亿美元)。

在国家政策的推动下,软件企业不仅通过劳务输出、系统工程承包等方式扩大产品出口,而且一些骨干软件企业还积极对外投资,在境外设立分支机构,扩大营销网络,树立产品的国际品牌,使软件企业"走出去"步伐大大加快。

(四)软件产业基地建设重点推进,人才培养有序展开

18 号文件颁布以后,我国在北京、上海、广州、南京、杭州、西安、成都、大连、济南、长沙和珠海等地建立了 11 家国家级软件产业基地。据统计,2001 年全国软件产业基地实现软件销售收入 245 亿元,占全国软件产业销售总额的 30%。软件产业基地已逐渐成为我国软件产业发展的中坚力量,并在孵化软件企业、推动软件出口等方面发挥了重要作用,同时对周边软件产业的发展起到了巨大的辐射和带动作用。

国家在包括清华大学、北京大学、复旦大学、中山大学等在内的 35 所高校试办示范性软件学院,允许其"吸引社会资金投入"并"参照股份制模式运行",使高校与软件企业开始尝试合作培养高层次、复合型的软件人才。对其招生规模、录取考试、授课形式及教材、合资方背景、办学模式等采取了不加限定、不一刀切的"开放式"原则。大多数软件学院在 2002 年 3 月实现了第一批学员入学。此外,还充分调动社会力量

办学的积极性,大力推进职业技术学院建设,积极开展与国外教学机构、著名软件企业的联合办学,不断加强软件人才培养的国际交流与合作,多模式、多渠道培养软件人才,使我国软件人才的数量、质量和人才结构都得到明显提升。

(五)软件产业发展的良好社会环境正在形成

18号文件的颁布施行,《振兴软件产业行动纲要》的制定落实,极大地调动了各部门、地方政府和企业的积极性,为我国软件产业发展提供了良好的政策环境。国家加快推进信息化带动工业化战略,将从更广的范围、更深的层次激发社会对信息服务、信息技术及产品的需求,为我国软件产业提供空前的市场空间和发展舞台。我国加入WTO不但为国内软件企业"走出去"创造了平等优惠的关税环境,还为我国积极参与国际产业分工创造了条件,为我国软件产业带来了难得的发展机遇。信息产业部在认真贯彻落实18号文件的同时,一直高度重视软件产业的行业管理工作,通过制定软件产业发展专项规划、产品投资指南等工作指导行业发展,规范企业行为;国务院各有关部门和地方政府也都各司其职,相互支持,密切配合,积极认真地落实18号文件各项规定,共同为软件产业的发展营造良好环境并加大扶持工作力度,这是我国软件产业发展最为重要的基础条件。

我国软件产业近年来虽然取得了很大成绩,但与发达国家甚至一些发展中国家相比,无论在综合实力和国际竞争力方面,还是在产业规模和核心技术掌握方面,都存在明显的不足。特别是产业规模小,产品市场占有率低,企业技术创新能力较弱,基础性、关键性软件技术和产品尚不能满足社会需求,产用结合尚待加强,软件国际化水平低,综合能力不强,软件人才结构不尽合理等。

为缩小日益增长的市场需求与软件产业发展现状之间的差距,我们一定要增强加快发展的紧迫感。面对新形势、新任务,必须开拓创新、勇于求索,一定要以新的思维方式和发展模式并结合我国国情,务实推进各项工作。

下一步工作重点

国务院18号文件的出台已成为中国软件产业发展的重要里程碑,在全国软件产业及社会各界产生了强烈的反响,极大地调动了各有关部门和地方政府加速发展软件产业的积极性和主动性，与之配套的一系列实施细则陆续出台并逐步得到落实，极大地推动了我国软件产业的发展，也引起了国外的广泛关注。

在党中央、国务院领导的关心重视和高层指导下，2002年由国务院信息办牵头，会同信息产业部、原国家计委等八个部委共同制定了《振兴软件产业行动纲要》（以下简称《纲要》），国务院于2002年9月以国办发[2002]47号通知转发了该《纲要》（以下简称"47号通知"），这是进一步贯彻落实18号文件的共同行动纲领和具体举措，也是2003—2005年加快我国软件产业发展的工作思路、目标任务和措施办法的总框架。《纲要》提出到2005年我国软件销售额要达到2500亿元，国产软件产品和服务的国内市场占有率达到60%，出口达到50亿美元，软件人才达到80万的发展目标，任重而道远！2003年2月，国务院信息办、信息产业部、原国家计委等9部委又联合召开了贯彻落实《纲要》的工作会议，从12个方面认真部署相应的措施和管理办法，充分体现了国务院各部门积极配合，通力合作，共同推动18号文件和"47号通知"进一步贯彻落实的决心。2002年信息产业部曾会同原国家计委和原外经贸部三部门联合下发了《关于组织实施振兴软件产业行动计划的通知》，具体部署了各项工作；国家外汇管理局也已下发了《关于进一步调整经常项目外汇账户管理政策有关问题的通知》，其他部门的具体措施和管理办法正逐步出台。

国务院18号文件和"47号通知"为我国软件产业持续、快速发展提供了前所未有的环境条件，营造了良好的社会氛围。对下一步的重点工作简介如下：

（一）加强行业管理，强化对软件企业的引导、规范、监督和服务工作

根据国务院新领导集体的工作要求，我们要进一步转变政府职能，改进工作方法，提高行政效能。充分认识我们的使命和责任，找准定位。要按照"引导、规范、监督、服务"的原则，围绕行业发展的中心工作，与时俱进，创新工作。如：从政策引导、规范市场、行业监管和公众服务等方面加强行业管理；今年要重点建立软件产业统计指标体系和评估机制；充分发挥行业协会的作用，加大对软件市场的监管力度；开展反垄断、反盗版等专项斗争，逐步建立举报、监督、产业损害调查等机

制,有效地打击走私、盗版活动,制止不正当竞争;坚决保护软件知识产权,要求使用正版软件,建立有序健康的市场环境。

(二) 优化产业结构,提高软件产业核心竞争力

产业结构调整与优化是我国软件产业健康发展的重要目标和措施。一是要扶持软件骨干企业做大做强,优先支持软件企业的规模化、品牌化发展,打造行业骨干企业。支持具有一定产业化基础和品牌影响力的企业根据国内外市场需求,开发新产品并实现产业化;鼓励软件企业联合发展,形成国家队。二是增强软件企业自主创新能力、鼓励软件企业和各大应用部门相结合,以市场为主导,积极研发适销对路的软件产品和系统,解决市场急需。三是重点支持软件关键核心技术及产品的研发与产业化。重点支持操作系统、大型数据库管理系统、网络平台、开发平台、信息安全、嵌入式系统、大型套装应用软件、中间件及构件等基础软件和共性软件的开发及产业化。四是引导各大行业与应用部门的信息中心、软件开发与服务单位走产业化发展道路。鼓励隶属于各大行业的信息中心(包括计算中心)及软件开发单位转变经营机制,走社会化、专业化、企业化的发展道路,壮大规模并发展成为具有规模生产能力和技术水平的企业或企业集团。鼓励和支持跨部门的技术合作,支持产、学、研、用相结合,支持大专院校和科研单位的软件科技成果的产业化和商品化。

(三) 鼓励软件企业"走出去",扩大产品出口,走国际化发展道路

通过政策鼓励,支持有产业规模、品牌优势和出口前景的软件企业实施"走出去"战略,努力扩大产品出口,增加市场竞争力,积极参与国际竞争与合作。支持软件出口基地建设,鼓励出口形式多样化;支持企业在境外设立研究开发、市场营销及服务机构;积极支持与著名跨国软件公司合作,建立外包服务公司,信息产业部正与微软商洽落实这项工作。

(四) 推进软件产业基地建设,加速软件人才培养

众所周知,软件发展人才是关键。要创造用好人才、吸引人才和培养人才的良好环境,充分利用社会力量和国内外教育资源,建立多层次全方位的软件人才培养体系。鼓励国际著名软件企业、国内骨干软件企业、科研院所联合办学,培养高层次的软件系统分析、设计和管理人才,提高软件企业整体水平;进一步加强软件从业人员在职培训和资格

培训,扩大软件人才培训规模;引进国外高级人才,努力改善软件人才结构,优化软件人才队伍。

结合信息产业部正在组织实施的国家信息产业基地建设,重点支持软件产业基地和园区建设,同时实施"大公司"战略。信息产业部电子信息产品管理司正在全国组织建立10个应用与软件培训基地,并将与著名跨国公司共建一所软件大学。

党的十六大确定了我国在新世纪新阶段全面建设小康社会,加快推进社会主义现代化的奋斗目标和战略部署。十届全国人大一次会议通过的《政府工作报告》又为我们总结经验、找出问题、继往开来、迈向新征程指明了方向。

党的十六大和十届全国人大一次会议都对信息产业发展提出了新的、更高的要求,我们要切实增强加快发展的紧迫感。国家明确要优先发展信息产业,软件是信息产业的核心、基础与灵魂,又是国家的战略性先导产业,更要加速先行!我们衷心希望软件产业界的同仁,能顺应信息技术与人类社会的发展趋势,携手并进,为加快信息产业发展与信息技术的推广应用,推进国民经济与社会服务信息化建设,为实现我国软件产业的腾飞发展而共同奋斗!

商务部《软件和服务外包统计规范》
（征求意见稿）

商资统进（2006）55 号
二〇〇六年八月二十三日

第一条 为科学、有效地组织全国软件和服务外包业务统计工作，按照《中华人民共和国统计法》及其实施细则和国家有关法律、法规，制定本规范。

第二条 软件和服务外包业务统计的基本任务是：及时、准确、全面地反映全国软件服务外包行业状况，对软件和服务外包企业基本情况，以及已设立软件和服务外包企业运营等方面的情况，进行系统的统计调查、统计分析、实行监督。为国家和各级政府部门经济管理和宏观决策提供统计信息、统计咨询。

第三条 本规范适用于地方各级商务主管部门及软件和服务外包的行业主管部门，以及在我国境内设立的软件和服务外包企业等。

上述部门和企业都必须按照《中华人民共和国统计法》及本规范的规定，提供统计资料，不得虚报、瞒报、拒报、迟报，不得伪造、篡改。

第四条 软件和服务外包业务统计规范由商务部制定。软件和服务外包业务统计工作由各级商务主管部门组织、协调、管理。并接受同级政府统计机构的业务指导。

第五条 软件和服务外包业务统计工作实行统一领导、分级管理。全国性的软件和服务外包业务统计报表格式、指标设置、计算口径等必须按本规范的规定统一执行。各地方、部门如需对软件和服务外包业务进行本规范规定以外的专项的统计调查，须经同级政府统计机构批准，并报商务部和国家统计局备案。

第六条 各级商务主管部门应建立完备的软件和服务外包企业基本情况和企业运营状况统计信息系统，提高软件和服务外包业务统计工作的信息化管理水平。

第七条　本规范所指软件和服务外包企业，软件企业是指从事软件产品开发与销售业务和从事嵌入式产品开发与销售业务的各类企业；服务外包企业是指从事IT服务外包(ITO)、业务流程外包(BPO)和其他软件服务业务的各类企业。

第八条　软件和服务外包统计报表包括企业统计基层报表和统计综合报表。其中：

企业统计基层报表的主要内容包括：

1. 软件和服务外包企业基本情况表，包括软件和服务外包企业基本信息、通过认证情况等。

2. 软件和服务外包企业经营状况统计表，包括企业经营收益、资产、人员、进出口方面的指标。

第九条　软件和服务外包企业必须按《中华人民共和国统计法》和本规范的规定提供统计资料，填报统计报表。应根据统计调查任务的需要配备专职或指定兼职统计人员。

第十条　软件服务外包统计报表采取以网络传输为基础的中心数据库管理模式，由软件和服务外包企业通过网络直接上报。地方各级商务主管部门和软件和服务外包行业主管部门应按本规范的规定，按时审核、汇总、编制、报送有关报表，同时要做好软件和服务外包的综合分析工作。

第十一条　对外公开发布和提供软件和服务外包资料，应确保国家机密和企业商业秘密，地方各级商务主管部门应严格按照《中华人民共和国统计法》及其实施细则和国家有关规定执行。

第十二条　本规范由商务部负责解释。

第十三条　本规范自2006年　月　日起实行。

软件和服务外包企业基本情况表

表号：外资统计1表
制表机关：商务部
批准机关：国家统计局
批准文号：国统[2006]号
有效期至：2007年12月

地方代码：

企业　（中文）
名称
　　　（英文）

注册地址						
注册日期		注册资本	万元	组织机构代码		
企业类型	○中外合资 ○外商独资 ○港澳台投资 ○中资　　○其他			两类企业	○产品出口企业 ○先进技术企业	
项目类型	○软件开发与销售 ○嵌入式产品开发与销售 ○IT服务外包(ITO) ○业务流程外包(BPO) ○其他软件服务 ○研发中心 ○归国人员投资企业 ○外国分支机构(分公司) ○境内上市公司 ○香港上市公司 ○境外上市公司				其他类型	
通过认证情况						
经营范围						
经营规模				电子信箱		
法人代表		总经理	联系人	电话		传真

编制说明：

一、制表目的：反映软件服务外包企业的基本情况。

二、填报单位：由软件和服务外包企业填报。

三、报告时间及方法：根据报告期软件和服务外包的基本地情况和企业变更情况，以电子数据方式分别于7月30日前和1月30日前报送商务部。

填表说明：

一、企业类型：按外商投资企业性质分别填写"中外合资"、"外商独资"、"港澳台投资"、"中资"或"其他"。

二、两类企业：系指依据《关于确认和考核外商投资的产品出口企业和先进技术企业的实施办法》在企业成立后确认考核的产品出口型和先进技术型外商投资企业。

三、项目类型：凡登记成立的企业、公司、机构必须填写其中的一项或多项。

1. 软件开发与销售企业：系指企业主要是自主开发、销售软件产品，包括通过以软件使用许可费用销售软件产品和独立销售的嵌入式软件产品等。

2. 嵌入式产品开发与销售企业：系指企业主要是自主开发、销售设备、电器和仪器等硬件产品，但是可以按规定的折算比例计算嵌入在这些产品中的软件产品等。

3. IT 服务外包（ITO）企业：系指企业主要执行与客户签定的长期合同，为客户的某项 IT 外包业务提供服务，例如软件开发外包、软件测试外包、系统集成服务、软件项目咨询、软件教育与培训、软件项目监理及评估、数据加工、软件运营管理、系统与网络服务、IT 咨询等服务。

4. 业务流程外包（BPO）企业：系指企业主要执行与客户签订的长期合同，承接客户的一些重复性的非核心或核心业务流程外包（BPO），提供相应低成本、高质量的服务业务流程外包（business process outsourcing）涉及金融、保险、医疗、人力资源、抵押、信用卡、资产管理、顾客类服务、销售和营销等领域。

5. 其他软件服务企业：系指企业主要是提供除了 ITO 和 BPO 业务之外的其他服务，包括信息服务（电信增值服务、互联网服务、信息咨询服务）等，其中互联网包括网络游戏运营服务、网上商业零售服务等。

6. 研发中心：系指从事产品研发、工程设计等经营活动的企业，其中外商投资研发中心系指依据《关于外商投资设立研发中心有关问题的通知》的规定设立的研发中心。

7. 归国人员投资企业：系指出国留学人员回国后，以自有技术、资金等为主要投入，在国内兴办的企业。

8. 外国分支机构（分公司）：系指外国公司在华设立的分支机构或分公司。

9. 境内上市公司：系指已经在境内股票市场上市的股份公司。

10. 香港上市公司：系指已经在香港股票市场上市的股份公司。

11. 境外上市公司：系指已经在境外股票市场上市的股份公司。

12. 通过认证情况：系指报告期内，已经获得 ISO9001 认证证书，或通过 CMM 等级评估，或获得在国际上得到广泛认可的其他质量管理体系认证证书的情况。

软件和服务外包企业经营状况统计表

地方代码：

企业代码：

表号：外资统计 1 表
制表机关：商务部
批准机关：国家统计局
批准文号：国统[2006]号
有效期至：2007 年 12 月

年　月

指标名称	计量单位	代码	本年实际
甲	乙	丙	
销售（营业）收入	万元	1	
其中：软件产品销售收入	万元	2	
嵌入式软件收入	万元	3	
其中：ITO 收入	万元	4	
BPO 收入	万元	5	
其他软件服务收入	万元	6	
其中：外汇销售收入	万元	7	
其中：海关出口额	万美元	8	
利润总额	万美元	9	
上缴税金	万元	10	
净利润	万元	11	
劳动者报酬	万元	12	
期末资产总额	万元	13	
其中：流动资产	万元	14	
其中：国外汇入资金	万元	15	
固定资产	万美元	16	
无形资产	万元	17	
期末从业人员人数	万元	18	
其中：博士学历	人	19	
硕士学历	人	20	
本科及研究生学历	人	21	
大学学历	人	22	
其中：开发人员	人	23	
测试人员	人	24	
销售人员	人	25	
管理人员	人	26	
座席人员	人	27	

培训人员	人	28
维护人员	人	29
其中:外籍职工人数	人	30
	人	31

单位负责人：　　　　　　　　填表人：

编制说明：

一、制表目的：反映软件和服务外包企业经营情况。

二、填报单位：由已投产（开业）的软件和服务外包企业填报。

三、报告时间及方法：根据软件和服务外包企业运营状况数据填报。各省、自治区、直辖市、计划单列市商务主管部门于季后15日前将报表以电子数据方式报商务部。

填表说明：

1. 销售（营业）收入：是指企业损益表记录当期主营业务收入，针对不同类型的企业，具有产品销售收入、营业收入、营运收入、工程价款收入、各种劳务或者服务收入等。

2. 软件收入：指报告期内，企业的软件产品销售收入、嵌入式软件收入、软件技术收入和软件服务收入的总和。

3. 软件产品销售收入：指报告期内，企业自主开发的软件产品销售收入总和，包括软件的使用许可费用、独立销售的嵌入式软件产品等。

4. 嵌入式软件收入：指报告期内，企业销售的硬件产品中按照信息产业主管部门规定的折算比例计算的嵌入式软件收入的总和。

5. ITO 收入：指报告期内，企业执行与客户签订的长期合同，为客户的某项 IT 外包业务提供服务的收入总和，例如软件开发外包、软件测试外包、系统集成服务、软件项目咨询、软件教育与培训、软件项目监理及评估、数据加工、软件运营管理、系统与网络服务、IT 咨询等服务。

6. BPO 收入：指报告期内，企业执行与客户签订的长期合同，承接客户的一些重复性的非核心或核心业务流程外包（BPO），提供相应低成本、高质量服务而获得的收入总和。业务流程外包（business process outsourcing）涉及金融、保险、医疗、人力资源、抵押、信用卡、资产管理、顾客类服务、销售和营销等领域。

7. 其他软件服务收入：指报告期内，企业主要是提供除了 ITO 和

BPO 业务之外的其他服务而获得的收入总和。包括信息内容服务(电信增值服务、互联网服务、信息咨询服务)等,其中互联网服务包括网络游戏运营服务、网上商业零售服务等。

8. 外汇销售收入:指报告期内,企业以外汇计价的所有出售给外贸部门或直接售给外商的产品或商品以及服务出口的总金额。包括来料加工装配出口、境外技术合同实现金额及在国内以外汇计价的商品出售额等。

9. 海关出口额:指报告期内,企业的外汇销售收入中通过海关出口部分的总和。

10. 利润总额:指企业损益表中记录当期实现的利润或发生的亏损,亏损用"-"表示。

11. 上缴税金:指报告期内,企业实际缴各项税金、特种基金和附加费等的总和。

12. 净利润:是指企业当期实现利润扣除所得税后的净额。

13. 劳动者报酬:含工资收入、福利保险收入、实物收入、其他收入。

14. 资产总额:是指企业资产负债表上记录的资产总额,包括固定资产、流动资产、长期投资、递延资产与其他资产。

15. 从业人员人数:是指到期末止在企业工作并取得劳动报酬或经营收入的全部人员。其中:外籍职工人数是指在本企业工作,并由企业支付劳动报酬的外国公民和华侨、台、港、澳人员总数;开发人员指企业中从事软件项目研究与开发的人员;测试人员指专门从事软件测试的人员;销售人员指从事软件项目销售的人员;培训人员指从与软件项目有关的各种专职培训人员;维护人员指从事软件项目售后维护的人员;座席员指从事呼叫、接收服务的人员;管理人员指对项目成本、工期、资源配置进行有效的控制、组织和领导项目团队,实现项目目标的人员,项目包括软件开发、测试和外包等。

附录:省、市、自治区代码表

北京市	110 000	青岛市	370 200
天津市	120 000	河南省	410 000
河北省	130 000	湖北省	420 000
山西省	140 000	湖南省	430 000

（续表）

内蒙古自治区	150 000	广东省	440 000
辽宁省	210 000	深圳市	440 300
大连市	210 200	广西自治区	450 000
吉林省	220 000	海南省	460 000
黑龙江省	230 000	重庆市	500 000
上海市	310 000	四川省	510 000
江苏省	320 000	贵州省	520 000
浙江省	330 000	云南省	530 000
宁波市	330 200	西藏自治区	540 000
安徽省	340 000	陕西省	610 000
福建省	350 000	甘肃省	620 000
厦门市	350 200	青海省	630 000
江西省	360 000	宁夏自治区	640 000
山东省	370 000	新疆自治区	650 000

商务部《关于实施服务外包"千百十工程"的通知》

商资发[2006]第556号

服务外包产业是现代高端服务业的重要组成部分,具有信息技术承载度高、附加值大、资源消耗低、环境污染少、吸纳就业(特别是大学生就业)能力强、国际化水平高等特点。当前,以服务外包、服务贸易以及高端制造业和技术研发环节转移为主要特征的新一轮世界产业结构调整正在兴起,为我国发展面向国际市场的现代服务业带来新的机遇。牢牢把握这一机遇,大力承接国际(离岸)服务外包业务,有利于转变对外贸易增长方式,扩大知识密集型服务产品出口;有利于优化外商投资结构,提高利用外资质量和水平。

根据《国民经济与社会发展第十一个五年规划纲要》关于"加快转变对外贸易增长方式,……建设若干服务业外包基地,有序承接国际服务业转移"的要求,为促进服务外包产业快速发展、优化出口结构、扩大服务产品出口,商务部决定实施服务外包"千百十工程"。服务外包"千百十工程"的工作目标和主要政策措施如下:

一、服务外包"千百十工程"的工作目标

"十一五"期间,在全国建设10个具有一定国际竞争力的服务外包基地城市,推动100家世界著名跨国公司将其服务外包业务转移到中国,培育1 000家取得国际资质的大中型服务外包企业,创造有利条件,全方位承接国际(离岸)服务外包业务,并不断提升服务价值,实现2010年服务外包出口额在2005年基础上翻两番。

本通知"服务外包企业"系指根据其与服务外包发包商签订的中长期服务合同向客户提供服务外包业务的服务外包提供商;"服务外包业务"系指服务外包企业向客户提供的信息技术外包服务(ITO)和业务流程外包服务(BPO),包括:业务改造外包、业务流程和业务流

程服务外包、应用管理和应用服务等商业应用程序外包、基础技术外包(IT、软件开发设计、技术研发、基础技术平台整合和管理整合)等；"国际(离岸)服务外包"系指服务外包企业向境外客户提供服务外包业务。

二、实施服务外包"千百十工程"人才培训计划

（一）在商务领域人才培训资金中，安排服务外包公共培训专项资金，实施"千百十工程"人才培训计划。

（二）服务外包公共培训专项资金主要用于支持大学生(含大专，下同)增加服务外包专业知识和技能，鼓励服务外包企业新增大学生就业岗位的各类人才培训项目，重点培训大学应届毕业生和尚未就业的大学毕业生，以及服务外包企业新入职员工，力争在五年内培训30万—40万承接服务外包所需的实用人才，吸纳20万—30万大学生就业，有效解决服务外包产业人才短缺和大学生就业问题。

（三）服务外包培训内容包括：服务外包企业人才定制培训、从业人才资质培训、国际认证培训、行业标准及相关知识产权培训、大学生实习项目及勤工俭学培训、企业新入职人员岗前业务技能培训、服务外包产业储备人才培训等。服务外包"千百十工程"人才培训计划具体方案根据《商务部关于做好服务外包"千百十工程"人才培训有关工作的通知》(附件一)实施。

三、支持服务外包企业做强做大

（一）鼓励服务外包企业取得国际认证。根据《商务部关于做好服务外包"千百十工程"企业认证和市场开拓有关工作的通知》(附件二)的有关规定，对符合条件且取得行业国际认证的服务外包企业给予一定的奖励，并采取有效措施支持其国际认证的维护和升级，力争五年内促进700家企业取得CMM/CMMI3级认证，300家企业取得CMM/CMMI5级认证。国际认证包括：开发能力成熟度模型集成(CMMI)认证、开发能力成熟度模型(CMM)认证、人力资源成熟度模型(PCMM)认证、信息安全管理标准(ISO27001/BS7799)认证、IT服务管理认证(ISO20000)、服务提供商环境安全性认证(SAS70)。

（二）为服务外包企业发展提供政策性贷款和相关服务。国家开发银行与商务部合作,为符合条件的服务外包企业采购设备、建设办公设施、开展服务外包业务、开拓国际市场扩大出口等提供政策性贷款。中国出口信用保险公司与商务部合作,为符合条件的服务外包企业提供信用保险及相关担保服务,并协助服务外包企业建立信用风险管理机制。

（三）支持服务外包企业大力开拓国际市场承接国际（离岸）服务外包业务。对符合条件的服务外包企业进行国际市场开拓活动可根据《中小企业国际市场开拓资金管理办法》的相关规定给予资金支持。

四、大力开展"中国服务外包基地城市"建设

（一）商务部、信息产业部将选定一批具有服务外包发展基础和增长潜力的中心城市为"中国服务外包基地城市"（以下简称基地城市），在宏观政策、规划设计、人才培训、招商引资、综合协调等方面给予支持,并设立专项资金,支持基地城市的建设。开展"中国服务外包基地城市"建设按照《商务部、信息产业部关于开展"中国服务外包基地城市"认定工作有关问题的通知》（附件三）实施。

（二）国家开发银行与商务部合作,对基地城市根据服务外包产业发展需要进行的服务外包技术支撑公共服务平台建设、公共信息网络建设、基础设施和投资环境建设提供政策性贷款。技术支撑公共服务平台的建设应着力于为服务外包企业提供基于技术研发、质量保证、测试、演示、验证、培训、项目管理、知识产权保护等公共服务,基础设施和投资环境建设应涵盖数据存储、信息传输、电力保障、后勤服务等共用设施的建设和改善。

五、创建中国服务外包信息公共服务平台

商务部牵头,以各基地城市、跨国公司、服务外包企业和服务外包知名机构、相关研究部门为支持单位,建立中国服务外包信息公共服务网站,为服务外包企业、国内外服务外包发包企业、相关政府部门和研究机构,以及高等院校、大学/大专毕业生等提供与服务外包相关的各类信息,建立服务外包业务交易平台,为服务外包企业人才招聘和大学/大专毕业生在服务外包行业就业提供公共服务,并加大对外宣传力度,打造"中国服务"良好形象。

六、鼓励和支持中西部地区发展服务外包业务

充分发挥中西部地区、东北等老工业基地人材资源优势,在认定基地城市的工作中,优先考虑高等院校科研院所相对集中的中西部城市,适当降低认定条件;采取有效措施,鼓励东部基地城市与中西部基地城市进行战略合作;对中西部地区国家级经济技术开发区为承接服务外包进行基础设施和完善投资环境建设予以贷款贴息支持。

七、完善服务外包知识产权保护体系

在基地城市建立知识产权投诉中心,严厉打击各类侵权行为,加大对知识产权保护的力度;各基地城市应根据服务外包产业的特殊需求进一步完善保护知识产权法规体系,制定与服务外包数据保密相关的规则,建立服务外包产业知识产权保护综合评价体系,并在全社会营造诚信为本的良好氛围。

八、积极有效开展服务外包投资促进工作

认真研究全球服务外包发展的最新趋势,借鉴其他国家的成功经验,拟定符合中国国情的投资促进政策,提高我国承接服务外包的国际竞争力;在商务部指导下,统筹规划,形成合力,积极有序开展服务外包投资促进工作;充分发挥中国国际投资促进会、商务部投资促进局、各地投资促进机构等中介组织的作用,针对跨国公司外包服务战略和具体意向,制定专项工作方案,通过多元化定制服务,积极有效开展投资促进工作,大力推进跨国公司将其具有一定规模的服务外包业务转移到中国。

九、做好服务外包业务的统计工作

进一步完善现有服务贸易统计制度,将国际(离岸)服务外包业务纳入服务贸易统计,建立科学、全面、系统的服务外包全口径统计规范;商务部将加强与各级商务部门的合作,建立有效的数据采集渠道,及时了解服务外包"千百十工程"的实施情况,评估工作成效。

各地商务主管部门要统一认识,高度重视实施服务外包"千百十工程"的重要性,并结合本地区的实际情况,做好相关落实工作,积极营造服务外包产业发展的良好环境。在实施过程中发现的问题,及时向商务部报告。

中华人民共和国商务部
二〇〇六年十月十六日

商务部　信息产业部
《关于开展"中国服务外包基地城市"认定工作有关问题的通知》

商资函[2006]102号

　　为加快我国承接离岸服务外包业务,提高我国服务外包企业国际竞争力,商务部、信息产业部将选择一批中心城市作为开展承接离岸服务外包业务的基地城市,在宏观政策、规划设计、招商引资、综合协调等方面给予支持,并通过专项扶持基金,用于公共信息平台建设、基地内人力资源培养、基础设施和投资环境建设等方面。目标是在三到五年内建设10个中国承接离岸服务外包业务的基地,推动100家跨国公司将其一定规模外包业务转移到中国,并培养1000家承接离岸服务外包业务的大中型企业,全方位接纳离岸服务外包业务。现就开展"中国服务外包基地城市"认定工作的有关问题通知如下:

　　一、"中国服务外包基地城市"采取"基地城市+示范区"模式,由商务部、信息产业部和当地省级人民政府(计划单列市)共建。

　　"基地城市"是指符合地区国民经济和社会协调发展总体规划、立足区域和行业特点、能够起到有效的示范和带动作用的以承接离岸服务外包业务为主的中心城市。

　　"示范区"是指在"基地城市"内,服务外包重点企业相对集中,已初步形成一定规模效益,在引导和带动"基地城市"及周边地区开展承接服务外包业务方面具备一定基础的区域(一般为"基地城市"内的国家级经济技术开发区、国家软件产业基地、国家软件出口基地及软件园区等特定经济功能区)。

　　二、申请认定为基地城市,应具备下列条件:

　　(一)地方政府已将承接离岸服务外包纳入十一五规划发展方案并制定明确目标,推进发展服务外包业的思路明晰,规划切实可行,中远期发展目标明确;制定的鼓励承接服务外包发展的政策及具体措施切实有效并具有可操作性。

（二）当地政府承诺从财政预算中安排一定资金与中央扶持基金配套,用于基地建设（包括但不限于完善必要设施、人才引进与培养、服务外包职业培训、外包企业相关认证等,及与服务外包配套服务及特定环境改善相关事宜）。

（三）"基地城市"已有具备条件的示范区。

（四）"基地城市"的建设及发展环境优越,基础设施较好,交通便利,污染指数较低,适宜居住,具有良好的国际投资和合作的环境。

（五）"基地城市"产业特色鲜明,重视知识产权保护,服务体系健全,投融资便利,运营成本具有竞争力,且具备在三到五年内培育承接服务外包业务的大型骨干企业(3 000—5 000人)和孵化中小企业的条件,对本地区及周边地区开展承接服务外包业务具有带动作用。

（六）"基地城市"内已有50家以上具备一定规模的从事承接服务外包业务的企业,具有良好的服务基础和承接服务外包业务的经验,承接的服务外包业务以离岸服务外包为主。

（七）该地区高等院校和科研院所集中,学科与服务外包需求相适应,服务外包人力资源储备充足,具备根据外包产业需求进行定向培训的各种条件。

（八）具有良好的国际投资和合作的环境。

（九）"基地城市"的建设由有关市领导分管,有专门的管理机构负责服务外包基地的规划及建设。

三、申请认定为示范区,应具下列条件:

（一）符合"基地城市"发展规划和功能定位(不存在土地管理等遗留问题)。

（二）具有开展承接服务外包业务的基础,并已有可适用于承接服务外包业务企业的具体扶持政策。

（三）区内已开展的服务外包业务以离岸业务为主,区内从事承接服务外包业务的企业不少于25家且发展势头良好。

（四）有精简高效的管理机构。

四、请你省(市)进一步了解本行政区域内服务外包业的开展情况,其中符合要求、希望成为中国服务外包基地城市的中心城市,应按下列要求向商务部、信息产业部提交申请材料:

（一）基地应由省或计划单列市人民政府向商务部、信息产业部推荐，并按要求填写《中国服务外包基地城市推荐表》（附件一）；

（二）根据基地城市内服务外包业的实际开展情况，填写《基地城市已设立从事承接服务外包业务的企业一览表》（附件二）；

（三）按照《中国服务外包基地城市基地推荐表》的结构，提交详实的申请报告。

五、商务部、信息产业部将共同组织评审，并对经评审认定的基地城市和基地城市内的示范区联合授牌。

附件一：《中国服务外包基地城市基地推荐表》

附件二：《基地城市已设立从事承接服务外包业务的企业一览表》

商务部　信息产业部
二〇〇六年九月十一日

中华人民共和国《国民经济和社会发展第十一个五年规划纲要》(节选)

第九篇 实施互利共赢的开放战略

第三节 发展服务贸易

扩大工程承包、设计咨询、技术转让、金融保险、国际运输、教育培训、信息技术、民族文化等服务贸易出口。鼓励外资参与软件开发、跨境外包、物流服务等。建设若干服务业外包基地,有序承接国际服务业转移。积极稳妥扩大服务业开放,建立服务贸易监管体制和促进体系。

财政部 国家税务总局 商务部 科技部关于在苏州工业园区进行鼓励技术先进型服务企业发展试点工作有关政策问题的通知

财税〔2006〕147号 二〇〇六年十二月三十一日

江苏省财政厅、国家税务局、地方税务局、外经贸厅、经贸委、科技厅,苏州工业园区管委会:

为进一步完善高新技术产业的政策支持体系,推动技术先进型服务企业的发展,促进企业技术创新和技术服务能力的提升,增强我国高新技术产业的综合竞争力,根据国务院有关决定精神,现就在苏州工业园区试点实施技术先进型服务企业相关支持政策通知如下:

一、开展试点的技术先进型服务企业支持政策

1. 从2006年7月1日起,扩大对苏州工业园区高新技术企业的认定范围,对符合本通知第三条规定条件的技术先进型服务企业可认定为高新技术企业。

2. 从2006年7月1日起,对经认定为高新技术企业的内外资技术先进型服务企业,暂减按15%的税率征收企业所得税。

3. 从2006年7月1日起,经认定为高新技术企业的技术先进型服务企业实际发生的合理的工资支出可以在企业所得税税前扣除。

4. 从2006年1月1日起,对技术先进型服务企业当年提取并实际使用的职工教育经费,在不超过当年企业工资总额2.5%以内的部分,可以据实在企业所得税税前扣除。

5. 从2006年7月1日起,经认定为高新技术企业的技术先进型服务企业可以享受高新技术产业除税收政策外的其他相关优惠政策。

二、开展试点的技术先进型服务企业范围

1. 软件研发及服务企业:包括对行业应用软件、嵌入式软件、客户定制软件的研发,以及软件技术服务等。

2. 产品技术研发及工业设计服务企业:包括产品生产技术研发、产品外观设计、结构设计、模具设计服务等。

3. 信息技术研发服务企业:包括集成电路产品设计、系统集成,以及提供电子商务平台、集成电路测试服务等。

4. 信息技术外包服务企业:包括系统操作、系统应用、基础信息技术外包服务等。

5. 技术性业务流程外包服务企业:包括为其他企业提供业务流程设计服务;企业内部管理、业务运作以及供应管理等方面的数据集成、数据处理、数据分析等数据库管理及信息化服务等。

上述软件研发服务、产品技术研发及工业设计服务、信息技术研发服务、信息技术外包服务以及技术性业务流程外包服务的具体适用范围详见附件。

三、开展试点的技术先进型服务企业认定及管理

(一) 享受试点政策的技术先进型服务企业的认定条件

享受试点政策的技术先进型服务企业必须符合以下条件:

1. 从事本通知第二条规定范围内的一种或多种技术先进型服务的企业。

2. 企业的注册地及工作场所在苏州工业园区内。

3. 具有企业法人资格,近两年在进出口业务管理、财务管理、税收管理、外汇管理、海关管理等方面无违法行为,企业业务稳定增长。

4. 具有大专以上学历的员工占企业职工总数的70%以上。

5. 企业从事本通知第二条规定范围内的技术先进型服务业务收入总和占本企业当年总收入的70%以上。

6. 从事外包服务的企业应获得有关国际资质认证,并与境外客户签订服务外包合同,且其向境外客户提供的国际(离岸)外包服务业务收入不低于企业当年总收入的70%。

(二) 享受试点政策的技术先进型服务企业的认定管理

1. 江苏省科技主管部门会同省级财政、税务、商务主管部门根据本通知规定制定具体管理办法,并报科技部、财政部、国家税务总局、商务部备案。

2. 符合条件的技术先进型服务企业应按照本通知及管理办法的规定,向苏州工业园区管委会提出申请,由园区管委会报江苏省科技、税

务、商务主管部门进行评审。评审合格后由江苏省科技、税务、商务主管部门联合予以认定。认定企业名单应及时报科技部、财政部、国家税务总局、商务部备案。

3. 经认定的技术先进型服务企业,持相关认定文件向当地主管税务机关办理减免税事宜。

4. 苏州工业园区管委会及园区内科技、税务、商务主管部门对经认定并享受试点政策的技术先进型服务企业应做好跟踪管理,对变更经营范围、合并、分立、转业、迁移的企业,如不符合认定条件的,应及时上报取消其享受试点政策的资格。

四、苏州工业园区管委会及园区内科技、税务、商务主管部门要认真贯彻落实本通知的各项规定,切实开展好沟通与协作,并根据试点实施情况,积极研究技术先进型服务企业的具体技术标准,以利于进一步做好相关政策的完善和改进工作。在试点过程中发现的问题,要及时逐级反映上报科技部、财政部、国家税务总局、商务部。

五、上述试点政策实施后,如国家进行税收制度改革或对相关政策进行调整,按照新的政策规定执行。

附件:苏州工业园区技术先进型服务企业认定范围(试行)

一、软件研发及服务

类 别	适 用 范 围
行业应用软件的研发	对用于企业管理、生产管理、供应链管理、计算机辅助设计(CAD)、教育、人力资源、海关管理、物流、地理信息管理等行业的软件研发
嵌入式软件的研发	对嵌入在设备内部并控制设备行为的专用软件的研发
客户定制软件的研发	根据客户要求定制开发软件系统
软件技术服务	软件咨询、维护、培训、调试等技术性服务

二、产品技术研发及工业设计服务

类 别	适 用 范 围
产品和技术研发	从事自然科学及相关领域的产品和技术研究开发
工业设计	产品外观设计、结构设计、模具设计、产品设计等

三、信息技术研发服务

类　别	适用范围
集成电路设计	集成电路产品设计以及相关技术支持服务等
系统集成	用于电子政务、企业管理、金融、保险、商业、医院、交通等方面的系统集成
提供电子商务平台	为电子贸易服务提供信息平台等
测试平台	为集成电路的开发运用提供测试平台

四、信息技术外包服务

类　别	适用范围
信息系统操作服务	承接客户内部信息系统集成服务、网络管理、桌面管理、应用程序开发与维护服务
信息系统应用服务	承接信息工程、地理信息系统、远程维护等信息系统应用服务
基础信息技术服务	承接信息技术研发、软件开发设计、基础信息技术管理平台整合或整理等基础信息技术服务

五、技术性业务流程外包服务

类　别	适用范围
企业业务流程设计服务	为客户企业提供内部管理、业务运作等流程设计服务
企业内部管理数据库服务	为客户企业提供后台管理、人力资源管理、工资福利管理、财务会计与审计管理等其他内部管理的数据分析、数据挖掘、数据管理、数据使用的服务；承接客户银行数据、信用卡数据、各类保险数据、保险理赔数据、医疗/体检数据、税务与法律等数据(包括信息)中心的操作、数据处理及整合服务
企业业务运作数据库服务	为客户企业提供技术研发服务、为企业经营、销售、产品售后服务提供的应用客户分析、数据库管理等服务
企业供应链管理数据库服务	为客户提供采购、物流的整体方案设计及数据库服务

国务院《关于加快发展服务业的若干意见》

国发[2007]7号

二〇〇七年三月十九日

各省、自治区、直辖市人民政府,国务院各部委、各直属机构:

根据"十一五"规划纲要确定的服务业发展总体方向和基本思路,为加快发展服务业,现提出以下意见:

一、充分认识加快发展服务业的重大意义

服务业是国民经济的重要组成部分,服务业的发展水平是衡量现代社会经济发达程度的重要标志。我国正处于全面建设小康社会和工业化、城镇化、市场化、国际化加速发展时期,已初步具备支撑经济又好又快发展的诸多条件。加快发展服务业,提高服务业在三次产业结构中的比重,尽快使服务业成为国民经济的主导产业,是推进经济结构调整、加快转变经济增长方式的必由之路,是有效缓解能源资源短缺的瓶颈制约、提高资源利用效率的迫切需要,是适应对外开放新形势、实现综合国力整体跃升的有效途径。加快发展服务业,形成较为完备的服务业体系,提供满足人民群众物质文化生活需要的丰富产品,并成为吸纳城乡新增就业的主要渠道,也是解决民生问题、促进社会和谐、全面建设小康社会的内在要求。为此,必须从贯彻落实科学发展观和构建社会主义和谐社会战略思想的高度,把加快发展服务业作为一项重大而长期的战略任务抓紧抓好。

党中央、国务院历来重视服务业发展,制定了一系列鼓励和支持发展的政策措施,取得了明显成效。特别是党的十六大以来,服务业规模继续扩大,结构和质量得到改善,服务领域改革开放不断深化,在促进经济平稳较快发展、扩大就业等方面发挥了重要作用。但是,当前在服务业发展中还存在不容忽视的问题,特别是一些地方过于看重发展工

业尤其是重工业,对发展服务业重视不够。我国服务业总体上供给不足,结构不合理,服务水平低,竞争力不强,对国民经济发展的贡献率不高,与经济社会加快发展、产业结构调整升级不相适应,与全面建设小康社会和构建社会主义和谐社会的要求不相适应,与经济全球化和全面对外开放的新形势不相适应。各地区、各部门要进一步提高认识,切实把思想统一到中央的决策和部署上来,转变发展观念,拓宽发展思路,着力解决存在的问题,加快把服务业提高到一个新的水平,推动经济社会走上科学发展的轨道,促进国民经济又好又快发展。

二、加快发展服务业的总体要求和主要目标

当前和今后一个时期,发展服务业的总体要求是:以邓小平理论和"三个代表"重要思想为指导,全面贯彻落实科学发展观和构建社会主义和谐社会的重要战略思想,将发展服务业作为加快推进产业结构调整、转变经济增长方式、提高国民经济整体素质、实现全面协调可持续发展的重要途径,坚持以人为本、普惠公平,进一步完善覆盖城乡、功能合理的公共服务体系和机制,不断提高公共服务的供给能力和水平;坚持市场化、产业化、社会化的方向,促进服务业拓宽领域、增强功能、优化结构;坚持统筹协调、分类指导,发挥比较优势,合理规划布局,构建充满活力、特色明显、优势互补的服务业发展格局;坚持创新发展,扩大对外开放,吸收发达国家的先进经验、技术和管理方式,提高服务业国际竞争力,实现服务业又好又快发展。

根据"十一五"规划纲要,"十一五"时期服务业发展的主要目标是:到2010年,服务业增加值占国内生产总值的比重比2005年提高3个百分点,服务业从业人员占全社会从业人员的比重比2005年提高4个百分点,服务贸易总额达到4 000亿美元;有条件的大中城市形成以服务经济为主的产业结构,服务业增加值增长速度超过国内生产总值和第二产业增长速度。到2020年,基本实现经济结构向以服务经济为主的转变,服务业增加值占国内生产总值的比重超过50%,服务业结构显著优化,就业容量显著增加,公共服务均等化程度显著提高,市场竞争力显著增强,总体发展水平基本与全面建设小康社会的要求相适应。

三、大力优化服务业发展结构

适应新型工业化和居民消费结构升级的新形势,重点发展现代服务业,规范提升传统服务业,充分发挥服务业吸纳就业的作用,优化行业结构,提升技术结构,改善组织结构,全面提高服务业发展水平。

大力发展面向生产的服务业,促进现代制造业与服务业有机融合、互动发展。细化深化专业分工,鼓励生产制造企业改造现有业务流程,推进业务外包,加强核心竞争力,同时加快从生产加工环节向自主研发、品牌营销等服务环节延伸,降低资源消耗,提高产品的附加值。优先发展运输业,提升物流的专业化、社会化服务水平,大力发展第三方物流;积极发展信息服务业,加快发展软件业,坚持以信息化带动工业化,完善信息基础设施,积极推进"三网"融合,发展增值和互联网业务,推进电子商务和电子政务;有序发展金融服务业,健全金融市场体系,加快产品、服务和管理创新;大力发展科技服务业,充分发挥科技对服务业发展的支撑和引领作用,鼓励发展专业化的科技研发、技术推广、工业设计和节能服务业;规范发展法律咨询、会计审计、工程咨询、认证认可、信用评估、广告会展等商务服务业;提升改造商贸流通业,推广连锁经营、特许经营等现代经营方式和新型业态。通过发展服务业实现物尽其用、货畅其流、人尽其才,降低社会交易成本,提高资源配置效率,加快走上新型工业化发展道路。

大力发展面向民生的服务业,积极拓展新型服务领域,不断培育形成服务业新的增长点。围绕城镇化和人口老龄化的要求,大力发展市政公用事业、房地产和物业服务、社区服务、家政服务和社会化养老等服务业。围绕构建和谐社会的要求,大力发展教育、医疗卫生、新闻出版、邮政、电信、广播影视等服务事业,以农村和欠发达地区为重点,加强公共服务体系建设,优化城乡区域服务业结构,逐步实现公共服务的均等化。围绕小康社会建设目标和消费结构转型升级的要求,大力发展旅游、文化、体育和休闲娱乐等服务业,优化服务消费结构,丰富人民群众精神文化生活。服务业是今后我国扩大就业的主要渠道,要着重发展就业容量大的服务业,鼓励其他服务业更多吸纳就业,充分挖掘服务业安置就业的巨大潜力。

大力培育服务业市场主体,优化服务业组织结构。鼓励服务业企业增强自主创新能力,通过技术进步提高整体素质和竞争力,不断进行管理创新、服务创新、产品创新。依托有竞争力的企业,通过兼并、联合、重组、上市等方式,促进规模化、品牌化、网络化经营,形成一批拥有自主知识产权和知名品牌、具有较强竞争力的大型服务企业或企业集团。鼓励和引导非公有制经济发展服务业,积极扶持中小服务企业发展,发挥其在自主创业、吸纳就业等方面的优势。

四、科学调整服务业发展布局

在实现普遍服务和满足基本需求的前提下,依托比较优势和区域经济发展的实际,科学合理规划,形成充满活力、适应市场、各具特色、优势互补的服务业发展格局。

城市要充分发挥人才、物流、信息、资金等相对集中的优势,加快结构调整步伐,提高服务业的质量和水平。直辖市、计划单列市、省会城市和其他有条件的大中城市要加快形成以服务经济为主的产业结构。发达地区特别是珠江三角洲、长江三角洲、环渤海地区要依托工业化进程较快、居民收入和消费水平较高的优势,大力发展现代服务业,促进服务业升级换代,提高服务业质量,推动经济增长主要由服务业增长带动。中西部地区要改变只有工业发展后才能发展服务业的观念,积极发展具有比较优势的服务业和传统服务业,承接东部地区转移产业,使服务业发展尽快上一个新台阶,不断提高服务业对经济增长的贡献率。

各地区要按照国家规划、城镇化发展趋势和工业布局,引导交通、信息、研发、设计、商务服务等辐射集聚效应较强的服务行业,依托城市群、中心城市,培育形成主体功能突出的国家和区域服务业中心。进一步完善铁路、公路、民航、水运等交通基础设施,优先发展城市公共交通,形成便捷、通畅、高效、安全的综合运输体系,加快建设上海、天津、大连等国际航运中心和主要港口。加强交通运输枢纽建设和集疏运的衔接配套,在经济发达地区和交通枢纽城市强化物流基础设施整合,形成区域性物流中心。选择辐射功能强、服务范围广的特大城市和大城市建立国家或区域性金融中心。依托产业集聚规模大、装备水平高、科研实力强的地区,加快培育建成功能互补、支撑作用大的研发设计、财务管理、信息咨询等公共服务平台,充分发挥国家软件产业基地的作用,建设一批工业设计、研发服务中心,不断形成带动能力强、辐射范围广的新增长极。

立足于用好现有服务资源,打破行政分割和地区封锁,充分发挥市场机制的作用,鼓励部门之间、地区之间、区域之间开展多种形式的合作,促进服务业资源整合,发挥组合优势,深化分工合作,在更大范围、更广领域、更高层次上实现资源优化配置。防止不切实际攀比,避免盲目投资和重复建设。

五、积极发展农村服务业

贯彻统筹城乡发展的基本方略,大力发展面向农村的服务业,不断繁荣农村经济,增加农民收入,提高农民生活水平,为发展现代农业、扎实推进社会主义新农村建设服务。

围绕农业生产的产前、产中、产后服务,加快构建和完善以生产销售服务、科技服务、信息服务和金融服务为主体的农村社会化服务体系。加大对农业产业化的扶持力度,积极开展种子统供、重大病虫害统防统治等生产性服务。完善农副产品流通体系,发展各类流通中介组织,培育一批大型涉农商贸企业集团,切实解决农副产品销售难的问题。加快实施"万村千乡"市场工程。加强农业科技体系建设,健全农业技术推广、农产品检测与认证、动物防疫和植物保护等农业技术支持体系,推进农业科技创新,加快实施科技入户工程。加快农业信息服务体系建设,逐步形成连接国内外市场、覆盖生产和消费的信息网络。加强农村金融体系建设,充分发挥农村商业金融、合作金融、政策性金融和其他金融组织的作用,发展多渠道、多形式的农业保险,增强对"三农"的金融服务。加快农机社会化服务体系建设,推进农机服务市场化、专业化、产业化。大力发展各类农民专业合作组织,支持其开展市场营销、信息服务、技术培训、农产品加工储藏和农资采购经营。

改善农村基础条件,加快发展农村生活服务业,提高农民生活质量。推进农村水利、交通、渔港、邮政、电信、电力、广播影视、医疗卫生、计划生育和教育等基础设施建设,加快实施农村饮水安全工程,大力发展农村沼气,推进生物质能、太阳能和风能等可再生能源开发利用,改善农民生产生活条件。大力发展园艺业、特种养殖业、乡村旅游业等特色产业,鼓励发展劳务经济,增加农民收入。积极推进农村社区建设,加快发展农村文化、医疗卫生、社会保障、计划生育等事业,实施农民体育健身工程,扩大出版物、广播影视在农村的覆盖面,提高公共服务均等化水平,丰富农民物质文化生活。加强农村基础教育、职业教育和继续教育,搞好农民和农民工培训,提高农民素质,结合城镇化建设,积极推进农村富余劳动力实现转移就业。

六、着力提高服务业对外开放水平

坚定不移地推进服务领域对外开放,着力提高利用外资的质量和水平。按照加入世贸组织服务贸易领域开放的各项承诺,鼓励外商投资服务业。正确处理好服务业开放与培育壮大国内产业的关系,完善服务业吸收外资法律法规,通过引入国外先进经验和完善企业治理结构,培育一批具有国际竞争力的服务企业。加强金融市场基础性制度建设,增强银行、证券、保险等行业的抗风险能力,维护国家金融安全。

把大力发展服务贸易作为转变外贸增长方式、提升对外开放水平的重要内容。把承接国际服务外包作为扩大服务贸易的重点,发挥我国人力资源丰富的优势,积极承接信息管理、数据处理、财会核算、技术研发、工业设计等国际服务外包业务。具备条件的沿海地区和城市要根据自身优势,研究制定鼓励承接服务外包的扶持政策,加快培育一批具备国际资质的服务外包企业,形成一批外包产业基地。建立支持国内企业"走出去"的服务平台,提供市场调研、法律咨询、信息、金融和管理等服务。扶持出口导向型服务企业发展,发展壮大国际运输,继续大力发展旅游、对外承包工程和劳务输出等具有比较优势的服务贸易,积极参与国际竞争,扩大互利合作和共同发展。

七、加快推进服务领域改革

进一步推进服务领域各项改革。按照国有经济布局战略性调整的要求,将服务业国有资本集中在重要公共产品和服务领域。深化电信、铁路、民航等服务行业改革,放宽市场准入,引入竞争机制,推进国有资产重组,实现投资主体多元化。积极推进国有服务企业改革,对竞争性领域的国有服务企业实行股份制改造,建立现代企业制度,促使其成为真正的市场竞争主体。明确教育、文化、广播电视、社会保障、医疗卫生、体育等社会事业的公共服务职能和公益性质,对能够实行市场经营的服务,要动员社会力量增加市场供给。按照政企分开、政事分开、事业企业分开、营利性机构与非营利性机构分开的原则,加快事业单位改革,将营利性事业单位改制为企业,并尽快建立现代企业制度。继续推进政府机关和企事业单位的后勤服务、配套服务改革,推动由内部自我服务为主向主要由社会提供服务转变。

建立公开、平等、规范的服务业准入制度。鼓励社会资金投入服务业,大力发展非公有制服务企业,提高非公有制经济在服务业中的比重。凡是法律法规没有明令禁入的服务领域,都要向社会资本开放;凡是向外资开放的领域,都要向内资开放。进一步打破市场分割和地区封锁,推进全国统一开放、竞争有序的市场体系建设,各地区凡是对本地企业开放的服务业领域,应全部向外地企业开放。

八、加大投入和政策扶持力度

加大政策扶持力度,推动服务业加快发展。依据国家产业政策完善和细化服务业发展指导目录,从财税、信贷、土地和价格等方面进一步完善促进服务业发展政策体系。对农村流通基础设施建设和物流企业,以及被认定为高新技术企业的软件研发、产品技术研发及工业设计、信息技术研发、信息技术外包和技术性业务流程外包的服务企业,实行财税优惠。进一步推进服务价格体制改革,完善价格政策,对列入国家鼓励类的服务业逐步实现与工业用电、用水、用气、用热基本同价。调整城市用地结构,合理确定服务业用地的比例,对列入国家鼓励类的服务业在供地安排上给予倾斜。要根据实际情况,对一般性服务行业在注册资本、工商登记等方面降低门槛,对采用连锁经营的服务企业实行企业总部统一办理工商注册登记和经营审批手续。

拓宽投融资渠道,加大对服务业的投入力度。国家财政预算安排资金,重点支持服务业关键领域、薄弱环节发展和提高自主创新能力。积极调整政府投资结构,国家继续安排服务业发展引导资金,逐步扩大规模,引导社会资金加大对服务业的投入。地方政府也要相应安排资金,支持服务业发展。引导和鼓励金融机构对符合国家产业政策的服务企业予以信贷支持,在控制风险的前提下,加快开发适应服务企业需要的金融产品。积极支持符合条件的服务企业进入境内外资本市场融资,通过股票上市、发行企业债券等多渠道筹措资金。鼓励各类创业风险投资机构和信用担保机构对发展前景好、吸纳就业多以及运用新技术、新业态的中小服务企业开展业务。

九、不断优化服务业发展环境

加快推进服务业标准化,建立健全服务业标准体系,扩大服务标准覆盖范围。抓紧制订和修订物流、金融、邮政、电信、运输、旅游、体育、商贸、餐饮等行业服务标准。对新兴服务行业,鼓励龙头企业、地方和行业协会先行制订服务标准。对暂不能实行标准化的服务行业,广泛推行服务承诺、服务公约、服务规范等制度。

积极营造有利于扩大服务消费的社会氛围。规范服务市场秩序,建立公开、平等、规范的行业监管制度,坚决查处侵犯知识产权行为,保护自主创新,维护消费者合法权益。加强行政事业性收费管理和监督检查,取消各种不合理的收费项目,对合理合法的收费项目及标准按照规定公示并接受社会监督。落实职工年休假制度,倡导职工利用休假进行健康有益的服务消费。加快信用体系建设,引导城乡居民对信息、旅游、教育、文化等采取灵活多样的信用消费方式,规范发展租赁服务,拓宽消费领域。鼓励有条件的城镇加快户籍管理制度改革,逐步放宽进入城镇就业和定居的条件,增加有效需求。

发展人才服务业,完善人才资源配置体系,为加快发展服务业提供人才保障。充分发挥高等院校、科研院所、职业学校及有关社会机构的作用,推进国际交流合作,抓紧培训一批适应市场需求的技能型人才,培养一批熟悉国际规则的开放型人才,造就一批具有创新能力的科研型人才,扶持一批具有国际竞争力的人才服务机构。鼓励各类就业服务机构发展,完善就业服务网络,加强农村剩余劳动力转移、城市下岗职工再就业、高校毕业生就业等服务体系建设,为加快服务业发展提供高素质的劳动力队伍。

十、加强对服务业发展工作的组织领导

加快发展服务业是一项紧迫、艰巨、长期的重要任务,既要坚持发挥市场在资源配置中的基础性作用,又要加强政府宏观调控和政策引导。国务院成立全国服务业发展领导小组,指导和协调服务业发展和改革中的重大问题,提出促进加快服务业发展的方针政策,部署涉及全局的重大任务。全国服务业发展领导小组办公室设在发展改革委,负

责日常工作。国务院有关部门和单位要按照全国服务业发展领导小组的统一部署，加强协调配合，积极开展工作。各省级人民政府也应建立相应领导机制，加强对服务业工作的领导，推动本地服务业加快发展。

加强公共服务既是加快发展服务业的重要组成部分，又是推动各项服务业加快发展的重要保障，同时也是转变政府职能、建设和谐社会的内在要求。要进一步明确中央、地方在提供公共服务、发展社会事业方面的责权范围，强化各级人民政府在教育、文化、医疗卫生、人口和计划生育、社会保障等方面的公共服务职能，不断加大财政投入，扩大服务供给，提高公共服务的覆盖面和社会满意水平，同时为各类服务业的发展提供强有力的支撑。

尽快建立科学、统一、全面、协调的服务业统计调查制度和信息管理制度，完善服务业统计调查方法和指标体系，充实服务业统计力量，增加经费投入。充分发挥各部门和行业协会的作用，促进服务行业统计信息交流，建立健全共享机制，提高统计数据的准确性和及时性，为国家宏观调控和制定规划、政策提供依据。各地区要逐步将服务业重要指标纳入本地经济社会发展的考核体系，针对不同地区、不同类别服务业的具体要求，实行分类考核，确保责任到位，任务落实，抓出实绩，取得成效。

各地区、各部门要根据本意见要求，按照各自的职责范围，抓紧制定加快发展服务业的配套实施方案和具体政策措施。发展改革委要会同有关部门和单位对落实本意见的情况进行监督检查，及时向国务院报告。

《关于促进上海服务外包发展若干意见的通知》

沪府发〔2006〕26 号

各区、县人民政府,市政府各委、办、局:

现将《关于促进上海服务外包发展的若干意见》印发给你们,请认真按照执行。

上海市人民政府
二〇〇六年八月十日

关于促进上海服务外包发展的若干意见

服务外包是指企业将信息服务、应用管理和商业流程等业务,发包给企业外第三方服务提供者,以降低成本、优化产业链、提升企业核心竞争力。它是当前以跨国公司为主体的国际服务业转移的新形式,也是上海生产性服务业快速发展的新增长点。为抓住发展机遇,加快形成以服务经济为主的产业结构,现就促进上海服务外包发展提出如下意见:

一、提高认识,明确服务外包发展目标和重点

(一)提高对加快发展服务外包重要性的认识。积极承接国际服务外包,是上海主动加强与国际经济接轨、提升产业能级的重要抓手,是上海优化外贸结构、增强城市国际竞争力的重要途径,是上海加快发展生产性服务业、更好地服务全国的重要举措。

(二)明确发展目标。未来几年,上海要紧紧抓住新一轮国际服务业加速转移的契机,重点发展国际离岸服务外包业务,加快形成以服务经济为主的产业结构,大力培育一批具有自主知识产权、自主品牌、高增值服务能力的服务外包企业,积极打造以浦东新区为代表的国家级服务外包示范区,努力将上海建成全球服务外包的重要基地之一。

(三)确定发展重点。主动承接跨国公司内部的离岸外包,大力吸引既承接全球的服务外包,也可向我国发包的跨国公司地区总部和研发中心;巩固目前服务市场,加快向高端服务市场转变,进一步拓展服务空间;重点发展软件开发外包、研发设计外包、物流外包和金融后台服务等领域,提升上海服务外包能级;大力培育若干个知名的本土服务外包企业,使之成为国际离岸服务外包总承接商和对内服务外包总发包商。

二、聚焦重点区域,打造服务外包园区

(四)开展上海服务外包园区的认定工作。对符合条件的国家级、市级软件产业基地或其他产业集聚区,由市政府相关部门进行认定,启动一批上海服务外包园区建设。

(五)优化空间布局。以浦东国家软件出口基地建设为契机,大力推进张江软件出口、生物医药研发和金融后台服务示范基地,金桥研发设计服务示范基地,陆家嘴信息技术服务示范基地以及外高桥信息技术和物流服务示范基地建设。鼓励各区县在符合条件的专业产业园区或服务业集聚区内建立外包产业基地,各有侧重地发展服务外包业务,充分发挥区域特色产业集聚效应。

(六)加大服务外包园区建设的资金支持力度。各区县对入驻服务外包园区内的国内外著名服务业企业总部、研发中心等的购地建设、购买或租赁自用办公用房,给予适当补贴。市、区县两级政府设立的现代服务业引导资金,要支持重点服务外包园区建设,对在园区内建设公共服务平台、购买大型设备和专业软件供入驻企业租用的,给予一定资金支持。

(七)积极创建国家级服务外包示范区。以浦东新区综合配套改革试点为契机,积极争取国家在浦东新区等区域开展服务外包试点工作,在扩大部分领域的市场准入、完善外汇管理办法、创新人才培训机制等方面积极探索,先试先行。

三、扶持服务外包企业做大做强,提高国际竞争能力

(八)进一步放宽市场准入,对从事服务外包的企业给予前置审批和工商登记便利。对于不涉及前置审批的业务,工商部门将根据企业申请,直接在其经营范围中核定"以服务外包方式从事×××"。对需要前置审批的,相关部门要简化审批程序、加快审批速度;在企业取得相关部门审批后,工商部门在其经营范围中核定"以服务外包方式从事×××",以方便企业按照国际惯例承接外包业务。

(九)给予服务外包企业专项资金扶持。支持本市服务外包企业争取商务部扶持出口型企业研发资金、中小企业开拓国际市场资金等;调整优化本市地方外贸扶持专项资金支出结构,逐年提高支持服务外包企业发展的资金比例。

(十)对服务外包企业实施优惠政策。对本市符合条件的服务外包企业,可按规定享受促进高新技术成果转化、鼓励软件产业发展、激励自主创新36条等优惠政策;对本市服务外包企业申请服务标准国际认证的,相关行业主管部门给予认证费用的补贴。

(十一)鼓励服务外包企业拥有自主知识产权。将符合条件的服务外包企业列为上海市知识产权试点、示范企业,并给予相应的支持;将服务外包业务中取得重大社会或经济效益的知识产权项目列入政府奖励范畴,以激励企业自主创新。

(十二)鼓励企业实施品牌战略。对服务外包企业开展自主品牌建设、培育发展出口名牌,符合国家及本市有关规定的,可享受外贸发展基金中安排的出口品牌发展资金的优惠政策;对已形成规模、具有一定知名度的现有外包企业品牌,给予保护。

(十三)改善服务外包企业投融资条件。支持大中型服务外包企业的资产重组、收购兼并和海内外上市;推动市、区县两级政策性担保公司积极为中小服务外包企业提供短期资金贷款的担保。

(十四)支持企业拓展海内外市场。继续办好每年的软件外包峰会,积极组织外包企业参加国内外各类专项会展,大力开展国内外宣传和推介;利用政府现有的海外资源,发挥留学生积极性,建立境外接包网络。

(十五)为企业提供高质量的互联网服务。鼓励主要电信运营商增加带宽、优化数据流向,为服务外包企业提供多元化和个性化服务,进一步提高互联网服务的质量;有针对性地开展互联网应用业务知识的宣传和培训,帮助服务外包企业选择适合自身业务的互联网服务。

四、加快人才引进培养,构筑服务外包人才高地

(十六)吸引服务外包高级人才集聚上海。将服务外包紧缺急需的各类高级人才列入《上海市重点领域人才开发目录》;对他们申办上海市居住证给予加分,申办户籍予以政策倾斜,并在提供人才公寓、简化出入境手续等方面给予便利。

(十七)加快服务外包专业人才的培养。引导各级各类院校和社会培训机构,设置相关专业和课程,开展多层次、多类型的服务外包专业教育。

(十八)加强服务外包紧缺人才的职业培训。拓展上海人才发展资金的使用功能,支持建立校企结合的服务外包人才综合培训和实验基地;充分利用和提升现有公共实训基地,大力培养适合外包企业发展需要的实用技能型和创业型人才;加大对服务外包领域急需的新职业开发,每年推出若干个服务外包领域的职业培训项目,本市劳动者参加服务外包市场急需并纳入政府补贴目录的培训,按有关规定予以补贴。

(十九)实施服务外包人才奖励机制。对本市服务外包园区内从事服务外包业务、工作一年以上并为企业发展作出突出贡献的中高级人才,经申报和认定,在市、区县两级人才发展专项资金中给予一定奖励。

五、完善配套服务,营造服务外包发展良好环境

(二十)建立联席会议制度。由分管副市长牵头,市外经贸委、市发展改革委、市经委、市信息委、市科委、市教委、市金融办、市财政局、市人事局、市工商局、市知识产权局、市统计局、市劳动保障局、市社会服务局、市通信管理局、国家外汇局上海市分局、上海海关、浦东新区政府等部门和单位负责同志参加,建立推进上海服务外包发展的联席会议制度,联席会议办公室设在市外经贸委,负责协调推进工作。

(二十一)发挥行业协会的作用。鼓励在上海现代服务业联合会中成立服务外包专业委员会,更好地发挥行业内信息交流、中介协调、标准制定、规范自律、市场拓展、人才培训等作用。

（二十二）加快政府管理模式的创新。进一步制定和完善促进服务外包发展的规章和规定，健全相关行业的管理规范和行政执法机制，推动行业信用管理，规范市场秩序，提高行业服务质量。

（二十三）加强知识产权保护的管理和服务。设立市知识产权举报投诉中心，依法严惩知识产权侵权行为和违法行为。通过知识产权公共服务平台建设，为服务外包企业提供方便、快捷、专业的知识产权创造、保护、管理和运用的信息服务。

（二十四）建立服务外包统计指标体系。根据国家最新统计标准，结合上海实际，研究建立反映服务外包发展特点的统计指标体系，并试行服务外包统计制度；加强服务外包发展的趋势分析，为服务外包企业提供市场信息服务。

本市各有关部门、各区县政府要按照本意见要求，进一步转变观念，统一思想，提高认识，抓紧制订实施细则，确保本意见落到实处。

《关于印发天津市促进服务外包发展若干意见的通知》

津政发〔2007〕012号

各区、县人民政府,各委、局,各直属单位:

现将《天津市促进服务外包发展若干意见》印发给你们,望遵照执行。

二〇〇七年二月二十六日

天津市促进服务外包发展的若干意见

服务外包是当前国际产业转移的新趋势。积极承接国际服务外包,大力发展服务外包产业,是加快我市与国际经济接轨、培育国际竞争力的重要内容,是优化经济结构,转变外贸增长方式的重要途径,是大力发展现代服务业、扩大社会就业的重要举措,这对加快天津滨海新区开发开放、实现我市城市定位具有重要意义。我市科技实力雄厚,人力资源丰富,经济外向度高,具备了大规模承接国际服务外包的有利条件。为抓住国际服务外包迅猛发展的机遇,现就促进我市服务外包发展提出如下意见:

一、促进服务外包发展的指导思想、目标和重点

(一)指导思想。全面落实科学发展观,坚持国际化引领、市场化促进、信息化支撑、法制化保障的发展方针,以滨海新区开发开放为契机,以体制、机制创新为突破口,加强政府引导与政策聚焦,促进服务外包与其他产业融合互动,加快构筑与国际港口城市相适应的外包服务体系,促进天津服务业跨越式发展。

(二)发展目标。把服务外包作为"十一五"期间天津国民经济和社会发展的重点。通过大力发展服务外包,提升服务业发展能级,推动经济结构优化;着力打造产业集中、特色鲜明的服务外包集聚区;引进一批国内外大型外包企业,培育一批具有自主知识产权和自主品牌的本地服务外包骨干企业,把天津建设成为国际一流的服务外包基地。

到 2010 年,全市服务外包业务总额、出口额在 2005 年基础上实现翻两番,服务外包从业人员达到 16 万人,引进培育年营业额超过 10 亿元的大型骨干企业 3 至 5 家、超亿元的企业 50 家。

（三）发展重点。以发展离岸服务外包为重点,培育一批能够承接跨国公司服务外包业务的企业;以高端市场为重点,巩固并发展对日本、韩国的外包业务,大力拓展欧美市场;以打造布局合理、分工明确的服务外包示范区为重点,推进市开发区、市高新区、保税区等一批服务外包集聚区建设,高起点规划滨海高新技术产业园区、东疆保税港等服务外包区域;以目标产业为重点,加快发展面向航运、物流、金融、保险、教育、医疗卫生、旅游等行业和网络信息安全、社会信用体系、社会保障体系等城市公共管理信息化的应用软件开发与外包,金融、保险、财务、人力资源后台支持服务等业务流程外包,需求管理和客户服务等业务运作外包,系统操作服务和技术支持管理服务、研发设计外包,游戏动漫与创意设计服务外包;以提高服务外包人员素质为重点,加快建立服务外包培训基地,扩大各层次人员培训规模,培养一批高水平的服务外包人才。

二、整合优势资源,高起点打造服务外包聚集区

（四）制定服务外包产业发展规划。加紧制定全市发展服务外包产业发展规划,明确重点发展区域和实施步骤,在土地、通讯、交通等城市基础设施建设方面预留充分发展空间,促进技术、人力、政策资源的高度集中。各区县、经济区域要围绕总体规划,整合资源,充分发挥比较优势,制定各自发展计划,明确实施重点。

（五）加快创新服务外包政策体系。围绕深入落实滨海新区综合配套改革实验方案,结合我市服务外包产业的发展方向,有关部门要在市场准入、海关监管、外汇管理、规划保障、融资担保、知识产权保护、财税促进政策、人才培养培训等方面加紧出台创新措施,形成便捷高效、与国际通行惯例接轨的加快服务外包发展的政策体系。

（六）培育认定服务外包示范区。制定服务外包示范区、服务外包园区标准，引导服务外包企业向示范区或园区聚集，力争 3 年内扶持建立 5 个服务外包示范区，鼓励引导区县发挥区域优势，建立 10 家各具特色的服务外包园区。由市政府相关部门对符合条件的服务外包集聚区进行服务外包示范区和服务外包园区的认定。

（七）设立全市支持服务外包发展资金。至 2010 年，全市每年支持服务外包发展的资金将不低于 2 亿元。其中，市政府每年将从财政中安排服务外包产业发展专项资金，重点用于对应届大学毕业生和尚未就业的大学毕业生参加服务外包培训的支持；市商务委、市发展改革委、市科委、市信息化办、市知识产权局等部门有关专项资金将部分用于支持服务外包企业国际认证、企业认定及企业产品认定、企业市场开拓，为服务外包企业建立信息公共服务平台、技术支撑公共服务平台、知识产权公共服务平台，对服务外包业务中取得重大社会或经济效益的知识产权项目进行奖励；市开发区、市高新区、保税区每年安排专项资金，对入区服务外包企业给与相关扶持和补贴；区县政府设立的现代服务业引导资金，也要支持服务外包园区建设，对在园区建设公共服务平台、购买大型设备和专业软件供入驻企业租用的，给与一定资金支持。

三、扶持行业发展，提高企业竞争力

（八）对服务外包企业放宽市场准入。对从事服务外包业务的企业，在准入审批和工商登记时，给予审批和登记便利，以方便企业按照国际惯例承接服务外包业务。不涉及准入审批的，工商行政管理部门根据审批文件、证件及企业申请，核发营业执照时在其经营范围中明确"以承接服务外包方式从事 XXX"；需要准入审批的，有关部门在提供快速优质服务的同时，积极协助办理相关审批手续，在企业取得相关部门审批后，工商部门根据审批文件、证件及其申请，核发营业执照时在其经营范围中明确"以承接服务外包方式从事 XXX"。

（九）对服务外包企业提供财税等政策支持。

1. 对在滨海新区设立并经市科技主管部门按照国家有关规定认定为高新技术企业的服务外包企业，减按 15% 的税率征收企业所得税。

2. 对天津新技术产业园区内并经市科技主管部门按照国家有关规

定认定为高新技术企业的服务外包企业,减按15%的税率征收企业所得税;新办的上述内资企业和中外合资经营企业自获利年度起免征所得税2年。

3. 对新开办的从事应用软件开发外包的内资企业,可比照财政部、国家税务总局《关于企业所得税若干优惠政策的通知》(财税字[1994]1号)中"对新办的独立核算的从事咨询业、信息业、技术服务业的企业或经营单位,自开业之日起,第1年至第2年免征企业所得税"的规定执行。

4. 对在本市新设立的服务外包企业总部或地区总部,自开业年度起,由同级财政部门前2年全额返还营业税,后3年减半返还营业税;自获利年度起,由同级财政部门前2年全额返还企业所得税地方分享部分,后3年减半返还企业所得税地方分享部分。对其新购建的自用办公用房,免征契税,并免征房产税3年。

5. 对在本市新设立的国际、国内知名服务外包人才中介机构,自开业年度起,由同级财政部门前2年全额返还营业税,后2年减半返还营业税;自获利年度起,由同级财政部门前2年全额返还企业所得税地方分享部分,后2年减半返还企业所得税地方分享部分。

6. 对在本市新设立的经认定从事专业信息服务的企业,自开业年度起,由同级财政部门3年内全额返还营业税,后3年减半返还营业税;自获利年度起,由同级财政部门3年内全额返还企业所得税地方分享部分,后3年减半返还企业所得税地方分享部分。

7. 对在本市新设立的从事服务外包专业技术培训的培训机构,自开业年度起,由同级财政部门3年内减半返还营业税;自获利年度起,由同级财政部门3年内减半返还企业所得税地方分享部分。

8. 服务外包企业总部或地区总部聘任的境外、国外高级管理人员,由同级财政部门按其缴纳的个人所得税地方分享部分的50%给予奖励,奖励期限不超过5年。

9. 对在本市新设立的服务外包企业总部或地区总部购建的自用办公用房,按每平方米1000元的标准给予一次性资金补助;对其租赁的自用办公用房,3年内每年按房屋租金的30%给予补贴。若实际租赁价格高于房屋租金市场指导价的,则按市场指导价计算租房补贴。

10. 对在本市新设立的国际、国内知名服务外包人才中介机构构建的自用办公用房,按每平方米1000元的标准给予一次性资金补助;对其租用的自用办公用房,3年内每年按房屋租金10%给予补贴。若实际租赁价格高于房屋租金市场指导价格,则按市场指导价计算租房补贴。

11. 对在本市设立总部或地区总部的以承接离岸外包业务为主的服务外包企业给予一次性资金补助。其中,注册资本10亿元人民币(含本数,下同)以上的,补助2000万元;注册资本10亿元以下5亿元以上的,补助1500万元;注册资本5亿元以下1亿元以上的,补助1000万元。

12. 对在本市新设立的金融服务外包企业给予一次性资金补助,补助金额按注册资本(或营运资金)的3%计算,最高补助金额为500万元。对不具备独立法人资格的金融服务外包企业,实际投资额在2亿元以上的,补助500万元;实际投资额在2亿元以下1亿元以上的,补助300万元;实际投资额在1亿元以下5000万元以上的,补助100万元。

13. 滨海新区内的服务外包企业的固定资产(房屋、建筑物除外),可在现行规定折旧年限的基础上,按不高于40%的比例缩短折旧年限。

14. 滨海新区内的服务外包企业授让或投资的无形资产,可在现行规定摊销年限的基础上,按不高于40%的比例缩短摊销年限。但协议或合同约定有使用年限的无形资产,应按协议或合同约定的使用年限进行摊销。

15. 对服务外包企业研究开发具有自主知识产权的新产品、新技术、新工艺所发生的技术开发费,按规定予以税前扣除。对上述企业在一个纳税年度实际发生的新产品设计费、工艺规程制定费、设备调整费、原材料和半成品的试制费、技术图书资料费、未纳入国家计划的中间实验费、研究机构人员的工资,用于研究开发的仪器设备的折旧,委托其他单位和个人进行科研试制的费用,与新产品的试制和技术研究直接相关的其他费用等技术开发项目,在按规定实行100%扣除的基础上,允许再按当年实际发生额的50%在企业所得税税前加计扣除。

16. 服务外包内资企业用于研究开发的仪器和设备,单位价值在30万元以下的,可一次或分次计入成本费用,在企业所得税税前扣除。其中达到固定资产标准的应单独管理,不再提取折旧;用于研究开发的仪器和设备,单位价值在30万元以上的,允许其采取双倍余额递减法或年数总和法实行加速折旧。

外商投资服务外包企业购进软件,凡购置成本达到固定资产标准或构成无形资产,其折旧或摊消年限可适当缩短,最短为两年。

17. 对符合条件的服务外包内资企业的技术转让,以及在技术转让过程中相关的技术咨询、技术服务和技术培训取得的收入,其所得年净收入在30万元以下的免征企业所得税。

18. 对服务外包企业当年提取并实际使用的职工教育经费,在不超过计税工资总额2.5%的部分内,可在企业所得税税前扣除。

以上政策实施过程中如遇同时享受优惠政策条款时,可从优但不得重复享受优惠政策。

(十)对服务外包企业提供资金扶持。各有关部门进一步调整优化各种专项扶持资金支出结构,逐年提高支持服务外包发展的比例;支持本市服务外包企业争取国家有关部门资助资金,在申报时予以优先安排;中小企业国际市场开拓资金优先安排服务外包企业。

(十一)对服务外包企业提供融资支持。鼓励服务外包企业通过资产重组、收购、兼并和境内外上市加速扩张。建立市服务外包担保基金,为中小服务外包企业提供各种形式的贷款担保;推动各类贷款担保机构向服务外包企业倾斜。

(十二)对服务外包企业取得国际认证予以资金支持。服务外包企业取得相关国际认证,包括当年获得国际认证或认证升级、随后两年维护并进一步完善该项认证,取得每级认证后可申请资金补助,补助金额原则上不超过认证费用的50%,最高不超过50万元。国际认证包括:开发能力成熟度模型集成(CMMI)认证、开发能力成熟度模型(CMM)认证、人力资源成熟度模型(PCMM)认证、信息安全管理(ISO27001/BS7799)认证、IT服务管理(ISO20000)认证、服务提供商环境安全性(SAS70)认证等。

(十三)支持服务外包企业开拓国际市场。举办环渤海服务外包交易会。对服务外包企业参加国际招商推介会和专业展会,给予费用资助,补助金额原则上不超过参展费用的50%。利用现有各种海外渠道,特别是发挥海外华人、境外留学生作用,建立境外接包网络。

(十四)支持服务外包企业品牌建设。鼓励服务外包企业开展自主品牌建设,符合国家及本市有关规定的,可享受国家及本市促进品牌发展的资金扶持。鼓励服务外包企业培育自主知识产权,为服务外包企业专利申请提供资助。

(十五)为服务外包企业提供更为完善的基础设施。服务外包示范区要努力实现双回路供电、自备发电机、双备份网络系统和足够带宽的国际数据端口。积极创造条件,在服务外包示范区建立海关监管的公共保税测试中心、保税实验室或大型企业内的保税测试中心。

(十六)对服务外包企业提供方便的的外汇管理服务。服务外包企业根据需要可开立经常项目外汇账户。外汇部门放宽对服务外包企业的经常项目外汇账户的管理,其外汇收入可全额留存;外汇资金不足时,可根据实际需要提前购汇存入经常项目外汇账户。

(十七)给予服务外包企业社会保险费优惠政策。对新成立的服务外包企业,在规定的时限内办理社会保险登记,按月申报缴纳社会保险费的,给予为期3年的缴纳社会保险费优惠政策。第1年用人单位缴纳的社会保险费率降低3个百分点,第2年降低2个百分点,第3年降低1个百分点。对服务外包企业参加工伤保险的,工伤保险费率可按照一类行业基准费率核定交费。

四、加强教育培训,大力培养和引进服务外包人才

(十八)加快高校服务外包相关学科建设。发挥我市高校专家集聚的优势,整合相关学科资源,设立服务外包研究方向。高校相关专业的课程设置加大服务外包知识传授的比重,加强服务外包技能的训练。加快建设包括国际贸易、国际金融、企业管理、设计艺术、计算机软件开发与应用、医药、外语等一批高水平学科,为服务外包产业提供智力支持。

(十九)建设服务外包培训基地。在地方政府财政专项资金中安排服务外包人才培训配套资金用于培训服务外包实用人才;拓展天津市人才发展资金的使用功能,支持建立校企结合的服务外包人才综合培训和实验基地;充分利用和提升现有公共实训基地,培养服务外包企业急需的实用技能型和创业型人才;吸引、鼓励国际知名培训机构和大型企业在我市开展服务外包培训,重点培养研发、管理、市场开拓和面向日、韩、欧、美的中高级人才。

(二十)鼓励开展多种方式的服务外包人才培训。支持企业开展

新员工岗前培训及人才定制、人才资质、国际认证、相关法律、行业标准和知识产权培训。将大学生就业工程与服务外包发展规划目标有机结合,采取有效措施鼓励大学生参加服务外包培训项目,参与服务外包企业假期实习和勤工俭学项目,促进大学生就业。支持校企结合的服务外包人才培训和实习项目,经市有关部门认定后,对应届大学(含大专)毕业生和尚未就业的大学生参加服务外包培训,给予不超过培训费用85%的补贴;对其他新上岗员工参加服务外包岗前技能培训,给予不超过培训费用50%的补贴。对大学应届毕业生和尚未就业的大学毕业生参加服务外包培训所支付的15%的培训费用,经考核通过的,由地方政府返还。

(二十一)吸引服务外包高级人才来津服务或创业。将服务外包高级人才列入全市重点吸引人才范围,在户籍管理、出入境管理、子女教育和医疗保健等方面为其提供方便。高级人才来津创办服务外包企业,可申请天津市风险投资基金支持、项目启动经费支持和市人才发展基金委托的金融机构贴息贷款。大力实施引进人才居住证制度。本市服务外包等部门聘用的具有大学本科及以上学历或中级及以上专业技术职称的,或其研究成果获国家专利并被我市采用的,或用人单位紧缺急需、在某一行业(领域)具有特殊技能、经市人事局组织有关部门或行业协会共同认证的国内外人才,可办理天津市引进人才居住证,在职称评审(考试)、人才奖励、科技成果转化、社会保险、公积金缴存、子女入托入学、购房购车、税收等方面,享受本市规定的优惠政策。充分发挥人才中介机构的作用,积极为服务外包人才提供人事代理、人才派遣、人才测评、人才推荐、猎头服务及人力资源管理咨询等服务。

五、加强组织领导,为服务外包发展创造优质环境

(二十二)成立市促进服务外包发展领导小组。由分管副市长任组长,市政府分管副秘书长、市商务委主要负责同志任副组长,市商务委、市发展改革委、市经委、市科委、市交委、市教委、市滨海委、市信息化办、市财政局、市地税局、市工商局、市人事局、市劳动和社会保障局、市规划局、市国土房管局、市公安局、市银监局、市知识产权局、市版权局、市质监局、市统计局、天津海关、市国税局、市外汇管理局、市通信管理局、市开发区管委会、保税区管委会、市高新区管委会等部门的负责同志为领导小组成员。领导小组下设办公室,办公室设在市商务委。领导小组及其办公室定期召开例会,研究和协调全市服务外包发展的重大问题。

（二十三）创新政府管理模式。建立政府引导促进、行业自律监督、企业守法经营的运行模式。制定和完善促进服务外包发展的政策规章,建立健全行业标准,规范市场秩序,提高服务质量。引导服务外包企业建立行业协会,开展信息咨询、市场拓展、人才培训等工作。

（二十四）加大服务外包知识产权保护力度。加强知识产权保护,依法打击知识产权侵权行为,为服务外包企业创造良好的经营环境。加快制定天津市专利保护条例等一系列政策法规,充分发挥天津市保护知识产权举报投诉服务中心的职能,有效利用知识产权举报投诉热线,加大对知识产权违法犯罪行为的打击力度,帮助和引导服务外包企业建立知识产权管理制度。

（二十五）为服务外包企业提供高效的信息服务。建立服务外包信息网,搭建服务外包交流平台,加强对服务外包的研究,及时了解服务外包企业需求。利用政府网站、电视广播等各类媒体为服务外包企业提供信息服务。

（二十六）建立服务外包统计指标体系。研究建立服务外包统计指标体系,逐步实施服务外包统计制度,为国家和我市服务外包发展提供可靠的决策依据。

杭州市人民政府办公厅《关于促进杭州市服务外包产业发展的若干意见》

杭政办〔2007〕32号 2007年6月22日

各区、县（市）人民政府，市政府各部门、各直属单位：

服务外包产业是现代高端服务业的重要组成部分，对于转变外贸增长方式、优化利用外资结构具有重要的意义。为抢抓先机，加快发展服务外包产业，经市政府同意，现就促进我市服务外包产业发展提出如下意见：

一、指导思想、发展目标和重点

（一）指导思想。全面落实科学发展观，紧紧抓住国际服务外包转移机遇，坚持开放带动战略，结合我市产业结构调整，以扩大开放和技术、制度创新为动力，不断加快我市服务外包产业发展步伐。

（二）发展目标。坚持政府鼓励引导和市场化推进原则，提高服务外包相关高端产品的研发能力，强化服务外包国际市场开拓和人才培训。到2010年，全市服务外包营业总收入在2005年的基础上翻两番，努力将我市打造成我国重要的服务外包基地城市，使我市服务外包产业发展走在全国前列。

（三）发展重点。根据国际服务外包转移趋向，围绕信息技术外包（ITO）和业务流程外包（BPO）两种主要形式，重点发展软件开发服务外包、网络与数字增值业务服务外包、电信运营服务外包、人力资源服务外包和金融服务外包；加快服务外包示范区建设；大力吸引和承接著名跨国公司转移服务外包业务，培育一批具有知识产权的服务外包骨干企业，不断提高杭州服务外包能级。

二、优化布局，加快服务外包园区建设

（四）制定规划。尽快制定全市服务外包产业总体规划，进一步明

确我市服务外包产业的发展目标和实施步骤。杭州经济开发区、杭州高新开发区要加快服务外包示范区建设。各区、县（市）要围绕全市服务外包产业总体规划，发挥比较优势，加快服务外包产业推进。

（五）优化布局。围绕我市服务外包产业总体规划，合理布局，有序发展。杭州高新开发区、杭州经济开发区重点发展信息技术服务外包和业务流程外包；国家数字娱乐产业园重点发展网络与数字增值服务外包；国家电子信息产业基地培训中心重点发展人力资源服务外包。市级各相关部门要各司其职，加强领导，形成整体优势，切实提高我市服务外包产业的综合实力。

（六）加快建设。服务外包示范区所在地和各区、县（市）应积极推进服务外包示范区和园区建设，努力实现双回路供电、双备份网络系统和足够带宽的国际数据端口。对入驻的国内外著名服务外包企业总部、企业、研发中心等，按照其经营规模、注册资本、上缴税收和经营期予以资金扶持。积极创造条件，在服务外包示范区建立海关监管的公共保税测试中心、保税实验室或大型企业内的保税测试中心。

三、设立专项资金，扶持服务外包产业发展

（七）设立杭州市服务外包专项扶持资金。至2010年，全市每年投入服务外包产业发展资金1亿元，专项用于服务外包产业发展。其中包括与中央扶持资金配套以及服务外包国际市场开拓，企业资金支持，专业人才培训，软件出口，资质认证，企业科技研发中心、平台建设、产学研合作以及与服务外包相关的配套服务和特定环境改善等。

（八）服务外包专项资金的管理。服务外包专项资金由市财政会同有关方面筹集，专款专用，具体办法另定。

四、采取措施，鼓励服务外包企业做大做强

（九）鼓励国内外服务外包企业和企业总部来杭投资落户。对来杭投资并以承接离岸外包业务为主的服务外包企业，其注册资本在1亿元以上且有实际税收的，经有关部门批准，可给予一次性资金补助；对来杭落户的服务外包企业总部（含地区性总部）且有实际税收的，其购建的自用办公用房（含租赁用房）由落户地财政给予一定的补贴（按每平方米计算）。

（十）鼓励企业提高研发能力。服务外包企业发生的技术开发费按实计入管理费。技术开发费比上年增长10%以上的，经批准，允许再按实际发生额的50%抵扣当年应纳税所得额。服务外包企业为完成特定服务外包项目，聘请海外留学人员和国内享受政府特殊津贴专家所支付的咨询费、劳务费可计入成本。

（十一）鼓励服务外包企业实施品牌战略。对开展自主出口品牌建设、培育出口品牌的服务外包企业，可给予享受《杭州市人民政府办公厅关于促进自主出口品牌发展的指导意见》（杭政办〔2007〕10号）有关优惠政策。支持企业争创国家级品牌，对服务外包出口达到一定规模并获得国家、省名牌和驰名商标称号的企业给予奖励。

（十二）对于服务外包企业年出口软件50万美元（含50万美元）以上的，一次性奖励20万元；年出口500万美元（含500万美元）以上的，一次性奖励50万元。对服务外包企业创建研发中心（技术中心）并经国家、省、市认定的，按照《杭州市人民政府办公厅关于印发鼓励企业建立和引进研发机构实施办法的通知》（杭政办〔2006〕25号）规定，分别给予200万元、100万元、60万元的项目资助。

（十三）鼓励服务外包企业申请CMM/CMMI等国际资质认证。对当年获得CMM/CMMI3、4、5级认证或认证升级的企业，从"中小企业国际市场开拓资金"中给予资助，资助金额原则上不超过认证费用的50%，最高不超过50万元。随后两年，其实际发生的升级、维护费用从"杭州市服务外包专项扶持资金"中给予资助，资助金额不低于"中小企业国际市场开拓资金"的资助金额。对通过PCMM、ISO20000、ISO27001/BS7799、SAS70等认证的企业，参照上述标准给予资助。

（十四）鼓励服务外包企业开发具有自主知识产权的关键技术和重大产品。对服务外包企业申请国内外自主知识产权登记和取得专利权，并能实现专利实施产业化的项目，按照《杭州市人民政府办公厅关于提高知识产权创造管理保护运用能力的实施意见》（杭政办〔2006〕28号）的规定给予资助。

（十五）鼓励服务外包企业创建公共科技服务平台（包括技术、市场、经营管理、人力资源）。对服务外包企业实施平台建设的，可按照《杭州市人民政府办公厅关于印发推进科技创新服务平台建设实施办法的通知》（杭政办〔2006〕24号）的规定，给予平台实际总投入20%—

30%的资助。

五、培训和引进并举,大力培养服务外包人才

(十六)采取多种形式,建立一批服务外包培训基地。引导和鼓励有条件的高校完善和提升与服务外包密切相关的学科建设;加强政府与高校、企业与高校之间的合作,开展产学研交流,建立一批服务外包企业急需的创业型和实用技能型人才培训基地;引进国内外知名培训机构和大型企业来杭开展服务外包培训;鼓励有条件的社会培训机构开展各类服务外包人才培训,为服务外包产业提供智力支持。

(十七)大力开展服务外包人才培训。鼓励开展员工岗前培训及人才定制、人才资质、国际认证、相关法律、行业标准和知识产权的培训,对经批准开展服务外包培训的企事业单位和社会培训机构给予一定的奖励。按照《商务部关于做好服务外包"千百十工程"人才培训有关工作的通知》(商资函〔2006〕111号)要求,经市有关部门认定后,对参加服务外包培训的大学应届毕业生和尚未就业的大学毕业生,给予不超过培训费用85%的补贴;该毕业生被企业录用的,其余15%由财政(通过企业)予以返还。对服务外包企业进行新上岗员工技能培训的,给予不超过培训费用50%的补贴。属于人才定制培训的,学员培训合格并被服务外包企业录用后,学员培训所需费用由市服务外包专项扶持资金给予一定的补贴。

(十八)大力吸引服务外包高层次紧缺人才来杭服务和创业。将服务外包人才名单列入《杭州市"十一五"重点发展产业紧缺人才开发引导目录》。对引进的服务外包高层次紧缺人才,按照《市委办公厅、市政府办公厅印发〈关于加强高层次人才引进工作的若干意见〉等四个政策性文件的通知》(市委办〔2005〕2号)精神,在子女入学、住房安家补助、申购人才专项用房、社会保险和医疗保健、出入境管理等方面予以落实相关政策待遇。

(十九)完善服务外包人才柔性流动机制。引导国内各类与服务外包有关的人才尤其是高层次紧缺人才来我市服务外包企业专职或兼职从事科技合作、技术入股和投资兴办企业。对符合杭州市人才居住证制度要求来我市工作的服务外包人才,给予办理人才居住证,享受相关市民待遇。

六、完善配套服务,营造服务外包产业发展环境

(二十)进一步放宽市场准入。对从事服务外包的企业给予前置审批和工商登记便利。对不涉及前置审批的业务,工商部门应根据企业申请,直接在其经营范围中核定"以服务外包方式从事×××"。对需要前置审批的业务,相关部门要简化审批程序、加快审批速度;在企业取得相关部门审批后,工商部门在其经营范围中核定"以服务外包方式从事×××",以方便企业按照国际惯例承接外包业务。

(二十一)拓宽服务外包企业投融资渠道。引导国内外风险投资和商业担保机构参与我市服务外包产业的投资、融资或资本运作。本市融资担保机构为在市国税、地税登记纳税〔不含财政体制与省直接结算的区、县(市)〕的服务外包企业提供联合担保和独立担保的,按照《杭州市人民政府办公厅关于印发促进创新型企业融资担保试行办法的通知》(杭政办〔2006〕27号)的相关规定办理。

(二十二)依法保障服务外包企业和员工的合法利益。在切实保护劳动者合法权益的前提下,根据行业特点,按照协商自愿的原则,经劳动保障行政部门批准,允许服务外包企业实行特殊工时制。

(二十三)积极开展服务外包产业招商。把服务外包产业招商放在与制造业招商同等重要地位,其招商项目列入全市利用外资考核范围。加大服务外包对外宣传、推介和招商力度,吸引全球服务外包跨国公司来杭投资。

(二十四)根据企业经营规模、技术创新、市场开拓、上缴税收等标准,每年选评10个服务外包先进企业予以表彰奖励。具体奖励办法另定。

(二十五)成立市促进服务外包发展领导小组。由分管副市长任组长,市政府分管副秘书长、市外经贸局主要负责人任副组长,市发改委、经委、信息办、科技局、财政局、人事局、劳动保障局、工商局、统计局,杭州经济开发区和杭州高新开发区管委会等有关部门负责人为领导小组成员。领导小组下设办公室(设在市外经贸局),定期召开会议,研究和协调全市服务外包产业发展重大问题。

(二十六)加大服务外包知识产权保护力度。加强知识产权保护,依法打击知识产权侵权行为,为服务外包企业创造良好的经营环境。

有效利用知识产权举报投诉热线,加大对知识产权违法犯罪行为的打击力度,帮助和引导服务外包企业建立知识产权管理制度。

（二十七）为服务外包企业提供高效的信息服务。建立服务外包信息网,搭建服务外包交流平台,加强对服务外包的研究,及时了解服务外包企业需求。利用政府网站、电视、广播等各类媒体为服务外包企业提供信息服务。

（二十八）建立科学合理的服务外包指标统计制度。依照国家有关统计规定,结合本地实际,建立科学合理的服务外包指标统计制度,加强服务外包发展趋势研究,做好信息收集整理归纳和分析,为科学决策提供依据。